어디든 복붙하고 떼어쓸 수 있는 **자기소개서!**

템플릿에 넣기만 하면
완성되는 공기업·대기업·은행 대비

만능 복붙
자소서

15일 완성 PLAN

▶ **YouTube**
면쌤 채널
⋯⋯⋯
만능 복붙 자기소개서
15강 제공

SD에듀
(주)시대고시기획

머리말 PREFACE

취업 준비 과정에서 가장 '애매한' 절차를 뽑으라고 한다면, 고민 없이 '자기소개서'라고 말할 것 같다. 다년간 취업 컨설팅을 하며, 가장 장담하기 힘든 부분이, 바로 서류 과정이기 때문이다.

필기는 공부한 만큼 나오고, 면접은 면접관의 반응을 통해서 대략 짐작이라도 하지만, 서류는 왜 붙었는지, 왜 떨어졌는지도 모른 채 가장 주관적인 '자기소개서'만 탓하게 되기 때문에 '애매하다.'라고 표현할 수 있는 것 같다.

요즘같이 모두의 스펙이 높아진 지금, 사실 정성적인 자기소개서보다는 정량적인 스펙이 서류 과정에서 우선적으로 평가받는다. 그럼에도 불구하고 자기소개서가 중요하다고 하는 이유는, 자기소개서는 그 사람을 드러내기 때문이다.

설사 서류 평가 과정에서 자기소개서 평가 비중이 낮았다고 할지라도, 면접에서는 자기소개서를 볼 수밖에 없다. 그리고 자기소개서에서 쓴 소재, 말투, 키워드 하나하나가 그 사람을 드러내기 때문에, 아무리 면접에서 '기업과 직무에 맞춰 내 모습을 바꾼다.'고 해도, 자기소개서에서 나타난 모습과 다르기 때문에 면접관은 의구심을 품을 수밖에 없게 된다. 실제로 면접장에서 '자기소개서에서는 굉장히 내향적으로 보이는데, 오늘은 되게 외향적으로 답하시네요.'와 같이 상반되는 이미지를 지적받기도 한다. 이에, 우리는 자기소개서부터 '나'라는 사람을 '직무'에 맞게 드러낼 필요가 있다.

하지만 수십, 수백 개의 자기소개서를 매번 다 다르게 작성할 수는 없는 노릇, 그래서 생각했다. 직무만 정해두고 나면, 어디든 돌려쓸 수 있으면서, 질 높은 자기소개서가 필요하다는 생각. 이 생각 아래 '템플릿에 내 경험만 넣으면 완성되는 만능 자기소개서'를 생각하게 된 것이다.

첫 번째 파트에서 적절한 내 경험을 찾아, 깔끔하게 작성하는 법을 배운다. 그 이후, 자기소개서에서 자주 나오는 질문을 중심으로 만능 템플릿이 제공된다. 이 과정을 통해 500자 내외의 만능 자기소개서를 완성하고 나면, 어떤 응용 질문이 나오더라도 부분, 부분을 떼어 자기소개서를 완성할 수 있을 것이다.

실제 만능 자기소개서 과정을 거친 학생들이, 만능 자소서를 활용해 조금 더 빠르게 자기소개서를 제출했고, 자기소개서 합격률도 크게 높일 수 있었다. 경험이 없다고 당황하지 말고, 이 책을 보며 내 경험을 찾아 '그럴듯하게' 작성해 보자.

이렇게 책을 집필하기까지, 다양한 사례의 경험을 나누어 주고, 합격 소식을 전해준 학생분들과 면쌤 구독자분들께 그 무엇보다 특별하고 따뜻한 감사의 말씀을 드린다. 또, 항상 응원을 아끼지 않는 아빠, 엄마, 동민이, 정연이에게도 깊은 마음을 전하고 싶다. 무엇보다 항상 취업 준비생을 위해 좋은 아이디어와 기회를 나눠 주시는 시대에듀 출판사에 깊고 넓은 감사를 전한다.

취업이 어려워지면서 압박과 스트레스를 안고 살아야 하는 모든 지원자들이, 모쪼록 이 책을 통해 조금이라도 편해지기를, 또 좋은 성과를 얻기를 바라본다.

서미연(면쌤)

한눈에 살펴보는 책 활용법 STRUCTURES

1. PART 1을 통해, '내 경험'을 발굴하고, 자기소개서 작성법을 배운다.

1 먼저 QR코드에 있는 강의를 보며, 책과 함께 공부한다.

PART 1 | 나와 자기소개서 이해하기

DAY 01 '직무'와 '나' 이해하기

소재발굴하기

'적을 알고 나를 알아야 백전백승'이라는 말이 있다. 물론 우리가 지원하는 기업이 '적'은 아니지만, 적어도 우리가 싸움에서 승기를 잡아내야 할 대상이지는 않은가. 그렇기에 우리는 모든 자기소개서와 면접 과정을 '지피지기면 백전백승'이라는 태도로 임해야 한다. 그 첫 번째 과정이 바로 '직무와 나'를 이해

2 예시를 보며, 소재 발굴과 자기소개서 작성법을 연습한다.

경험을 다 채웠다면, 밑에 예시 답변을 살펴보자.

구 분	도전적이었던 경험은?	창의적이었던 경험은?
어떤 소재를 쓸 것인가?	전자매장 판매 알바	00공단 사무직 인턴
소재를 어떻게 풀 것인가?	·여름에 에어컨 판매 목표 설정 후 판매 ·멤버십 가입 00% 증대	·민원인 체납 금액 징수 방법 - 창의적 ·회계 등 영업 지원 관련 업무 창의성 발휘

물론 사무직 인턴 경험이 물론 너무 좋은 경험이고 값진 경험이겠지만, 사무직 인턴 경험에서 살릴 수 있는 건 오직 **'영업 지원과 관련된 업무 내용'** 뿐이다. 사실 '창의적이었던 경험'라는 질문은 **'영업 전략을 어떻게 구성할래?, 어떤 창의적 아이디어로 영업 실적을 높일래?'**의 의도로 묻는 것이지만, 정 쓸 얘기가 없고, 인턴 소재를 꼭 쓰고 싶다면 '영업 지원'에 초점을 맞춰서 풀 수 있는 것이다.

이처럼 '나만 아는 자기소개서'가 아니라 '나도 알고 직무도 아는 자기소개서'가 되기 위해서는 **'직무가**

3 나만의 경험표를 채우며, 자기소개서 소재를 만들어본다.

예시

구 분	내 용
역량명 ▶	창의성
팀명 ▼	(팀의) 목표 ▼
소상공인 섭외 프로젝트	소상공인 100% 섭외, 학과 축제 협업 매장 프로젝트
어려웠던 점(위기) ▶	사장님들의 우려 (학생들에 대한 불신, 매출 향상에 대한 의구심 등)
내가 한 일 ▶	사장님 섭외하기, 방법 찾기
역량 발휘 ▶	'착한 매장 지도' 만들어 배포하기, 홍보 시 포트폴리오 제작 및 배부 약속
결과 ▶	100% 섭외 성공, 매장 매출 증대, 학과 축제 활성화

4 연습문제를 통해, 자기소개서 질문 유형별로 내용을 완성해본다.

연습문제

Q1. 조직 활동에 주도적으로 참여해 성과를 낸 경험은?	
1	(경험) 당시
설 명	조직 명, 참여했던 프로젝트 명
내 답변	
2(A방식)	(질문 의도에 맞는 역량)을 발휘한 경험이 있습니다.
2(B방식)	(질문 의도에 맞는 역량)을 발휘해 (성과)를 낸 경험이 있습니다.
설 명	어떻게 주도적으로 참여했는지 구체적으로 요약해서 작성하기
내용(+ 성과)	

2. PART 2를 통해, 자기소개서 필수 빈출 소재를 완성해본다.

5 QR코드에 있는 강의를 보며, 흐름을 이해한다.

DAY 6 협업 소재 완성하기 강의보러 가기 ▶

자기소개서에서 '협업'이란?
조직의 목표 달성을 위해 조직 내외의 사람들과 협력 및 분업하는 유형

출제 의도
· 어떤 협업 자세를 갖고 있는지 확인하기 위해(능동적, 수동적 등)
· 협업 시 어떤 역할을 하는 사람인지 파악하기 위해(자료 조사, 갈등 중재, 서포트 등)
· 직무와 비슷한 상황에서 협업을 해 보았는지 확인하기 위해

기업/직무에서 '협업'은 왜 필요할까?
· 팀에 주어진 목표 달성을 위해 팀원 간 협업하는 것
· 상품 개발을 위해 각 부서와 계획대로 분업, 협력하는 것
· 많은 고객을 효율적으로 응대하기 위해 일손 돕는 협업

6 소재 예시를 통해 문항 의도에 맞는 소재를 찾아보자.

	협업의 유형은?
	· 마케팅부, 영업부, IT부 등 각 부서 간 협업
	· 각 전문가가 모여 하나의 결과를 달성해내는 협업
	· 주로 프로젝트성, 개발 업무, IT 관련 부서 등에서 부서 간 협업 진행
부서 간 협업	부서 간 협업의 예시는?
	· 학생회, 인턴 등에서 각 부서와 힘을 합쳐 문제를 해결한 경험
	· 아르바이트에서 고객 만족을 위해 각 담당자가 힘을 합친 경험
	· 프로젝트 및 개발 업무에서 각 전공자가 힘을 합친 경험
	· 팀플에서 전공자가 나뉘었던 경험(전공자를 나눠서 협업 경험으로 만들기)
	· 대외활동에서 주최 기업 및 타 그룹과 힘을 합친 경험 등
	· 주로 팀 내에서 목표를 달성해야 하는 협업
	· '생산 일정 맞추기, 영업 목표 달성하기' 등 팀의 목표가 뚜렷한 경우
	· 부서는 같지만 업무가 나뉘어진 '지사, 지점' 단위의 협업
	· 간호사, 개발자 등 같은 일을 하는 사람들이 매뉴얼을 만들거나 조직 성장을

7 작성 팁을 참고하여, 자기소개서 작성에 필요한 내용들을 채워간다.

자기소개서 작성 전 정리하기(작성해야 하는 필수 요소 정리!)	
당시 우리의 목표	✎ 목표 예시 • 수치 목표 : 영업 목표 100% 달성, 개발 20% 효율 증대 등 • 일반 목표 : 앱 개발, 조사 프로젝트, 모금 활동, 매출 증대 등 • 전반적 목표 : 고객 불만 줄이기, 앱 내 문제 개선하기
갈등의 상황	✎ 상황에 들어가야 할 요소 • 우리가 무슨 일을 해야 했는지 • 목표 달성을 위해 해야 하는 일이 무엇이었는지
	✎

8 템플릿을 활용해, 괄호 안에 내 경험을 넣어본다.

템플릿 살펴보기	
N단계형	[소제목] (경험) 당시, (해결 방식)으로 갈등을 해결한 경험이 있습니다. 당시 (조직)에서 (목표) 달성을 위해 (해야 하는 일)일을 해야 했습니다. (하지만), 이에 대해 (의견 A)와 (의견 B)로 나뉘며 (어려움, 문제)가 발생했습니다. 이를 위해, (N단계)로 (문제, 갈등)을 해결하고자 했습니다. 첫째, (의견 및 대안 검토, 데이터 분석 및 설문조사, 기반 마련 등)을 했습니다. 둘째, (대안 제시, 일정 수립, 시뮬레이션 진행 등)을 했습니다. 셋째, (방향을 정하고 피드백을 반영하거나, 팀원들을 독려해 최종 대안을 실천)한 결과, (성과)를 이뤄낼 수 있었습니다. [이를 통해, (갈등에 대해 배움, 느낀 점, 자세 등)을 배울 수 있었습니다. - 글자 수에 따라 생략 가능] 입사 후에도, ~게 하겠습니다.
	[소제목] (경험) 당시, (해결 방식)으로 갈등을 해결한 경험이 있습니다. 당시 (조직)에서

공기업, 대기업, 은행별로 자기소개서 예시가 있다. 자기소개서 예시를 보며 내 자기소개서를 검토해본다.

예시 살펴보기 - 500자 내	
대/사기업 (마케팅/전략형)	**[실시간 협업으로 1위를 만들다]** **쇼핑몰 아르바이트** 당시, **실버 세대 인지도** 향상을 위해 **실시간 협업**을 진행한 경험이 있습니다. 30대를 대상으로 한 쇼핑몰이 새로운 실버 채널을 오픈하며, **빠른 시일 내로 시장 안착**을 이뤄내야 했습니다. 이에, **사내 TF를 구성**해 5060고객을 다수 모았으나, 경쟁사의 급작스러운 공격적 마케팅으로 **고객 방문율이 50% 이상 감소**하였습니다. 이를 위해, **'실시간 접속 마케팅'**을 진행하였습니다. **5060의 경우 일시적인 공격적 마케팅보다는, 장기적인 접근성 확보가 중요하다고 판단**했습니다. 이에 온라인과 오프라인으로 팀원을 나눈 후, 실시간 반응을 추적했습니다. 번화가에 설치한 부스에서 고객을 앱에 접속시키면, 사무실에서는 관련 데이터를 확보해 혜택을 제공하며 마케팅을 지속한 결과, **실버 쇼핑몰 100개 중 1위에 오르는 성과**를 거둘 수 있었습니다. 입사 후, 이처럼 **견고한 협업 체계로 조직 목표 달성과 고객 확보**를 적극 이뤄내겠습니다. [499자]
	·쇼핑몰에서 TF에 들어가지 않았을 수도 있다! 하지만 협업 소재가 없다면, 사내에서 있었던 일을 생각해 갖고 오자. ·상황 설명에 굳이 '몇 명, 언제까지'가 구체적으로 나오지 않아도 된다. 예시처럼 상황과 다급함 정도만 드러내도 된다. ·본론에서는 '어떤 협업'을 했는지가 드러나면 된다. 물론, '내가 어떤 역할을 했는지.'도 중요하지만, '우리가 어떻게 협업했는지'로 답을 완성해도 괜찮다! ·중요한 건 '키워드'다! '마케팅' 업무를 직접적으로 해보았다고 언급함으로써, 기업 인사 담당자의 이목을 확보할 수 있다.

10 요즘 트렌드에 맞는 비슷한 문항도 나온다. 템플릿과 예시가 같이 제공되니, 이 부분을 보면서 응용 질문 답변도 완성해보자.

요즘은 이런 질문도 있다! 같이 써보기	
협업을 하려 했지만, 실패했던 경험은?	
POINT	• 기존에 '협업 성공 사례'로 작성했던 답변을 '실패'했다고만 바꾸면 된다! • 비록 실패도 했지만, 다시 협업해 성공한 이야기를 풀어내면 된다. • 만약 '상황'에 '우리의 노력'이 기재되어 있다면, 그대로 사용하되 실패에 관한 부분을 조금 강조해 주면 된다.
템플릿 (N단계형)	[소제목] (경험) 당시, (목표)에 실패했으나, (협업 방식 요약)한 협업으로 극복한 경험이 있습니다. 당시 (참여 인원에 대한 설명)이 (목표)를 (기한 내, ~한 상황)에서 달성해야 했습니다. 이에, (목표를 달성하기 위한 노력) 했으나, ~한 (어려움, 문제)로 인해 실패했습니다. 이를 이겨내고자, 첫째, ~게 하였습니다. (이유 생략 가능)하여 (한 일)하였습니다. 둘째, ~을 위해 ~게 하였습니다. 셋째, ~게 한 결과, (실패를 이겨내고) (성과)를 이뤄낼 수 있었습니다. [이를 통해, (협업에 관한 배움, 느낀 점, 자세 등)을 배울 수 있었습니다. - 글자 수에 따라 생략 가능] 입사 후에도, ~하겠습니다.

11 완성한 답변을 활용할 수 있는 면접 질문도 나온다. 면접 질문 답변까지 완성해보자.

면접 질문에 활용하기	
Q1. 협업을 통해 성과를 달성한 경험은?	
템플릿	네, 저는 (경험) 당시, 협업을 통해 (성과)를 달성한 경험이 있습니다. 당시 (목표)를 달성하기 위해, (팀원, 팀 소개)이 모였으나 (어려움)이 발생했습니다. 이에, (협업 - 간단히)한 결과, (성과)를 이뤄낼 수 있었습니다.
예시 (공기업)	네, 저는 **검진 센터 근무 당시**, 협업을 통해 **고객 만족**을 이뤄낸 경험이 있습니다. **고객 대기 시간을 감축하지 못해, 고객 불만이 이어졌습니다.** 이에, 타 센터의 대기 제도를 조사하고, 팀원이 구역을 나눠 약 천 명을 대상으로 설문조사하여 전산팀에 해결책을 제안한 결과, 대기 시간을 크게 줄일 수 있었습니다. · 현장에서 두괄식 응용하기 쉽지 않기 때문에, 이처럼 간단하게 두괄식을 언급해주어도 괜찮다. · 상황에 '목표'와 '어려움'만 반드시 포함되면 되기 때문에, '팀에 대한 소개'는 굳이 반영되지 않아도 된다.
Q2. 협업하려 했지만 실패했던 경험은?	
템플릿	네, 저는 (경험) 당시, 협업했지만 (목표)에 실패한 경험이 있습니다. 당시 (목표)를 위해 노력했으나, (실패) 했습니다. 이를 해결하고자 (노력)한 결과, (성과)를 이뤄낼 수 있었습니다.
예시 (공기업)	네, 저는 **검진 센터 근무 시, 고객 대기 시간 감축에 실패한** 경험이 있습니다. 당시 대기 시간을 줄이고자 노력했으나, 그 제도가 **체계적이지 않아 고객 불만**이 이어졌습니다. 이에, 타 센터의 대기 제도를 조사하고, 팀원이 구역을 나눠 약 천 명을 대상으로 설문조사하여 전산팀에 해결책을 제안한 결과, 고객 불만과 대기 시간을 크게 줄일 수 있었습니다. · 두괄식에 '고객 대기 시간'이라는 목표를 미리 언급해 주면, 상황을 보다 간결하게 설명할 수 있다. · 나머지는 동일하다. 실패를 이겨냈다는 점만 언급해 주면 된다.

12 소재가 도저히 생각나지 않는다면, 아래 구분표를 보고 소재를 탐색해보자.

소재 골라 쓰기	
조 직	**소 재**

학 교
(팀플)
	은 행
	
	✓ **금융 관련 팀프로젝트 소재**
	 - 모의 자산 관리, 투자 등 '업무' 관련 프로젝트
	 - 소상공인, 중소기업 등 '고객' 관련 분석 프로젝트
	 ▶ 에서, '자산 증식 방안 찾기, 투자 데이터 조사하기, 소상공인 대상 분업,
	  기업 분석 과정에서 인터뷰 등 분업' 하여 협업한 경험
	
	✓ **영업 관련 팀프로젝트 소재**
	 - 고객 대상 인터뷰 활동(스타트업 조사 등)
	 - 설득 활동(설치 요청, 모금 활동 등)
	 - 팀 활동 제휴 및 가입 권유
	 ▶ 에서, 더 많은 대상자를 설득하거나 물건을 판매, 권유, 제휴하기 위해 팀
	  원들과 대상, 구역, 업무를 나눴던 경험
	
	☑ **TIP**
	상경계열 졸업자라면 '금융 관련 팀프로젝트'는 임의로 만들 수도 있고, 있을 수도 있다!
	기업 분석 프로젝트 경험이 있다면, 팀 활동으로 만들어 작성해 보자!
	
	공기업
	
	✓ **'직무'와 관련된 팀프로젝트**
	 - 행정 : 상경, 행정 계열 팀프로젝트 모두 가능
	 - 그 외 : 직무와 직접적으로 관련된 프로젝트(예 전기, 건축 등 관련 프로젝
	  트) or 캡스톤 프로젝트
	 ▶ 에서, 팀의 원활한 업무를 위해 '지원, 서포트'한 내 모습 중점으로
	
	☑ **BEST**
	지원하는 기업이 하는 일과 비슷한 팀플을 작성하면(만들면) 좋다! 예를 들어, 건강보험
	공단에 지원한다면 '복지 관련 프로젝트, 지역 보건 체계 프로젝트'처럼, 키워드로 기업
	간의 연관성을 높여보자!
	
	☑ **TIP**
	첫째, 둘째, 셋째 등을 활용해 논리적으로만 작성해 준다면, 공기업은 어떤 팀플을 써도
	관계없다! 단, 최대한 직무와 관련 있게 작성하는 것이 좋다!

목차 CONTENTS

어디든 복붙하고 떼어쓸 수 있는 **자기소개서!**

템플릿에 넣기만 하면 완성되는

공기업·대기업·은행 대비

만능 복붙 자소서

15일 완성 PLAN

▶ **YouTube**
면쌤 채널
....
만능 복붙 자기소개서
15강 제공

SD에듀
㈜시대고시기획

Name
position

LANGUAGES

english ★★★★★
spanish ★★★☆☆
chinese ★★★★☆

INTERESTS

 DOLORUM VIS U MAZIMDOM
SALUTANDI HAS CANT VOCENT S
TAND UTROQUEPER ASI NAM IM

 DOLORUM VIS U MAZIMDOMIN
SALUTANDI HAS CANT VOCENT S
TAND UTROQUEPER ASI NAM IM

 DOLORUM VIS U MAZI
TAND UTROQUEP

CONTACT

 phon

 e-n

 ess

Profile

HAS CONSUL NOMINATI EX OMNIS EPICUREI AD SIT EST AMET
TEMPOR MEDIOCREM EA AN QUI WISI REFERRENTUR AT NEC
REQUE NOSTRO, NAM ERREM NIHIL PUTENT AT EST EU VOCENT
ERIPUIT PROPRIAEEA VIS REBUM INTELLEGAM IUS AN TALE NOSTER

DOLORUM VIS U MAZIMDOMING SALUTANDI HAS DUO DICANT
OMNIUM SADIPSCING ET DUO NO DICANT VOCENT SINTAND
UTROQUEPER ASI NAM IMPEDIT PATRIOQUE ACCOMMODARE CUQ

Education

XXXX-YYYY
DOLORUM VIS U MAZIMDOMING SALUTANDI HAS
CANT VOCENT SINTAND UTROQUEPER ASI NAM IM

XXXX-YYYY
DOLORUM VIS U MAZIMDOMING SALUTANDI HAS
DUO DICANT OMNIUM SADIPSCING ET DUO NO DI

XXXX-YYYY
DOLORUM VIS U MAZIMDOMING SALUTANDI HAS
CANT VOCENT SINTAND UTROQUEPER ASI NAM IM

Work Experience

POSITION / XXXX-YYYY
DOLORUM VIS U MAZIMDOMING SALUTANDI HAS
CANT VOCENT SINTAND UTROQUEPER ASI NAM IM

POSITION / XXXX-YYYY
DOLORUM VIS U MAZIMDOMING SALUTANDI HAS
CANT VOCENT SINTAND UTROQUEPER ASI NAM IM

Professional Skills

 HAS CONSUL NOMINATI EX OMNIS EPICUREI AD SIT
EST AMET TEMPOR MEDIOCREM EA AN QUI WISI RE
FERRENTUR AT NEC REQUE NOSTRO, NAM ERREM N
IHIL PUTENT AT EST EU VOCENT ERIPUIT PROPRIAEE
A VIS REBUM INTELLEGAM IUS AN TALE NOSTER

PART 1
나와 자기소개서 이해하기

DAY 01

'직무'와 '나' 이해하기

소재발굴하기

'적을 알고 나를 알아야 백전백승'이라는 말이 있다. 물론 우리가 지원하는 기업이 '적'은 아니지만, 적어도 우리가 싸움에서 승기를 잡아내야 할 대상이지는 않은가. 그렇기에 우리는 모든 자기소개서와 면접 과정을 '지피지기면 백전백승'이라는 태도로 임해야 한다. 그 첫 번째 과정이 바로 '직무와 나'를 이해하는 것이다.

'그냥 내 이야기를 쓰면 되는 거 아냐?'라고 생각할 수 있다. 하지만 아래 작은 퀴즈를 풀어보면, '지피지기면 백전백승'이라는 말이 크게 와닿으리라 생각한다.

구 분	경 력	경 험	자격증
내 용	○○공단 사무직 인턴	마트 판촉 알바, 전자제품 매장 알바	한국사 1급, 전산회계 자격증

만약 여러분이 위와 같은 스펙을 갖고 있다면, 가장 자랑하고 싶은 경력은 무엇인가?

내가 가장 자랑하고 싶은 경력 :

아마 대부분이 '공단 사무직 인턴 경력'을 가장 자랑하고 싶을 것이다.

4대 보험에 가입된 채 근무해 온전하게 증빙 가능한 경력이기도 하고, 저 인턴을 뚫는 과정도 쉽지 않았기 때문에, 아마 가장 자랑하고 싶은 경력일 것이라 생각한다. 그렇다면 하나의 상황을 제시하려고 한다. 만약에 여러분이 '영업 관리' 직무에 지원한다면, 위에 기재된 '경력, 경험, 자격증' 중 어떤 것부터 작성할지 우선순위를 세워 보자.

우선순위	내 용
1	✎
2	✎
3	✎

어떤 순서로 작성했는가? 저 우선순위 1, 2, 3위 안에 '마트 판촉 알바, 전자제품 매장 알바'가 포함되었는가? 그렇지 않다면 '영업 관리'에 대한 직무 이해가 부족하다고 볼 수 있다. **'영업 관리'란 영업 현장에서 일어나는 전반적인 업무를 관리하고, 전반적인 실적을 높여야 하는 직무다. 즉, '영업 관리'는 '도전적, 목표 지향적, 능동적' 성향의 사람을 선호할 것이다.** 다시 말해, 위의 우선순위에 포함되어야 하는 소재들로는 **'마트 판촉 알바, 전자제품 매장 알바, 전산회계 자격증'** 등이 있을 것이다.

그럼 '○○공단 사무직 인턴'은 어떤 성격을 띠고 있는가? **대부분의 공단 사무직은, 대부분 민원인을 응대하거나, 서류 업무를 처리하거나, 수동적으로 일한다는 이미지**가 강하다. 아무리 내가 '인턴' 경험을 자랑하고 싶다고 할지라도, '영업 관리'라는 직무 성향과 정 반대되는 공기업 인턴 경험을 쓸 경우, 오히려 '마이너스'가 될 수 있다. 즉, 여러분이 영업관리직에 '공단 사무직' 소재를 작성한다면, 이는 **'나만 알고 직무에 대한 이해는 부족한'** 자기소개서가 될 수 있다는 의미다.

그럼 보다 구체적인 상황을 부여해 보겠다. 만약 여러분이 '통신사 영업 관리'에 지원하고, 각각 '도전'과 '창의성' 소재를 쓴다고 생각해 보자. 물론 둘 다 '영업' 관련 경험을 쓰면 좋겠지만, 우리는 주어진 경험 안에서 써야 하니 '전자매장 판매 경험'과 '사무직 인턴 경험'을 어디에 어떻게 활용하면 좋을지 분배해 보자. 아래 표에, 각 소재 안에서 임의로 경험을 만들어 작성해 보자.

구 분	도전적이었던 경험은?	창의적이었던 경험은?
어떤 소재를 쓸 것인가?	✎	✎
소재를 어떻게 풀 것인가?	✎	✎

※ '전자매장 판매 경험'과 '사무직 인턴 경험' 두 소재만 활용해 표를 채워 보아라.

'전자매장 판매 경험'은 어느 칸에 넣었는가? 그렇다면 '사무직 인턴 경험'에서는 어떤 소재를 끌어냈는가? 아마 이 글을 읽는 학생들 중에는 **'내가 하지도 않은 일인데, 어떻게 경험을 꺼내나요?'** 라고 생각할 수도 있다. 맞다. 내가 하지도 않은 일인데 어떤 소재를 어떻게 꺼낼 수 있는가. 알면서도 이러한 질문을 던진 이유는, 예시를 보며 방향을 익히라는 목적도 있고, **경험을 '만들어내는 연습'을 하라는 의도**도 있다.

슬픈 사실이지만, **모두가 100% 자신의 경험으로 자기소개서를 쓰진 않는다.** 만약, '내 경험도 아닌데!' 라는 생각으로 저 위의 칸을 채우지 않았다면, 경험을 만든다는 생각으로 위로 올라가 경험을 채워보자.

경험을 다 채웠다면, 밑에 예시 답변을 살펴보자.

구 분	도전적이었던 경험은?	창의적이었던 경험은?
어떤 소재를 쓸 것인가?	전자매장 판매 알바	OO공단 사무직 인턴
소재를 어떻게 풀 것인가?	• 여름에 에어컨 판매 목표 설정 후 판매 • 멤버십 가입 OO% 증대	• 민원인 체납 금액 징수 방법 - 창의적 • 회계 등 영업 지원 관련 업무 창의성 발휘

물론 사무직 인턴 경험이 물론 너무 좋은 경험이고 값진 경험이겠지만, 사무직 인턴 경험에서 살릴 수 있는 건 오직 **'영업 지원과 관련된 업무 내용'** 뿐이다. 사실 '창의적이었던 경험'라는 질문은 **'영업 전략을 어떻게 구성할래?, 어떤 창의적 아이디어로 영업 실적을 높일래?'** 의 의도로 묻는 것이지만, 정 쓸 얘기가 없고, 인턴 소재를 꼭 쓰고 싶다면 '영업 지원'에 초점을 맞춰서 풀 수 있는 것이다.

이처럼 '나만 아는 자기소개서'가 아니라 '나도 알고 직무도 아는 자기소개서'가 되기 위해서는 **'직무가 하는 일, 직무의 성격'**을 세밀하게 분석해, 그에 맞춰 작성할 필요가 있다. 이에 이번 순서에서는 모든 자기소개서의 기본이 되는 '직무와 나'를 분석해 보려 한다.

I 직무 탐색

먼저 '직무'를 알아야, 그에 맞는 내 경험을 찾든, 만들든 할 수 있다. 대부분 지원자가 직무를 겉핥기로만 이해하고, '나'를 자랑하기에 바쁘기 때문에, 자기소개서의 완성도가 떨어진다. '직무'와 관계없는 경험은 매력이 없다. 오히려 내 매력을 떨어뜨릴 수 있다. 같은 소재를 쓰더라도, 직무에 맞는 부분을 추출하고, 방향을 맞춰 작성하는 것이 가장 중요하다. 시작하기 전, 여러분이 가장 하고 싶은 '직무'를 먼저 정하고, 답을 채워보자.

내가 하고 싶은 직무 : ✎ _____

직무를 이해했으면, 아래 질문에 대한 답을 하나하나 채워보자.

NO. 질문과 답

Q1	이 직무는 어떤 일을 하는가?
A1	✎

Q2	이 직무를 하기 위해선 어떤 역량이 필요한가?
A2	✎

Q3	이 회사에서는 이 직무를 왜 채용하는가?
A3	✎

적합한 답을 채웠는가? 실제 현장에서 수업을 진행하면, 생각보다 많은 학생이 답변을 다 채우지 못한다. 오랜 기간 한 직무를 준비했다면 어렵지 않게 채울 수 있지만, 취업이 쉽지 않은 요즘에는 한 직무만 파헤치기 쉽지 않다는 걸 잘 안다. 그럼에도 메인 목표 기업은 준비해야, 맞춰서 자기소개서 및 스펙을 준비할 수 있으니 목표 직무를 정한 후에 위 질문들에 답하는 방법들부터 파헤쳐보자.

첫 번째 질문. 이 직무는 어떤 일을 하는가?

가장 기본적인 질문이다. 직무가 무슨 일을 하는지조차 모르고 지원한다면, 자기소개서와 면접이 문제가 아니라, 입사 후 본인이 힘들어진다. 단순히 '사람을 만나는 일, 계산하는 일'이라고 훑지 말고, 구체적으로 답변을 작성해보자. 아래 은행과 공기업, 대기업 등의 예시를 같이 살펴보자.

구 분		예 시
은 행	잘못된 답	돈 만지는 곳, 고객 만나는 곳
	찾아야 하는 답	• WM : 고객 자산 관리, 전반적 부동산, 교육 등 관리, 고객과 지속적 연락 등 • 기업금융 : 기업의 성장, 여수신 업무 진행, 기업 고객과의 지속적 연락 등
공기업 (철도전기)	잘못된 답	전기 전공 지원이 가능한 곳, 전기 관련 일을 하는 곳
	찾아야 하는 답	차량 정비, 유지 보수 및 관리, 사고 복구 업무, 본사와의 소통, 점검 등
대기업 (영업 관리)	잘못된 답	문과 전공 무관인 곳, 영업 매장 관리하는 곳
	찾아야 하는 답	매장과의 소통, 실적 관리, 인사 및 회계 등 전반적인 영업 지원 관리, 본사와의 소통 등

단순히 '무슨 일을 하는 곳' 정도로 정리하는 게 아니라, 그에 수반되는 여러 업무를 파헤쳐야 정교한 자기소개서를 쓸 수 있다. **맨날 '소통' 역량만 강조할 게 아니라, '소통'이 필요하다면 이 직무에 '소통'이 왜 필요한지 알고, 그에 맞는 소재를 찾아야 하는 것이다.**

은행의 경우 UB로 채용하는 국민은행을 제외하고 대부분의 은행이 '기업금융/WM'으로 지원자를 채용하기 때문에, 은행지원자는 '기업금융/WM'이 하는 일을 넓게 찾아보면 좋다. 국민은행을 제외하고는 대부분 '내가 이루고 싶은 목표'를 자기소개서에서 묻는다. 그렇기 때문에, **비록 채용은 'WM/기업금융'을 한 번에 한다고 해도, 내가 'WM'과 '기업금융' 중 어느 쪽을 택하고 싶은지 미리 정하고 자기소개서를 작성해야**, 면접에서도 유리한 방향으로 면접을 끌고 갈 수 있다.

공기업의 경우 답을 찾기가 보다 쉽다. 공기업이라면 필수로 공지되는 '직무기술서'를 활용하자. **'직무소개서, 직무기술서'를 보면 '직무 수행 내용'이라는 부분이 있다. 여기에** 지원자가 입사 후 어떤 일을 하게 될지 모두 나와 있다. 특히 현장 직무의 경우 '내 전공을 살리는 일'이라고만 생각하면, 자기소개서뿐만 아니라 면접에서도 어떤 역량을 어떻게 살려야 할지 방향을 잡기 어렵다. 현장 직무는 특히 '유지보수' 업무를 많이 하게 되기 때문에, 무언가 유지 보수하기 위해 노력했던 경험을 찾아 쓰는 게 좋다.

마지막으로 **대기업**은 산업별로 해야 하는 일을 명확히 이해하고 있어야 한다. 위에서 예시를 든 **같은 '영업 관리'일지라도 통신사 영업 관리인지, 편의점 영업 관리인지에 따라 업무 범위가 달라지기 때문에, 반드시** 자기소개서를 작성하기 전 회사 홈페이지에 들어가 직무 인터뷰라도 찾아보기를 바란다. 또, '영업 관리'가 비단 실적 관리만 하는 게 아니라, 그에 수반한 영업 환경도 관리하듯이, 직무 안에 숨겨진 다른 일들이 많다. 이 일들을 파악해야 자기소개서에 적합한 내용을 찾아 넣을 수 있다.

이처럼 **'직무가 하는 일'을 찾는 이유는 '그 일과 비슷한 일을 했던 경험'을 찾아야 하기 때문이다.**

여러분이 흔히 갖고 있는 '편의점 아르바이트' 경험을 했다고 생각해보자. 만약 '직무가 하는 일'을 분석하지 않았다면, '손님 응대했다. 쓸 소재가 없다.'라는 얘기만 나오게 되는 것이다. 그런데 만약 '직무가 하는 일'을 알고 있고, '영업 관리'에 지원한다면, '아, **영업 관리는 실적을 관리하고 영업 환경 전반을 관리하는 직무니까, 편의점에서 실적을 높이기 위해 영업 환경을 개선했던 경험을 써야지.**'라는 생각에 도달할 수 있는 것이다. 비록 이런 경험이 없더라도, 경험을 만들어서라도 쓸 수 있는 것이다.

아래의 '**직무가 하는 일**'을 채워보자.

구 분	내 용
예 시 **기업금융 행원**	기업의 성장, 여수신 업무 진행, 기업 고객과의 지속적 연락 등
✎	✎
✎	✎
✎	✎
✎	✎
✎	✎
✎	✎

두 번째 질문. 이 직무를 하기 위해 어떤 역량이 필요한가?

첫 번째 질문이었던 '직무가 하는 일'이 선행되지 않으면, 답할 수 없는 질문이 바로 이 질문이다. 기본적으로 직무가 어떤 일을 하는지 알아야, 이 직무에 어떤 역량이 필요한지 파악할 수 있다. 이 질문이 중요한 이유는 '소통 역량'만 예시로 들어도 금방 이해할 수 있다. 앞에서도 '소통'이라고 다 같은 소통이 아니라는 점을 설명했다. '**우리는 주로 누구와 소통하는가? 부서 내 사람들과 소통하는가, 부서 외 사람들과 소통하는가?**'부터 시작해서, '**소통의 목적은 무엇인가, 소통의 방식은?**'에 대해서는 모두 깊게 생각해본 적이 없을 것이다. '내 직무는 주로 다른 부서 사람들과 영업 실적을 높이기 위해 전화와 데이터로 소통해'와 같이, '**직무 역량**'과 '**역량이 필요한 이유**'를 정리해야 하는 것이다. 이번에도 은행과 대기업, 공기업 등으로 나눠 예시를 살펴보자.

역량	구분	내용
갈등	은행	동료와 판매 방식에 대한 갈등, 타 부서와 지점 문제에 대한 갈등, 고객과의 갈등, 은행 이익과 고객 만족 사이의 갈등 등
	공기업	지역 기관과의 갈등, 타 부서와의 지점 문제에 대한 갈등, 민원인과의 갈등, 원칙과 효율 사이의 갈등 등
	대기업	성과를 얻기 위한 부서 간 갈등, 거래처 및 계열사와의 갈등 같은 팀 내 업무 이행 방식에 대한 갈등 등
협업	은행	지점 영업 프로모션 목표 달성을 위한 협업, 고객이 많을 때 서로 도와주는 협업, 고객 만족을 위한 협업 등
	공기업	업무 달성을 위한 부서 간 협업, 업무 달성 및 민원인 만족을 위한 부서 내 협업, 지자체 및 타 기관과의 협업 등
	대기업	프로젝트 완수 및 업무 목표 달성을 위한 부서 간 협업, 팀 목표 달성을 위한 부서 내 협업, 각 계열사 및 거래처와의 협업 등

영상에 제시된 '소통, 창의성' 역량 외에 '갈등, 협업'으로 예시를 찾아보았다. 그렇다. 우리는 '역량'만 찾으면 되는 게 아니라, **그 역량이 '왜 필요하고, 무엇을 위해 필요한지'까지 찾아야 한다.** 그렇지 않을 경우, '갈등 소재'에 '팀플을 강남에서 하기로 했니, 종로에서 하기로 했니'로 갈등했다는 이야기를 쓰게 되는 것이다.

이처럼 **'1. 이 직무에 어떤 역량이 필요한가? → 2. 그 직무는 왜 필요하고, 무엇을 위해 필요한가'**가 정리되어야, **'직무와 비슷한 일을 했던 경험 속에서(→ 소재 발굴), 직무 역량을 발휘한 경험(→ 작성 방향)'**을 쓸 수 있는 것이다.

아래의 표에 역량과 필요 이유를 채워보자.

역량	직무명	내용
예시 소통	영업 관리	거래처, 점주들과의 소통/부서 간 재고, 예산을 얻기 위한 소통고객들과의 소통
	건강보험공단	민원인과의 소통/지자체 및 지역 병원과의 소통 각 부서와의 업무 및 민원인 만족을 위한 소통
	은 행	고객과의 소통/영업 노하우에 대한 소통 타 부서에 업무 요청을 위한 소통

세 번째 질문. 이 회사에서는 이 직무를 왜 채용하는가?

첫 번째 질문 '직무가 하는 일'이 '소재 발굴'을 위한 과정이고, 두 번째 질문 '직무 역량'이 '작성 방향'을 위한 과정이라 한다면, **세 번째 질문 '채용 이유'는 '성과와 결과'를 끌어내기 위한 과정이다.** 회사에선 그 어떤 일도 목적 없이 하지 않고, 목적 없이 여러분을 채용하지도 않는다. 여러분을 채용함으로써 기대하는 '성과와 결과'가 있을 것이기 때문에, 이를 파악해 자기소개서나 면접에서 **'나는 그 결과를 얻어낼 수 있는 사람이야.'**를 드러내면 되는 것이다.

이 회사가 몇 천만 원의 급여를 주면서 우리에게 기대하는 바는 무엇일까? 크게 봤을 때,

구 분	채용 이유
은 행	고객 만족, 상품 판매, 실적 증대
공기업	민원인 만족, 공공 업무 처리, 업무 효율 증대
대기업	성과 창출, 이윤 발생

정도이다. 하지만 위의 표는 '은행, 공기업, 대기업' 등 분류를 크게 나눴기 때문에, **여러분은 '직무'에 맞춰 답변을 찾아야 한다.** 즉, 예를 들어, 은행에 지원한 일반 행원, IT 직무 모두 '고객 만족, 상품 판매, 실적 증대'를 위해 일해야 하는 건 맞다. 하지만 일반 행원의 경우, 직접 창구에서 고객을 만나고 영업을 하며 저 목표를 달성해야 하고, IT 직무의 경우 앱과 서비스를 개발하고 유지 보수하며 목표를 달성해야 하는 것이다. **다시 말해, 일반 행원의 채용 이유는 '직접 고객 응대를 통한 실적 증대와 고객 만족'이고, IT 직무의 채용 이유는 '정확한 개발과 유지 보수를 통한 실적 증대 및 고객 만족'인 것이다.**

여러분이 앞선 질문에서 정리한 소재와 작성 방향의 결론이 '채용 이유'여야 한다는 의미다.

> '직무 관련 경험'에서 '직무 역량을 발휘해 일'을 한 결과, '채용 이유'를 달성했다.
> = 나는 일에 빠르게 적응해, 너희가 바라는 대로 성과를 낼 거야!

위와 같은 흐름을 잊지 말고, 내용을 작성해야 하는 것이다.

해당 내용을 명심한 채, 아래 표를 채워보자.

직무	채용 이유
예시 **전기통신**	철도 유지 보수를 통한 고객 안전 수호
✎	✎
✎	✎
✎	✎
✎	✎
✎	✎

Ⅱ 내 경험 탐색

적을 알았으면, 이제 내가 가진 무기를 파악해야 한다. 하지만 대부분의 지원자가 자신이 가진 경험을 알지도, 발굴하기도 어려워한다. 물론 인턴이나 아르바이트 등이 없다면 소재 발굴 과정이 어려울 수 있지만, 그럼에도 우리는 없는 소재도 만들 수 있다.

첫 번째, 팀플

하찮게 여겼던 학교 팀프로젝트가 어쩌면 가장 좋은 소재가 될 수 있다. 나에게 소재의 순위를 세워보라고 한다면, '학생회' 활동보다 '팀플'을 우선순위로 둘 것이다. **'팀플'은 '팀프로젝트'를 줄인 말이다.** 우리는 여기서 '프로젝트'라는 말만 꺼내 올 예정이기 때문에, 여러분이 저 '프로젝트'라는 말 앞에 어떤 단어를 붙이는지에 따라 직무 관련도가 높아질 수도, 낮아질 수도 있다.

예를 들어, 여러분이 모의 창업을 했거나, 무언가를 완성해내는 프로젝트를 했다고 가정하자. 이 때 자기소개서 문항이 '디지털'을 묻는 문항이라면, 마치 모의 창업을 '앱 안에서 시행'하게 한 것처럼 만들어, '앱 개발 프로젝트 당시'라고 작성할 수 있다.

'선생님, 전 문과 학생인데, 앱 개발 프로젝트라고 작성해도 되나요?'라는 의문을 품을 수 있다. 앱 개발에는 기획자도 필요하기 때문에, 기획자로 참여한 것처럼 만들어 '내가 디지털 역량이 있다!'라는 걸 드러내면 된다. 이 외에도, '소상공인 프로젝트', '모의 투자 프로젝트', '1차 산업 프로젝트' 등 여러분이 임의로 직무와 관련된 용어를 넣어 '프로젝트'라고 명명해주면 된다. **하나의 꿀팁을 전하자면, 팀플은 실제 했는지, 아닌지 확인할 수 없기 때문에, 경험이 없을 경우 최대한 비슷했던 팀플을 찾아 임의로 경험을 만들기도 좋다.**

이러한 내용을 바탕으로 다음, 본인이 했던 팀플을 하나하나 채워보자.

팀플 소재 만드는 법

(직무/산업/고객 대상/자기소개서 질문) 관련 용어 + 프로젝트 =

소상공인 프로젝트, 예산 프로젝트, 모의 영업 프로젝트 등

직무/산업/고객 대상/ 자기소개서 질문 등	프로젝트명	간단한 활동 내역
예시 (디지털 질문, 창의성 질문) 앱 개발, 유통 플랫폼 구축	・앱 개발 프로젝트 ・유통 플랫폼 프로젝트	(사실 편의점, 마트 SWOT 분석한 프로젝트지만) 마트 물품을 편의점에서 픽업할 수 있는 플랫폼 모의 개발 활동

두 번째, 학교 활동/대외 및 동아리 활동

가장 많은 학생들이 작성하는 소재다. 학생회 활동이나 대외 활동, 동아리 활동 내용을 많이 작성하는데, 이 역시 직무와 관련된 소재만 작성하는 게 좋다. **직무와 관련된 소재는 다음과 같다.**

'이 조직 자체가 직무와 관련된 활동을 하는 조직이거나',

'이 활동에서 내가 한 일이 직무가 하는 일과 관련 있거나'

즉, 조직 활동이 직무와 관련돼 있거나, 조직에서 내가 한 일이 직무와 관련돼 있어야 한다. 그리고 팀플에서 '프로젝트 이름'을 만들었던 것처럼, **직무와 관련된 키워드를 두괄식 앞으로 끌어내야 한다.** 예를 들어, '회계 직무'를 지원하는데, 농구 동아리에서 총무 업무를 담당했다고 해보자. 이 때, '농구 동호회 당시'라고 두괄식을 작성할 수는 있지만, 관련도가 크게 떨어져 보인다. **이보다는 '예산 관리 업무 당시'라고 두괄식을 빼는 것이** 보다 직무에 적합해 보인다. 이처럼 학생회든, 대외 및 동아리 활동을 얼마든지 작성할 수 있지만, **직무와 관련돼 있는 활동을 앞으로 빼는 것이 가장 중요하다.**

또, 학생회와 동아리, 대외활동이 각각 갖고 있는 특성이 다르다.

구 분	특 징
학생회	• 매력도가 높지 않다. 학생회 경험만 자기소개서에 적히면, 학교 다니면서 직무 관련 활동은 하지 않았다고 생각할 가능성이 높다. • 차라리 '학회 활동'이 있다면 학회 활동을 쓰자!(직무와 관련되었다면 강력 추천) • '학생회'를 메인으로 빼내기 보다는, '학생회에서 한 활동'을 메인으로 빼는 편이 좋다. • 예산 활동, 총무 활동, 기획 활동, 개발 활동 등
동아리	• 직무와 관련된 동아리라면 굉장히 좋은 소재가 될 수 있다. • 직무와 관련되지 않은 동아리라면, 학생회 활동처럼 '한 일'에만 초점 맞춰 작성하면 된다(이 경우 매력도가 떨어진다). • 직무와 관련된 동아리라면, '직무 관련 지식을 배운 경험, 직무 관련한 활동을 한 경험'을 중심으로 풀어주자. • 직무, 산업 관련 키워드를 소재 곳곳에 배치하여, 높은 관심도를 드러내자.

대외활동	• 직무, 산업 관련한 대외활동을 했다면, 관심도를 보여줄 수 있어 마찬가지로 굉장히 좋은 소재가 될 수 있다. • 대외활동에서는 우리가 위에서 정리한 '채용 이유'를 가장 중요하게 여기면 된다. • 내가 '직무와 관련된 활동' 속에서 '채용 이유'의 성과를 내기 위해 노력했던 경험을 적어주면 된다(예를 들어, 은행 지원자라면, 은행 대외 활동에서 고객 앱 가입 유치를 해내기 위해 했던 노력).

증빙을 하려면 할 수 있지만, 그렇다고 4대 보험이 적용된 아르바이트나 인턴은 아닌 학교 관련 경험들은 **여러분의 '직무, 산업' 관심도를 보여줄 좋은 소재가 될 수 있다.** 그럼에도 학생회 활동은 '경험이 없다.'라는 이미지를 강하게 줄 수 있기 때문에, **대외활동이나 동아리를 1순위로 작성하되, 만약 그럼에도 소재가 없을 경우에 학생회 활동을 작성하는 방향으로 생각하자.** 마찬가지로 이 내용을 숙지하며, 아래 표를 채워보자.

학교 활동 소재 만드는 법

활동명 + 그 활동에서 '직무 관련성' 추출하기

농구 동아리에서 예산 관리 활동, 학생회에서 학생 만족 플랫폼 개발 활동

구 분	직무/산업 관련 키워드 or 내가 한 일
예시 학생회 활동	(IT 관련 직무 지원) • 간식 접수 플랫폼 개발 • 수강신청 가이드 플랫폼 구축
✎	✎
✎	✎
✎	✎

세 번째. 아르바이트

본격적으로 '자기소개서 다운 자기소개서'를 쓸 수 있는 소재가 나왔다. 물론 카페나 편의점 아르바이트 같이 보편적인 아르바이트의 경우 각색해야 할 부분이 많지만, 비록 그렇다 할지라도 '직무에 관련한 활동 없는 학생회'보다는 훨씬 낫다. 특히 **직무에 관련한 아르바이트, 4대 보험에 등록되어 경력을 증빙할 수 있는 아르바이트는 자기소개서와 면접 답변 소재에 두루 사용된다.**

일례로, 예전에 한국 철도 면접을 준비했던 친구가 면접 수업을 왔었다. 전기 통신/토목과 같은 현장 직무였는데, 정말 그 어떤 경험도 없이 오직 유관 전공만 있었다. 팀프로젝트조차 잘 기억나지 않는다던 이 친구가 한국 철도에 합격할 수 있었던 비결은 '아르바이트'였다. 큰 아르바이트는 아니었고, 교수님을 따라 공사 현장 일용직 아르바이트를 했던 경험이었다. '직무' 관련 경험은 아니었어도, 그 직무에서 중요히 여기던 '고객 안전'을 위해 했던 일은 많았기에, 관련 내용을 소재로 만들어 답변들을 만들었고, 결국 합격했다.

이처럼 **조금이라도 직무와 연결할 수 있는 아르바이트 경험이 있다면, 자기소개서의 무적 소재로 활용할 수 있다.** 다만, '카페, 편의점' 같이 조금 보편적인 아르바이트라면, 위 '학교 활동'에서 언급했듯이 직무 연관성을 강하게 추출해야 한다. 예를 들어, '영업 관리'를 지원하는데 편의점 아르바이트만 했다고 가정해보자. 이 경우, (실제로는 그렇게 하지 않았을지라도) 편의점의 매출을 높이기 위해 전시를 바꿨다는 이야기나, 고객의 동선과 주변 시장을 분석해 새로운 판매 전략을 구축했다는 이야기를 확보해야 하는 것이다.

또, 자기소개서를 보다 편하게 작성하기 위해서는, **우리가 위에서 정리한 '직무에 필요한 역량'을 갖고 와서, 아르바이트에서 그 역량을 발휘했던 경험을 작성해주면 된다.** 위의 예시를 그대로 활용하자면, '편의점' 근무 경험 중, '창의성'을 발휘해서 '영업 실적을 높이기 위해 매장 전시를 변경했다.'와 같은 내용이 나오면 적합하다. 이와 같은 예시와 아래 예시를 참고해, 아래의 내용을 채워 나가보자.

아르바이트 소재 만드는 법

아르바이트 명 기재하기 + 직무에 필요한 역량 기재하기 + 관련해서 한 활동 기재하기

과외 아르바이트 → 고객 확보 및 영업 실적 증대 → 학부모 보고서 제작으로 다수 고객 확보

아르바이트	역 량	관련하여 한 일
[예 시] **카 페**	창의성	매출 하락 상황, 토스트랑 같이 판매하는 모닝 세트 개발
	도전 정신	오피스 타운 돌아다니며 모닝 세트 적극 홍보, 고객 확보
	고객 만족	점심에 미리 예약하도록 플랫폼 구축, 빠르게 커피 제공
	꼼꼼함	재고 관리 장표 만들어, 재고 순환도 높임
	리더십	신입 아르바이트생 교육 및 적응 가이드, 매뉴얼 만들기

※ 이 모든 과정에 '채용 이유'가 '결과'로 포함되어야 한다! 예 고객 만족/실적 증대

아르바이트	역 량	관련하여 한 일
🖉	🖉	🖉
	🖉	🖉
	🖉	🖉
	🖉	🖉
	🖉	🖉

아르바이트	역 량	관련하여 한 일
✎	✎	✎
	✎	✎
	✎	✎
	✎	✎
	✎	✎

아르바이트	역 량	관련하여 한 일
✎	✎	✎
	✎	✎
	✎	✎
	✎	✎
	✎	✎

아르바이트	역 량	관련하여 한 일
✎	✎	✎
	✎	✎
	✎	✎
	✎	✎
	✎	✎

네 번째. 인턴

인턴, 참 어렵고도 반가운 소재다. 인턴을 하려면 인턴이 필요할 정도로 인턴 되기가 '하늘에 별 따기' 수준이라지만, 그럼에도 '인턴 경력'은 신입 자기소개서와 면접에 필수 아닌 필수가 된 상황이다. 다들 1~2개 정도의 인턴이 있기에, 인턴 경력이 없는 자기소개서가 작아 보이는 지경에 이르렀다.

이러한 참담한 상황이기에 인턴은 더더욱 필요하다. **만약 이 책을 읽는 독자 중 인턴 경력이 없고, 계속해서 서류에서 탈락한다면 인턴이나 계약직 경력을 우선으로 쌓을 것을 권하고 싶다.**

선생님! 인턴 경력이 없는데 어떻게 인턴을 할 수 있나요?

우리는 위에서 학생회, 대외활동, 동아리, 아르바이트 등으로 '그럴 듯하게' 자기소개서 작성하는 방법을 배웠다. 이 내용을 활용해 자기소개서를 작성하는 방법도 있고, '자격증, 논술' 등을 우선으로 보는 기업도 있으니 이런 곳을 노려보는 방법도 있다.

하지만 앞에서 보았듯이, **인턴 경력이라고 모두 도움이 되는 게 아니다.**

실제로 사기업만 준비하는 학생들이 '공기업 인턴 경력'만 있어서 걱정 가득한 채로 나를 찾아오기도 하고, 공기업 준비하는 학생이 '은행 및 금융권 관련 인턴'만 가득 있어서 울상인 채로 나를 찾아오기도 한다. **하지만 인턴을 했다는 그 자체가 '조직 생활, 사회 생활'을 했다는 의미이고, 이 점 자체를 긍정적으로 볼 테니 크게 기죽지 않아도 된다.** 다만, 우리가 위에서 연습했듯이, 만약 인턴으로 근무했던 곳과 다른 성격의 기업을 지원한다면, '내가 지원한 기업, 직무'와 관련된 경험만 추출해서 작성하면 된다.

예를 들어, 사기업에 지원하는데 공기업 인턴 경력만 있다고 가정해보자. 이 경우, 기업 입장에서는 '이 친구는 안정적인 일을 좋아하고, 수동적인 사람인가보다. 도전적으로 성과를 내야 하는 사기업과는 맞지 않을 수도 있겠네?'라고 생각할 수 있다. 이러한 우려를 깨기 위해서는, 공기업 인턴으로 근무하면서도 **'능동적'으로 성과를 만들었던 경험, 계속 도전하여 업무 효율을 만들어 낸 경험, 직무 관련한 일을 한 경험을 중점적으로 찾으면 된다.**

만약 직무 관련한 인턴 경험을 했다면, 무엇이 걱정이랴. 물론 인턴으로 근무하며 독서실처럼 공부만 한 친구가 있을 수도 있지만, **우리는 '그 누구보다 능동적으로 일했다.'라는 이야기를 자기소개서 전반에 풀어주어야 한다.** 그래서 나는 자기소개서나 면접 답변 소재를 찾을 때 항상 이 질문을 묻는다.

'다른 인턴들은 그렇게까지 안 했는데, 나는 조직을 위해 남들과 다르게 움직인 경험은?'

다른 인턴들은 수동적으로 일하는 와중에, **나는 조직 내 불편함, 문제점 등을 찾아 적극적으로 개선하고 문제를 해결한 경험**을 찾으면 된다. 물론 이런 경험이 없을 수도 있다. 이 경우 **경험을 만들거나, 내가 '일을 더 잘하기 위해 했던 노력'**을 찾고, 그 노력을 **팀과 공유해 팀의 업무 효율을 높인 경험**을 찾으면 된다.

계약직이나 인턴 근무하면서 수동적이었던 사람은 입사해서도 수동적일 수밖에 없다. 나는 인턴과 계약직 근무 때부터 능동적인 사람이었고, 그 능동성으로 항상 조직에 도움을 주었던 사람이란 이야기를 전반적으로 풀어주자.

인턴 소재 만드는 법

직무 관련 O 인턴일 경우 : 남들과 차별화 되게 '능동적, 적극적'으로 일했던 경험

직무 관련 X 인턴일 경우 : 직무와 관련된 경험, 능동적으로 성과를 낸 경험

구 분	내가 한 일
예 시 OO공단 인턴 사무직	• (영업 관리 지원) 고객 대출 접수 속도 높이기 위해 '대기석 접수 제도' 제안 및 시행 • (IT 지원) 접수 서류 검토 프로세스 개발 제안 • (은행 지원) 고객 만족 증대를 위한 '필수 서류 포스트잇' 제작 및 배부
✎	✎
✎	✎
✎	✎
✎	✎
✎	✎
✎	✎

Ⅲ   역량 나열하기

이 '역량 나열하기' 과정만 거치면, **여러분은 어떤 질문에도 소재를 갖다가 템플릿에 넣어 자기소개서를 금방 완성할 수 있다.** 우리는 여태까지 '직무, 나'를 분석하며, 무엇을 어떻게 준비해야 하는지 파악해갔다. 이제는 바로 자기소개서에 넣을 수 있게, 그 내용을 역량별로 정리만 하면 된다.

자기소개서에는 크게 다음과 같은 요소들이 들어간다.

> **필수 요소 5 :**
>
> 팀명(조직명), 당시 존재했던 목표, 당시 존재했던 위기, 역량을 발휘해 내가 한 일, 성과(결과)

이 필수 요소 5은 **자기소개서에 반드시 들어가야 하는 내용**이다. 우리가 위에서는 단순히 '내가 한 일' 정도만 정리했다면, 이제는 이 필수 요소 5에 맞춰 세부화 시켜야 하는 것이다. 만약, 경험이 없어서 임의로 경험을 만들었을지라도, 이 '필수 요소 5'에 맞춰 내용을 정리한다면, '정말 내 경험'이 되어 거짓 경험이지만 내 경험처럼 활용할 수 있다.

또, 이를 '역량'별로 나눠 정리할 필요가 있는데, **각 요구되는 역량별로 두 개의 소재는 찾아 두길 권한다.** 예를 들어 '창의성' 관련 경험을 찾는다면, '인턴에서 창의성 발휘 경험 하나', '대외활동에서 창의성 발휘 경험 하나' 이렇게 나눠 작성해두는 게 좋다. 이유는 간단하다. 만약 우리가 역량별로 경험을 하나씩만 정리한다고 가정해보자. 만약 도전적 경험에도 '편의점', 창의성 경험에도 '편의점' 소재를 작성한다면, **내 경험을 다양하게 자랑할 수 없기 때문이다.**

아래 표와 예시를 제공한다. 이 예시에 맞춰 여러분만의 '경험 정리 표'를 두루 만들어 보기를 바란다.
이 정리된 내용들로 우리는 '협업' 일차부터 쭉 작성해 나갈 예정이다.

예시

구 분	내 용
역량명 ▶	창의성
팀명 ▼	(팀의) 목표 ▼
소상공인 섭외 프로젝트	소상공인 100% 섭외, 학과 축제 협업 매장 프로젝트
어려웠던 점(위기) ▶	사장님들의 우려 (학생들에 대한 불신, 매출 향상에 대한 의구심 등)
내가 한 일 ▶	사장님 섭외하기, 방법 찾기
역량 발휘 ▶	'착한 매장 지도' 만들어 배포하기, 홍보 시 포트폴리오 제작 및 배부 약속
결과 ▶	100% 섭외 성공, 매장 매출 증대, 학과 축제 활성화

구 분	내 용
역량명 ▶	✎
팀명 ▼	(팀의) 목표 ▼
✎	✎
어려웠던 점(위기) ▶	✎
내가 한 일 ▶	✎
역량 발휘 ▶	✎
결과 ▶	✎

구 분	내 용
역량명 ▶	✎
팀명 ▼	(팀의) 목표 ▼
✎	✎
어려웠던 점(위기) ▶	✎
내가 한 일 ▶	✎
역량 발휘 ▶	✎
결과 ▶	✎

구 분	내 용
역량명 ▶	✎
팀명 ▼	(팀의) 목표 ▼
✎	✎
어려웠던 점(위기) ▶	✎
내가 한 일 ▶	✎
역량 발휘 ▶	✎
결과 ▶	✎

DAY 02 두괄식 만들기

대다수 학생이 가장 어려워하는 부분이 바로 '두괄식'이다. 다들 두괄식이 중요하다고는 하지만, 첫 문장을 어떻게 호감 가게 만들 수 있을지, 500자도 부족한 내용을 어떻게 한 문장으로 정리해야 할지 감이 잡히지 않아 다들 어렵게 생각한다.

두괄식의 역할은 간단하다.

✓ 흥미 유도 : 전체 내용을 한 줄로 요약해 기업의 이목을 끄는 일
✓ 키워드 확인 : 직무/산업 관련 키워드 배치로, 직무 관련도 높이기
✓ 답 해주기 : 네가 묻는 A는 B야. 하고 한 번에 요약해주기

이처럼 '잘 만들어진' 두괄식은 수많은 자기소개서 속에서 내 자기소개서를 빛나게 하고, 기업 인사 담당자의 이목을 끌게 한다. 어렵게 생각할 필요 없이, '네가 A를 물었으니까, B를 답 해줄게.'라고 생각하며, 'A는 B입니다.'라고만 답 해주면 되는 것이다.

이제 자기소개서 질문 유형별 두괄식 만드는 방법을 살펴보고자 한다. 여러분이 위에서 정리한 소재를 활용하여, 몇 가지 질문에 대해 함께 답을 만들어 보자.

자기소개서의 질문 유형은 크게 두 가지로 나뉜다. **'경험형'** 과 **'정의형'**

경험형은 여러분이 흔히 접하는 '~했던 경험은?'의 질문이고, **정의형은 '~에 대해 말해라.'** 라고 보면 된다. 이 질문 유형에 따라, 두괄식을 비롯해 답변 만드는 방법이 상이하다. 이번 파트에서는 경험형과 정의형의 두괄식 만드는 방법을 하나씩 살펴보자.

첫 번째. 경험형 질문

가장 흔한 질문 유형이다. 우리의 경험을 문장으로 정리하면 되어 쉽다고 생각할 수 있지만, 달리 보면 지원자들의 경험이 모두 대동소이하기 때문에 더 어렵게 느껴지는 경우도 많다. 이러한 경우, '직무, 산업'과 적합도가 높은 키워드를 우선적으로 배치하여, 읽는 사람으로 하여금 이목을 끌어야 한다.

일단 경험형 두괄식에 들어갈 수 있는 요소는 다음과 같다.

'조직(명), 내가 역량을 발휘한 모습, 성과'

어렵게 생각할 필요 없이, 이 세 가지만 기억해서

(조직) 당시, (질문 의도대로 내가 역량을 발휘)해서 (성과)를 이뤄낸 경험이 있습니다.

라고 만들면 두괄식이 완성된다. 하지만 자기소개서에는 글자 수가 정해져 있고, 내용이 중복될 수도 있기 때문에, 두괄식 작성 방법을 크게 두 가지로 나눠 보았다. 이 두 가지 방법을 모두 연습하여, 글자 수와 상황에 맞춰 두괄식을 풀어주면 된다.

A방식
(경험) 당시, (질문 의도에 맞는 역량)을 발휘한 경험이 있습니다.

보통 자기소개서 글자 수가 짧거나, '성과'가 중요하지 않은 문항을 쓸 때 쓰는 유형이다. 영업적 실적이나 성과가 이목을 끌어야 할 경우에는 '성과'를 두괄식에 포함하지만, 그렇지 않은 경우에는 (대다수의 공기업 자기소개서) 내가 한 역량과 행동을 강조해서 작성해주면 된다.

템플릿을 살펴보자.

템플릿	내 용
(경험) 당시,	조직 명, 참여했던 프로젝트 명
(질문 의도에 맞는 역량)을 발휘한 경험이 있습니다.	질문 의도처럼 역량을 발휘했던 경험을 구체적으로 예 단순히 '창의성을 발휘한 경험' → X '체계적인 방법으로 전략을 구성한 경험' → O

'성과' 부분이 빠진 대신, 내가 '역량'을 어떻게 발휘하는 사람인지를 보다 구체적으로 보여주는 방식이다. 길게 볼 필요 없이, 아래 예시를 살펴보자.

예시

Q1. 조직 활동에 주도적으로 참여해 성과를 낸 경험은?	
1	(경험) 당시
설 명	조직 명, 참여했던 프로젝트 명
내 답변	카페 아르바이트 당시,
2	(질문 의도에 맞는 역량)을 발휘한 경험이 있습니다.
설 명	어떻게 주도적으로 참여했는지 구체적으로 요약해서 작성하기
내 용	모닝 세트를 만들고, 오피스 타운 간식 계약을 확보하며, 번화가에 가서
내 답변	직접 메뉴 개발과 협약을 진행하여 성과를 낸 경험이 있습니다.

이처럼 '내가 한 활동'을 내용에 정리하고, 이를 요약하여 두괄식에 넣으면 된다. 기업이 두괄식을 읽었을 때, '이 친구가 정말 적극적으로 일하는 구나.' 라고 느끼게만 만들어주면 된다.

B방식
(경험) 당시, (질문 의도에 맞는 역량)을 발휘해 (성과)를 낸 경험이 있습니다.

자기소개서 글자 수가 넉넉하거나, 눈에 띄는 수치적 성과가 필요할 때 보통 이 방식을 사용한다. 대부분 '성과'를 중요 시 여기는 대기업이나 은행에서 많이 사용하는 방법인데, 성과를 수치적으로 작성해도 되고, 밑에 작성할 내용과 겹친다면 그냥 '성과를 낸 경험이 있습니다.' 라고 작성해도 된다.

템플릿을 살펴보자.

템플릿	내용
(경험) 당시,	조직 명, 참여했던 프로젝트 명
(질문 의도에 맞는 역량)을 발휘해	나의 역량 구체화 + 성과
(성과)를 낸 경험이 있습니다.	A방식에 '성과'만 더하기!

다만 이 경우 문장이 길어질 수 있기 때문에, '내가 한 일'을 A보다는 간략히 작성해주는 것이 좋다. 영상 속 예시와 함께 다음의 예시를 살펴보자.

Q1. 조직 활동에 주도적으로 참여해 성과를 낸 경험은?	
1	**(경험) 당시**
설 명	조직 명, 참여했던 프로젝트 명
내 답변	카페 아르바이트 당시,
2	**(질문 의도에 맞는 역량)을 발휘해 (성과)를 낸 경험이 있습니다.**
설 명	어떻게 주도적으로 참여했는지 구체적으로 요약해서 작성하기
내용 + 성과	모닝 세트를 만들고, 오피스 타운 간식 계약을 확보하며/매출 100% 증대
내 답변	직접 메뉴 개발과 협약을 진행하여 매출 100% 증대를 이뤄 낸 경험이 있습니다.

A예시와 비교하면, 정말 단 하나 '구체화된 성과'만 포함되었다. 만약 여러분이 매장 영업 실적을 끌어내야 하는 영업 관리직에 지원한다면, '매출 100% 증대'처럼 눈에 보이는 성과만 작성해주면 된다.

다섯 가지의 연습문제를 준비했다. 아래 연습문제는 'Part 1' 전반을 통해 답변을 완성할 예정이다. 'Part 2'에 나오는 빈출 질문들 외에도 다음의 연습문제를 통해 다섯 질문에 대한 답변을 더 만들 수 있으니, 그냥 넘어가지 말고 꼭 완성해보기를 바란다.

Q1. 조직 활동에 주도적으로 참여해 성과를 낸 경험은?	
1	(경험) 당시
설 명	조직 명, 참여했던 프로젝트 명
내 답변	✎
2(A방식)	(질문 의도에 맞는 역량)을 발휘한 경험이 있습니다.
2(B방식)	(질문 의도에 맞는 역량)을 발휘해 (성과)를 낸 경험이 있습니다.
설 명	어떻게 주도적으로 참여했는지 구체적으로 요약해서 작성하기
내용(+ 성과)	✎
내 답변	✎

☑ **TIP**

'도전적 문항'과 동일한 소재를 쓸 수 있음

1. 직무, 산업 관련 경험에서 가장 큰 성과가 났던 경험 정하기

2. 내가 '주도적'으로 활동한 것처럼 작성하며, 내가 한 일 극대화하기

Q2. 목표 달성 과정에서 발생한 문제를 해결한 경험은?	
1	(경험) 당시
설 명	조직 명, 참여했던 프로젝트 명
내 답변	✎
2(A방식)	(질문 의도에 맞는 역량)을 발휘한 경험이 있습니다.
2(B방식)	(질문 의도에 맞는 역량)을 발휘해 (성과)를 낸 경험이 있습니다.
설 명	문제를 해결했던 나만의 방식을 요약하여 작성하기
내용(+ 성과)	✎
내 답변	✎

☑ **TIP**

'어려움, 실패 문항'과 동일한 소재를 쓸 수 있음

1. 어차피 모든 소재에 '목표, 위기'를 정리했으니, 모든 소재를 갖다 쓸 수 있다!

2. 직무/산업과 연관도가 높은 경험 중, 위기가 뚜렷하게 나타나는 소재

3. 그 위기를 내가 주도적으로 해결한 소재를 갖고 오기(창의성 문항 갖고 오기도 가능)

4. '발휘한 경험이 있습니다.'를 '문제를 해결한 경험이 있습니다.'로 바꿔도 좋고, ' ~한 역량을 발휘해 ~한 문제를 해결한 경험이 있습니다.'로 바꿔 적어도 좋다.

Q3. 리더십을 발휘했던 경험은?	
1	(경험) 당시
설 명	조직 명, 참여했던 프로젝트 명
내 답변	✎
2(A방식)	(질문 의도에 맞는 역량)을 발휘한 경험이 있습니다.
2(B방식)	(질문 의도에 맞는 역량)을 발휘해 (성과)를 낸 경험이 있습니다.
설 명	나만의 리더십을 어떻게 발휘했는지 정리해서 작성하기
내용(+ 성과)	✎
내 답변	✎

☑ **TIP**

'내가 리더일 수 있었던 조직'의 경험 갖고 오기

1. 인턴 등에서는 '리더'이기 힘들 수 있기 때문에, 직무나 산업 관련한 대외 활동이나 동아리 경험 갖고 오기

2. 리더가 아니었어도 괜찮다! 내가 주도적으로 활동했던 경험을 찾고, 리더였다고 이름 붙이기

Q4. 조직을 위해 헌신했던 경험은?	
1	**(경험) 당시**
설 명	조직 명, 참여했던 프로젝트 명
내 답변	✎
2(A방식)	**(질문 의도에 맞는 역량)을 발휘한 경험이 있습니다.**
2(B방식)	**(질문 의도에 맞는 역량)을 발휘해 (성과)를 낸 경험이 있습니다.**
설 명	왜 나의 노력을 '헌신'이라고 부를 수 있는지, 나의 헌신 요약하기
내용(+ 성과)	✎
내 답변	✎

☑ **TIP**

내가 주도적으로 참여했던 경험이면, 그게 무엇이든 작성 가능!

1. 헌신 = 남들이 다 하기 싫어하지만, 조직에 꼭 필요한 일을, 내가 나서서 주도적으로 해낸 경험

2. 단순히 '전략'을 짰다는 소재보다는, 내가 움직인 게 많고, 업무 외적으로도 노력했던 경험 찾아서 기재하기

Q5. 본인만의 차별화된 경쟁력을 업무에 적용한 경험은?	
1	(경험) 당시
설 명	조직 명, 참여했던 프로젝트 명
내 답변	✎

2(A방식)	(질문 의도에 맞는 역량)을 발휘한 경험이 있습니다.
2(B방식)	(질문 의도에 맞는 역량)을 발휘해 (성과)를 낸 경험이 있습니다.
설 명	나의 차별화된 경쟁력이 무엇인지(전문성 측면), 어떻게 발휘했는지
내용(+ 성과)	✎
내 답변	✎

☑ **TIP**

'차별화된 경쟁력'을 먼저 정하기!('책임감, 열정'은 경쟁력이 아니다! 전문성적인 측면에서 찾기)

1. 전공, 나의 경험 등을 통해 '내가 다른 지원자보다 잘할 수 있는 것' 찾기

2. 업무에서 그 경쟁력을 적용했던 경험 찾기

예시

차별화된 경쟁력 : 영어(전공이 영어 영문)

적용 경험 : 업무 처리에 필요한 벤치마킹 자료 + 논문 모두 분석해서 팀에 공유, 관련 기관과 영어로 인터뷰 진행

두 번째. 정의형 질문

80% 이상의 기업에서 '네 질문 중 한 질문'은 꼭 이 '정의형' 질문으로 묻는다. 정의형의 질문 유형은 크게 두 가지로 나뉘게 되는데,

> ✓ '지식, 산업, 용어' 중 하나를 택하여 '의견을 밝혀라'
> ✓ '지식, 산업 이슈, 용어'에 대한 '대안/방안'은?

지원자들의 경험은 대부분 비슷하기 때문에, 특출 난 경험이 있지 않은 한, **이 '정의형 질문'이 기업의 이목을 끌 가능성이 높다.** 실제로 완성된 정의형 답변들을 보면, **지원자가 직무/산업을 준비했는지, 아닌지를 바로 파악**할 수 있다. 관련 이슈를 평소에 공부한 지원자는 연관된 지식을 적절하게 배치해 답변의 깊이가 깊지만, 그렇지 않은 지원자는 대부분 '해당 이슈'에만 초점을 맞춰 작성하기 때문이다.

정의형 두괄식에 공통적으로 들어갈 요소는 없다. 다만, '의견 밝히기'와 '대안 방안'의 두괄식이 다르니, 템플릿만 인지하고 있으면 된다.

> **'의견을 밝혀라!'**
> (이슈에 관한 간략한 설명)한 (이슈)가 가장 (나의 의견, 이슈인 이유)하다고 생각합니다.

정의형 질문은 대부분 700자 내외로 작성하라고 하는 편이다. 이 경우, **두괄식에 간략히 '나는 이 이슈에 대해 이해하고 있어'라는 내용과 '이 이슈에 대한 나의 견해는 이래.'라는 걸 녹여주면 된다.** 어차피 두괄식을 제외한 모든 내용에 내내 내 의견을 밝혀야 하기 때문에, 두괄식은 경험형보다 비교적 간략하게 작성하면 된다.

영상 질문을 포함하여, 바로 예시를 살펴보자.

`예 시`

최근 직무 관련 이슈 중 가장 관심 있는 이슈를 하나 택하여 의견을 기재하라.	
1	(이슈에 대한 설명)한 (이슈)가
설 명	내가 이슈를 이해하고 있음을 드러내기, 이슈에 대한 간략한 요약
내 답변	유지 보수 과정을 자동화해주는 'AI 점검 서비스'가
2	가장 (나의 생각, 이슈인 이유)하다고 생각합니다.
설 명	이슈에 관한 나의 생각, 견해 간략하게 기재하기
내 답변	최근의 가장 '뜨거운 감자'라고 생각합니다.

'소비자의 이목', '위협', '뜨거운 감자' 등의 단어가 다소 지나치게 심플하게 보일 수 있어도, **오히려 이런 심플한 단어가 '내가 이 이슈에 대해 완벽하게 이해하고 있어'를 드러낼 수 있다.** 이슈에 대해 모르는 사람은 이러한 키워드도 없이, 그저 'A 이슈는 B 입니다.'라고만 작성할 가능성이 높기 때문이다. 다음의 연습문제에 질문에 대한 답변을 정리해보자.

최근 직무 관련 이슈 중 가장 관심 있는 이슈를 하나 택하여 의견을 기재하라.	
1	(이슈에 대한 설명)한 (이슈)가
설 명	내가 이슈를 이해하고 있음을 드러내기, 이슈에 대한 간략한 요약
내 답변	✎
2	가장 (나의 생각, 이슈인 이유)하다고 생각합니다.
설 명	이슈에 관한 나의 생각, 견해 간략하게 기재하기
내 답변	✎

☑ **TIP**

'직무'와 관련된 이슈를 찾아 기재하자!

1. 대부분 직무와 관련된 이슈는 '디지털화'와 관련 있다.

2. 직무의 특성이 뚜렷한 경우 나오는 질문으로, 만약 '사무직, 행정직' 등을 지원한다면 굳이 작성하지 않아도 괜찮다.

최신 산업 트렌드 중 가장 관심 있는 것을 선택하여 의견을 기재하라.	
1	(이슈에 대한 설명)한 (이슈)가
설 명	내가 이슈를 이해하고 있음을 드러내기, 이슈에 대한 간략한 요약
내 답변	✎
2	가장 (나의 생각, 이슈인 이유)하다고 생각합니다.
설 명	이슈에 관한 나의 생각, 견해 간략하게 기재하기
내 답변	✎

☑ **TIP**

'산업'과 관련된 이슈를 찾아 기재하자!

1. 빈출이다! 관련 질문들은 자주 나오기 때문에, 내가 특정 산업을 지원한다면 이 질문은 꼭 정리해두자!

2. 만약 최신 산업 트렌드를 잘 알지 모른다면, 이 역시 마찬가지로 '디지털'과 관련된 이슈를 푸는 것이 가장 무난하다.

> **'대안은? 방안은?'**
>
> (대상에 대한 설명)한 (대상)을 위해, (방안) 해야 한다고 생각합니다.

정의형 질문에서 '의견형 VS 방안형' 중 무엇이 더 자주 나오는지 묻는다면, 주저 없이 '방안형' 이라고 말하고 싶다. **'방안형'** 은 **'이 사람이 직무와 산업에 대해 알고 있는지, 얼마나 깊게 생각해 보았는지, 해결 방안을 도출할 통찰력을 갖고 있는지.' 를 모두 파악할 수 있다.** 방안형도 의견형과 크게 다르지 않다. 내가 이 문제에 대해 인지하고 이해하고 있음을 드러내고, 어떤 방안을 해야 할지 요약해서 두괄식을 구성해 주면 된다.

영상에 있는 질문과 함께, 예시를 살펴보자.

예시

우리 (산업, 기업)에서 ESG 경영을 실천할 수 있는 방안은?	
1	(대상에 대한 설명)한 (대상)을 위해
설명	현재 산업/기업 내 ESG 실천 방향을 이해하고 있다는 내용
내 답변	최근 친환경 프로세스 구축, 점검 단계 확대 등으로 ESG를 실천하고 있는 OO을 위해,
2	(방안) 해야 한다고 생각합니다.
설명	내가 생각하는 방안 요약해서 말하기
내 답변	유통 체계의 빅데이터를 구축해야 한다고 생각합니다.

아마 위의 예시 질문에서 '과연 대상이 뭘까?' 라고 고민하는 지원자가 많았으리라 생각한다. 여기서 대상은 'ESG를 실천하고 있는 산업/기업' 이라고 생각하면 된다. **쉽게 말해, 템플릿에서 보이는 '대상' 을 파악하기 위해서는, 우리가 작성해야 하는 답변의 '주체' 를 파악하면 되는 것이다.** 위의 예시 질문에서 우리는 산업/기업에서 실천할 ESG 방안을 풀어내야 하기 때문에, 'ESG를 실천하고 있는 or 실천할 산업/기업' 을 대상으로 삼으면 되는 것이다. 다음의 연습문제를 통해 두괄식을 더 작성해보자.

우리 (산업, 기업)에서 ESG 경영을 실천할 수 있는 방안은?	
1	(대상에 대한 설명)한 (대상)을 위해
설 명	현재 산업/기업 내 ESG 실천 방향을 이해하고 있다는 내용
내 답변	✎
2	(방안) 해야 한다고 생각합니다.
설 명	내가 생각하는 방안 요약해서 말하기
내 답변	✎

☑ **TIP**

현재 실천하고 있는 'ESG' 방향을 찾아보자!

1. ESG는 앞으로도 중요한 이슈로 떠오를 것이다. 이 기업은 어떤 ESG를 실천하고 있는지, 타 산업 내 동종 기업은 어떤 ESG를 실천하고 있는지 찾아보자!

2. 내가 정리한 ESG 방안을 기업에서 시행하고 있지는 않는지 먼저 찾아보자. 외국의 사례를 찾아 내 방안의 근거로 삼으면 좋다!

우리 (산업, 기업)에서 윤리 경영을 실천할 수 있는 방안은?	
1	(대상에 대한 설명)한 (대상)을 위해
설 명	현재 산업/기업 내 이행하고 있는 윤리 경영, 윤리 경영 관련 기업 이슈
내 답변	✎
2	(방안) 해야 한다고 생각합니다.
설 명	내가 생각하는 방안 요약해서 말하기
내 답변	✎

☑ **TIP**

윤리 경영을 위반한 이슈부터 찾아보자!

1. 직원과 기업의 도덕적 해이로 인한 문제가 지속 발생하고 있다. 현재 우리 기업, 그리고 동종 산업 내 타 기업에서 윤리 경영을 위반한 이슈부터 찾고, 그를 해결할 수 있는 방안을 생각하자.

2. '윤리경영'이라는 말은 범위가 넓으니, 구체적인 사례를 찾아 '이 사례를 예방할 방안'으로 초점을 줄이자 – 그 방안만 얘기하는 이유? 그 방안이 현재 상황에서 가장 큰 이슈이기 때문에(이 내용을 두괄식에 포함해주면 된다. 예 공금 횡령이 가장 이슈가 되는 지금)!

DAY 03 상황 작성하기

상황 작성법

'자기소개서에 무슨 상황을 작성하냐?' 라고 물을 수 있지만, **여러분이 자기소개서에 가장 많이 하는 실수가 '상황을 길게 작성' 하는 것이다.** 자기소개서 첨삭 프로그램을 진행하다 보면, 첨삭을 다음 날로 미루고 피드백만 남기는 경우가 많다. 그 경우가 바로 이런 경우다. **기본적으로 자기소개서는 '내가 한 일'이 길게 나와야 하는데,** 대부분 지원자가 '내가 무슨 상황이었는지 설명해야지!' 라는 고정관념에 박혀 **상황만 길게 작성하는 것이다.** 그렇다면 과연 두괄식과 상황, 내가 한 일 등의 비중은 각각 어느 정도여야 하는지 살펴보자.

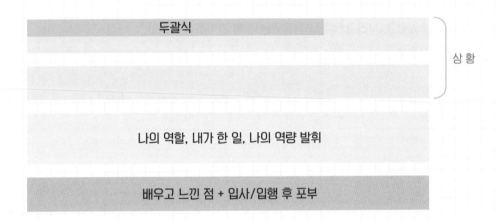

대부분 '나의 역할, 내가 한 일, 나의 역량 발휘' 부분까지 '상황' 을 길게 설명하는데, 사실 상황은 딱 저만큼만 작성하면 된다. 결국 기업에서 알고 싶은 건 '너는 어떻게 일하니?' 이기 때문에, **상황에는 딱 세 가지만 포함되면 된다.**

당시 주어진 목표, 존재했던 어려움, 목표 달성을 꼭 해야 하는 이유

그렇다. **상황에는 크게 '목표'와 '어려움', '달성 이유'만 들어가도 충분하다.** 우리에게 어떤 목표가 있었고, 어떤 위기가 닥쳤는지, 그럼에도 우리가 반드시 그 목표를 달성해야 했던 이유는 무엇인지 등만 작성해준다면, 나머지 상황은 조금도 중요하지 않다. 그럼, '상황' 역시 경험형과 정의형으로 나눠서 작성하는 방법을 알아보자.

첫 번째. 경험형 질문

경험형 질문에서 '상황' 부분이 하는 역할은 단 하나, '나를 극대화시키는 것'이다.

생각해보자. '뭐, 그렇게 어려웠던 경험은 아니었는데, 성과는 나왔어.'라고 하는 것과 '진짜 엄청 힘든 상황이었고, 남들은 하기 어려워했지만, 나는 해냈어.'는 확연히 다르다. 우리는 상황에 '우리가 얼마나 높은 목표를 갖고 있었고, 우리가 얼마나 힘들었는지'를 간략하게 작성하여, 나를 극대화시키는 것이 중요하다.

구 분	내 용
주어졌던 목표	달성하기 엄청 어려웠던 목표, 사실상 달성이 어려운 목표
목표 달성해야 하는 이유	그럼에도 나는 조직을 위해, 성과를 위해 움직이니까!
우리에게 닥친 위기	솔직히 다른 사람이면 이 위기 이겨내기 힘들었을걸?

즉 위의 내용들이 포함되어야 하는 것이다. 이제, 다음의 예시를 참고해보자.

Q1. 조직 활동에 주도적으로 참여해 성과를 낸 경험은?	
두괄식	(경험) 당시, (질문 의도에 맞는 역량)을 발휘한 경험이 있습니다.
내 답변	카페 아르바이트 당시, 직접 메뉴 개발과 협약을 진행하여 성과를 낸 경험이 있습니다.
상 황	템플릿 & 예시 답변
목 표	당시 (목표 - 극한으로 몰기)를 달성해야 했습니다.
내 답변	당시 일주일 내에 매출 80%를 증대해야 했습니다.
달성해야 했던 이유	(반드시 달성해야 하는 이유, 상황)이었으나,
내 답변	(당시) 이미 전염병으로 인해 매출이 크게 저하되어 폐점 위기에 놓였기에, 고정적 매출을 반드시 확보해야 했으나,
우리에게 닥친 위기	(~한 어려움)의 상황이었습니다.
내 답변	주변에 가격 경쟁력을 갖춘 프랜차이즈가 우후죽순으로 생겨나며 매출 증대가 어려운 상황이었습니다.

물론 추후 '글자 수 줄이기' 파트에서 글자 수는 줄여야 하지만, 일단 줄이지 않고 보자면 이러한 흐름으로 작성할 수 있다. 여기서 '목표'는 두괄식 다음 문장에 작성하고, '달성해야 했던 이유 + 우리에게 닥친 위기'를 그 다음 문단에 작성하면 되는 것이다. 그럼 위의 예시와 영상의 예시를 바탕으로, 아래 연습 문제 답변을 채워보자.

Q1. 조직 활동에 주도적으로 참여해 성과를 낸 경험은?

두괄식	(경험) 당시, (질문 의도에 맞는 역량)을 발휘한 경험이 있습니다.
내 답변	✎

상황	템플릿 & 예시 답변
목표	당시 (목표 : 극한으로 몰기)를 달성해야 했습니다.
내 답변	✎
달성해야 했던 이유	(반드시 달성해야 하는 이유, 상황)이었으나,
내 답변	✎
우리에게 닥친 위기	(~한 어려움)의 상황이었습니다.
내 답변	✎

☑ TIP

'조직'에 대한 소속감과 위기를 드러낼 것!

1. '달성해야 했던 이유' 안에 조직에 대한 소속감이 드러나야 한다. 기본적으로 회사는 '조직에서 잘 지낼 사람, 조직에 충성할 수 있는 사람'을 최우선으로 희망하기 때문에, '내가 조직을 위해, 조직에 대한 소속감과 사명감으로 움직였어'라는 이야기가 간접적이더라도 드러나야 한다.

2. '어려움, 위기'에는 우리 조직에게 닥친 위기를 작성하면 된다. 내가 개인적으로 힘들었던 이유가 아닌, 목표 달성을 향해 가는 과정에서 조직에 발생한 어려움을 작성하면 된다.

	Q2. 목표 달성 과정에서 발생한 문제를 해결한 경험은?
두괄식	(경험) 당시, (질문 의도에 맞는 역량)을 발휘한 경험이 있습니다.
내 답변	✎
상 황	템플릿 & 예시 답변
목 표	당시 (목표 : 극한으로 몰기)를 달성해야 했습니다.
내 답변	✎
달성해야 했던 이유	(반드시 달성해야 하는 이유, 상황)이었으나,
내 답변	✎
우리에게 닥친 위기	(~한 어려움)의 상황이었습니다.
내 답변	✎

☑ **TIP**

만들어 둔 소재 중에 가장 성과가 컸던 경험 찾기!

1. '달성해야 했던 이유'는 '조직'을 위해서다! '조직'이라는 단어가 질문에 언급되지 않았을지라도, 우리는 자연스레 '조직 활동' 속에서 소재를 찾아야 한다. 조직을 위해 반드시 문제를 해결하려고 했던 이유를 언급해야 한다.

2. 이 질문이 '발생한 문제를 해결한 경험?'이기 때문에, '어려움, 위기'에는 발생한 문제에 대해서 보다 자세하게 적어줘야 한다.

Q3. 리더십을 발휘했던 경험은?	
두괄식	(경험) 당시, (질문 의도에 맞는 역량)을 발휘한 경험이 있습니다.
내 답변	✎
상 황	템플릿 & 예시 답변
목 표	당시 (목표 : 극한으로 몰기)를 달성해야 했습니다.
내 답변	✎
달성해야 했던 이유	(반드시 달성해야 하는 이유, 상황)이었으나,
내 답변	✎
우리에게 닥친 위기	(~한 어려움)의 상황이었습니다.
내 답변	✎

☑ **TIP**

본인은 어떤 리더였는가?

1. '리더십' 이라는 말이 나온 순간, 본인이 어떤 리더였는지도 같이 언급되어야 한다. '총무 팀장, 기장' 등 어떤 리더였는지를 상황 안에 언급해줘야 한다.

2. '어떤 리더였는가' 만 언급 된다면, 나머지는 비슷하다. 팀의 의견을 모으며 위기 상황에서 이겨낸 이야 기만 기재되면 된다.

Q4. 조직을 위해 헌신했던 경험은?	
두괄식	(경험) 당시, (질문 의도에 맞는 역량)을 발휘한 경험이 있습니다.
내 답변	✎

상 황	템플릿 & 예시 답변
목 표	당시 (목표 : 극한으로 몰기)를 달성해야 했습니다.
내 답변	✎
달성해야 했던 이유	(반드시 달성해야 하는 이유, 상황)이었으나,
내 답변	✎
우리에게 닥친 위기	(~한 어려움)의 상황이었습니다.
내 답변	✎

☑ **TIP**

내 헌신에 '조직에 대한 애정'을 드러내야 한다!

1. 조직에 헌신을 한다는 건, 조직에 필요한 일이지만 '일이 많거나, 어렵거나, 복잡하다.'라는 걸 일컫는다.

2. 이에 '상황'에는 '헌신할 수 밖에 없었던 이유([예] 다른 사람들이 너무 바빠서 그 일을 하지 못하는 상황이다.)를 반드시 언급해야 한다.

Q5. 본인만의 차별화된 경쟁력을 업무에 적용한 경험은?	
두괄식	(경험) 당시, (질문 의도에 맞는 역량)을 발휘한 경험이 있습니다.
내 답변	✎
상 황	템플릿 & 예시 답변
목 표	당시 (목표 : 극한으로 몰기)를 달성해야 했습니다.
내 답변	✎
달성해야 했던 이유	(반드시 달성해야 하는 이유, 상황)이었으나,
내 답변	✎
우리에게 닥친 위기	(~한 어려움)의 상황이었습니다.
내 답변	✎

☑ **TIP**

경쟁력을 왜 발휘해야 했는가?

1. 기재할 내용은 동일하나, 본인의 차별화된 경쟁력을 발휘해야 했던 이유만 기재하면 된다.

2. 조직의 목표를 향해 가는 과정에서 '차별화된 경쟁력'을 반드시 발휘해야 만할 어려운 상황이 발생했음을 작성해야 한다. 이후 '내가 한 일'에 그 어려움을 해결하기 위해 '차별화된 경쟁력'을 발휘한 과정을 기재해 주면 된다.

두 번째. 정의형 질문

정의형 질문에서 '상황'의 역할은 '난 **이만큼 알고 있어.**'를 드러내는 데에 있다.

앞서 정의형 질문 유형에서 살펴보았듯이 '의견, 방안'을 묻게 되는데, **우리는 '내가 한 일', 즉 '본론'** 부분에서 그 의견과 방안을 풀어주면 된다. 다시 말해, 두괄식에서는 간략하게 '내가 알고 있어.'를 요약 했다면, **이번에는 아래 내용을 포함해 조금 더 길게 작성해 주면 된다.**

구 분	내 용
이슈인 이유	'이슈' 관련 질문이라면, 이 이슈가 왜 중요한지 이유 언급하기
정 의	'이슈, 용어' 등을 묻는다면, 그에 대한 정의 우선적으로 풀어주기
여론, 사람들의 의견	이슈와 주제에 대해 다른 사람들은 어떻게 생각하는지 풀어내기
장 · 단점, 찬반	의견이 갈리는 경우라면, 장 · 단점, 찬반을 요약해서 작성하기

질문의 유형마다 다르겠지만, 크게 다음과 같은 내용을 두 세 문장 정도로 정리하면 되는 것이다. 다음의 예시를 살펴보자.

최근 직무 관련 이슈 중 가장 관심 있는 이슈를 하나 택하여 의견을 기재하라.	
두괄식	(이슈에 대한 설명)한 (이슈)가 가장 (이슈)하다고 생각합니다.
내 답변	유지 보수 과정을 자동화해주는 'AI 점검 서비스'가 최근의 가장 '뜨거운 감자'라고 생각합니다.
상 황	템플릿 & 예시 답변
이슈인 이유	이는 (정의)로 (중요한 이유) 입니다.
내 답변	이는 빅데이터를 활용해 자동으로 도로 현황을 점검해주는 서비스로, 각 장·단점을 갖고 있어 세간의 이목을 모으고 있습니다.
사람들의 의견	이에 대해(하지만) (사람들의 의견, 여론)은 ~한 상황입니다.
내 답변	이에 대해, 일각에서는 도로 안전 고도화의 중요성을 이유로 들어 'AI 점검 서비스'를 적극 추진하고 있지만, 도입 비용의 문제와 일자리 위협의 문제 역시 무시할 수 없다는 의견이 지속해서 제기되고 있습니다.

※ 만약 용어에 대한 설명이 필요하다면 정의를 따로 달아주면 된다.

우리 (산업, 기업)에서 ESG 경영을 실천할 수 있는 방안은?	
두괄식	(대상에 대한 설명)한 (대상)을 위해 (방안) 해야 한다고 생각합니다.
내 답변	최근 친환경 프로세스 구축, 점검 단계 확대 등으로 ESG를 실천하고 있는 OO을 위해, 유통 체계의 빅데이터를 구축해야 한다고 생각합니다.
상 황	템플릿 & 예시 답변
정의에 대한 설명	(키워드, 용어)는 ~한 (의미)로 (회사에 중요한 이유)입니다.
내 답변	ESG는 지속 가능한 경영을 위한 필수적 요소로, 환경 문제에서 자유로울 수 없는 유통업계에서는 이에 주목하고 있습니다.
방안의 이유	이에 (방안에 대한 요약, 설명, 필요한 이유)한 (방안)이 필요한 상황입니다.
내 답변	이에 생산 및 포장 단계에서 불필요한 과정을 최소화하고, 이를 데이터화 하여 고객 맞춤형 ESG를 실천할 빅데이터 플랫폼 형성이 필요한 상황입니다.

※ 만약 ESG처럼 모두가 아는 용어라면, 굳이 설명할 필요 없이 '방안을 내세우는 이유'만 작성해줘도 된다.

모든 직무의 이해를 돕기 위해, 임의로 아이디어를 만들고 전문적인 용어를 지양했다. 여러분은 직무와 산업 관련한 용어와 해외 이슈 등을 두루 작성해 '내가 이만큼 알고 있다.'를 드러내는 게 좋다. 하지만 글자 수가 넉넉하지 않기 때문에, 대부분의 말을 '명사화'하여 글자 수를 줄여주는 좋다. 마찬가지로 두괄식에서 연습한 문제를 이어서 작성해보자.

최근 직무 관련 이슈 중 가장 관심 있는 이슈를 하나 택하여 의견을 기재하라.	
두괄식	(이슈에 대한 설명)한 (이슈)가 가장 (이슈)하다고 생각합니다.
내 답변	✎
상황	템플릿 & 예시 답변
이슈인 이유	이는 (정의)로 (중요한 이유)입니다.
내 답변	✎
사람들의 의견	이에 대해(하지만) (사람들의 의견, 여론)은 ~한 상황입니다.
내 답변	✎

☑ **TIP**

대부분 '이슈'는 사람들의 입에 오르내린다!

1. 이러한 '이슈'와 관련된 질문이 나올 땐, 대부분 '찬반, 방향'에 대한 의견을 묻는 경우가 많다.

2. 이 때, 단순히 내 의견만 풀기 보다는, '나는 이 문제의 장·단점을 모두 알고 있다. 사람들의 목소리도 듣고 있다.'를 드러내기 위해 여론을 요약하여 작성하는 것이 중요하다.

최신 산업 트렌드 중 가장 관심 있는 것을 선택하여 의견을 기재하라.	
두괄식	(이슈에 대한 설명)한 (이슈)가 가장 (이슈)하다고 생각합니다.
내 답변	✎
상황	템플릿 & 예시 답변
이슈인 이유	이는 (정의)로 (중요한 이유)입니다.
내 답변	✎
사람들의 의견	이에 대해(하지만) (사람들의 의견, 여론)은 ~한 상황입니다.
내 답변	✎

☑ **TIP**

이게 정말 트렌드가 맞아?

1. 이슈와 트렌드는 큰 차이가 나지 않는다. '이 산업 트렌드가 어째서 산업 트렌드인지, 그 이유는 무엇인지'가 이 부분에서 반드시 언급되어야 한다.

2. 트렌드가 크게 찬반이 나뉘지 않는 경우, 여론 대신 '장·단점'을 작성하거나 이 트렌드로 인해 사람들이 겪는 변화에 대해서 기재해주면 된다.

우리 (산업, 기업)에서 **ESG** 경영을 실천할 수 있는 방안은?	
두괄식	(대상에 대한 설명)한 (대상)을 위해 (방안) 해야 한다고 생각합니다.
내 답변	✎
상 황	**템플릿 & 예시 답변**
정의에 대한 설명	(키워드, 용어)는 ~한 (의미)로 (회사에 중요한 이유)입니다.
내 답변	✎
방안의 이유	이에 (방안에 대한 요약, 설명, 필요한 이유)한 (방안)이 필요한 상황입니다.
내 답변	✎

☑ TIP

ESG, 뻔해도 점점 중요 해진다!

1. 최근 많은 직장인들이 ESG를 위해 노력하고 있다. ESG에 대한 깊은 이해와 나만의 아이디어가 있다면, 기업의 이목을 끌 수 있다!

2. ESG에 대한 설명은 굳이 넣지 않아도 된다. '정의에 대한 설명'을 넣자면, 내가 지원한 산업/기업에 ESG 이슈가 특히 왜 중요한지 한 번 더 언급해주면 된다.

우리 (산업, 기업)에서 윤리 경영을 실천할 수 있는 방안은?	
두괄식	(대상에 대한 설명)한 (대상)을 위해 (방안) 해야 한다고 생각합니다.
내 답변	✎
상 황	템플릿 & 예시 답변
정의에 대한 설명	(키워드, 용어)는 ~한 (의미)로 (회사에 중요한 이유)입니다.
내 답변	✎
방안의 이유	이에 (방안에 대한 요약, 설명, 필요한 이유)한 (방안)이 필요한 상황입니다.
내 답변	✎

☑ **TIP**

우리 회사/산업에는 어떤 윤리적 문제가 발생하는가?

1. 각 회사/산업마다 발생하는 윤리적 문제는 다양하다. '윤리 경영'에만 꽂히지 말고, 우리 회사, 산업에서 어떤 윤리적 문제가 발생하는지 이해하고 작성하자.

2. 즉, '정의에 대한 설명' 칸에는 '윤리 경영'에 대한 설명보다는, 어떠한 윤리 경영 문제가 발생하는지를 풀어주는 편이 낫다.

DAY 04

'내가 한 일' 작성하기

본문작성법

여태까지 작성한 두괄식과 상황은 '서론'에 불과하다. **기업에서 가장 의미 있게 보는 부분이 바로 본론, 즉 '내가 한 일' 부분임에도 불구하고**, 대다수의 지원자는 서론만 길게 쓰고 본론은 짧게 쓴다. 실제 만능 자기소개서를 만들고 같이 첨삭하다 보면, '상황'에 대한 설명만 긴 경우가 대다수다.

'자기'소개서다. **나와 내가 한 일에 대해 소개하는 글인 만큼, 자기소개서에는 '내가 한 일' 이 부분이 가장 비중이 크게 들어가야 한다.**

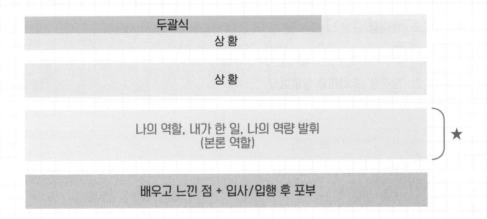

앞선 '상황' 파트에서도 설명했듯, 자기소개서는 크게 위와 같은 표로 구성된다. 그 중 별표로 표시된 바로 저 부분, 가장 비중이 많은 저 부분이 본론이 되어야 하는 것이다.

본론에는 다음과 같은 부분이 포함되면 된다.

'나의 역할, 내가 한 일, 문항 의도에 맞춰서 발휘한 나의 역량, 성과'

앞선 상황에서 '목표가 있었는데, 그 목표를 달성하는 과정에서 위기가 있었어.'라는 내용을 설명했으니, 이제는 '그 문제를 내가 멋있게 해결했고, 성과도 거둘 수 있었어.'라는 부분을 넣어주면 되는 것이다. 이 부분이야말로 여러분이 **'기업에서 찾는 인재, 문항 의도에 맞는 경험의 보유자'**라는 걸 보여줄 수 있는 부분이니 더욱 신경 써서 아래 과정을 따라오기를 바란다.

첫 번째. 경험형 질문

자기소개서 질문 유형이 크게 '경험형, 정의형'으로 나뉘듯이, 경험형 질문의 본론을 작성하는 방법도 크게 **'N단계형'**과 **'전략형'**으로 나뉜다. 둘 중 더 편한 방법을 선택해서 사용해도 되지만, **여러분의 경험과 지원하는 기업에 따라 본론을 다르게 작성해도 좋다.**
그럼 'N단계형'과 '전략형'의 **차이**를 살펴보자.

구 분	N단계형	전략형
작성 방법	'내가 한 일'을 단계별로 나열 ・첫째, 둘째, 셋째~ ・가장 먼저, 또한, 마지막으로~ ・최우선으로, 더불어, 나아가~	'내가 한 일'을 '전략 이름'으로 만들어서 ・데이터 플랫폼 전략으로~ ・'만 보 채우기' 전략~ ・'오피스 홍보' 전략~
권장하기	・체계적으로 일하는 사람처럼 보일 수 있음 ・체계가 중요한 공기업 지원 시 추천 ・'계획, 절차'가 중요한 직무/기업 추천	・내가 '특정 전략'을 사용한 경우 추천 ・마케팅, 개발 등 '아이디어'가 필요한 직무일 경우 권장 ・내 통찰력이나 역량을 크게 드러내고 싶을 때!

아마 유튜브 등을 참고해 자기소개서를 작성해 왔던 지원자라면, 대부분 'N단계형'을 선택해서 쓰고 있었을 것이다. 맞다. 둘 중 하나를 써야 한다면, **나 역시 'N단계형'을 권하고 싶다.** 이유는 간단하다.

✓ 단계별로 업무를 이행한 과정이 보이니, 지원자의 업무 스타일을 파악할 수 있고,

✓ 보기에도 체계적으로 보여, 지원자에 대한 신뢰를 높일 수 있으며,

✓ 단계별로 해야 할 일이 익숙해지면 지원자 역시 편하게 자기소개서를 쓸 수 있기 때문이다.

물론 처음에는 1단계, 2단계 할 일을 정리하는 게 쉽지 않을 수 있다. 하지만, **한 번 정리하고 나면 다른 문항에도 비슷한 맥락으로 돌려쓸 수 있어, '만능 본론'을 만들 수 있다.**

전략형 역시 어렵지 않게 쓸 수 있다. 자기소개서를 처음 쓰는 대다수 친구들이 '전략형'을 우선 선택한다. 그 이유는, 이 경우 대부분 대외활동이나 동아리에서 프로젝트성 업무를 자주 했고, 그 이름을 자랑하고 싶기에 '전략명'을 메인으로 내세우는 것이다. 하지만 어설프게 '대학생스러운' 전략명을 앞으로 빼내기 보다는, **'개발, 마케팅' 등 정말 '프로젝트성 업무를 많이 하는 직무'의 지원자들이 전략형을 택하는 것이 좋다.** 해당 직무의 경우 자기소개서가 하나의 포트폴리오처럼 활용될 수도 있고, 기업에서는 프로젝트 명을 보며 지원자의 역량을 판단하기 때문에 **'미괄식'에 가까운 'N단계형'** 보다는, **'두괄식'에 가까운 '전략형'**을 사용하기를 권한다.

그럼 본격적으로 'N단계형'과 '전략형' 사용 방법을 알아보자.

먼저, N단계 형이다.

N단계 형은 작성 전, **반드시 '내가 한 일'을 나열하고 순서를 정해야 한다.** 다음의 예시를 참고해 'N단계형' 작성 시 나만의 일 처리 순서를 정리해보자.

예 시
· 데이터 수집 → 데이터 분석 → 계획 이행
· 상권 분석 → 오프라인 진행 → 온라인 확대
· 벤치마킹 자료 수집 → 실현 가능성 확보 → 업무 배분 후 계획 착수
· 데이터 수집 및 벤치마킹 수행 → 계획 이행 → 피드백 및 수정
· 프로젝트 스케치 → 구체화 및 중간 피드백 → 이행 및 최종 피드백
· 설문 조사 → 프로젝트 계획 수립 → 프로젝트 이행
· 체크리스트 및 해야 할 일 정리 → 분업 후 업무 진행 → 최종 의견 수집 및 수정

이처럼 나만의 '3단계 틀'을 만들어 그 안에 내용을 넣으면, 어떤 상황에서도 답변을 돌려 사용할 수 있다. 그럼, **예시 질문으로 N단계형 답변을 바로 만들어보자.**

Q1. 조직 활동에 주도적으로 참여해 성과를 낸 경험은?	
두괄식	(경험) 당시, (질문 의도에 맞는 역량)을 발휘한 경험이 있습니다.
내 답변	카페 아르바이트 당시, 직접 메뉴 개발과 협약을 진행하여 성과를 낸 경험이 있습니다.
상 황	목표 → 달성해야 했던 이유 → 우리에게 닥친 위기
내 답변	당시 일주일 내에 매출 80%를 증대해야 했습니다. 이미 전염병으로 인해 매출이 크게 저하되어, 폐점 위기에 놓인 상황이었기에 고정적 매출을 반드시 확보해야 했으나, 주변에 가격 경쟁력을 갖춘 프랜차이즈가 우후죽순으로 생겨나며 목표 달성이 어려운 상황이었습니다.
본 론	N단계형
두괄식	이를 위해, N단계로 ~을 수립했습니다.
내 답변	이에 3 단계로 계획을 수립했습니다.
본론 설명 X3	첫째, 둘째, 셋째 ~하였습니다. (나열하기)
내 답변	첫째, '세트 메뉴 개발' 입니다. 약 1년간의 판매 데이터를 분석하여, 각 시간대별로 자주 판매되는 메뉴를 분석해 '모닝 세트'를 개발하였습니다. 둘째, '오피스 홍보 전략' 입니다. 세트 개발 소식을 알리고자 직접 오피스 타운으로 시식 행사를 다니며, 고객을 확보했습니다. 셋째, '오피스 계약 확보' 입니다. 적극적인 영업으로 소규모 기업의 간식 및 아침 식사 계약까지 끌어낸 결과,
성 과	~한 결과 (뿐만 아니라 ~한 결과도) 거둘 수 있었습니다.
내 답변	매출 100% 증대뿐만 아니라 단골 멤버십도 20% 이상 높일 수 있었습니다.

※ 작성한 '두괄식, 상황' 등은 문장 흐름에 따라 얼마든지 부드럽게 바꿀 수 있다.

앞에서 본 예시에서는 '데이터 분석 → 홍보 진행 → 장기 계약 확보' 순으로 3단계가 진행되었다. 이처럼 위에 예시로 들어준 단계대로 업무를 처리해도 되고, 실제 업무를 진행했던 방식을 적용해 본론을 작성해도 된다. 그 방법이 어떻든, 적극적이고 단계적으로 움직인 내 모습만 보이면 되는 것이다.

다음, '전략형'을 살펴보자.

전략형은 **'내가 한 일'을 쭉 나열한 후, 내 전략에 이름을 붙여야 한다.** 전략에 이름을 붙이지 않고, 막연히 전략에 대해서 설명만 하면, 글이 체계적으로 정리되지 않아 이해하기 어렵다. 우리가 기업의 이목을 끌기 위해 두괄식에 직무 관련한 키워드를 썼듯이, **또 다시 기업의 이목을 끌기 위해 적절한 전략명을 짜야한다.**

자, 전략명을 구성하기 위해 위에 정리한 예시를 다시 갖고 와보자.

> 첫째, '세트 메뉴 개발'입니다. 약 1년간의 판매 데이터를 분석하여, 각 시간대 별로 자주 판매되는 메뉴를 분석해 '모닝 세트'를 개발하였습니다. 둘째, '오피스 홍보 전략'입니다. 세트 개발 소식을 알리고자 직접 오피스 타운으로 시식 행사를 다니며, 고객을 확보했습니다. 셋째, '오피스 계약 확보'입니다. 적극적인 영업으로 소규모 기업의 간식 및 아침 식사 계약까지 끌어낸 결과,

이 내용에 이름을 붙여준다면, 어떤 이름을 붙여주겠는가?

아마 대부분 '모닝 세트 전략' 정도를 생각했을 것이다. 하지만 이러한 단순한 이름은 앞서 언급한 '대학생스러운' 이름으로 기업의 관심을 끌지 못한다.

하지만 만약 여러분이 데이터 관련 직무에 지원했고, '판매 데이터 추출 전략', '데이터 기반 메뉴 구성' 등으로 이름을 붙인다면, 보다 직무와의 연관성이 높아질 것이다. 반대로, 만약 영업 관리 직무에 지원했을 경우, '오피스 집중 전략'이라든가 '오피스 타운 개척 전략' 등 상권과 관련된 이름을 붙여 영업력을 드러낼 수도 있을 것이다.

이처럼 전략명을 정한 후에는, **'내가 왜 이 전략을 구상했는지, 이 전략이 무엇인지, 나는 어떤 행동을 했는지, 그 결과는 어땠는지'**를 같이 언급해줘야 한다. 특히 '내가 왜 이 전략을 구상했는지'가 언급이 되지 않는다면, '근거 없이 일하는 사람'이 되어버리기 때문에, **내 행동에 반드시 근거를 더해줘야 한다.**

이러한 지식을 바탕으로, 다음의 예시 답변을 만들어보자.

Q1. 조직 활동에 주도적으로 참여해 성과를 낸 경험은?	
두괄식	**(경험) 당시, (질문 의도에 맞는 역량)을 발휘한 경험이 있습니다.**
내 답변	카페 아르바이트 당시, 직접 메뉴 개발과 협약을 진행하여 성과를 낸 경험이 있습니다.
상황	**목표 → 달성해야 했던 이유 → 우리에게 닥친 위기**
내 답변	당시 일주일 내에 매출 80%를 증대해야 했습니다. 이미 전염병으로 인해 매출이 크게 저하되어, 폐점 위기에 놓인 상황이었기에 고정적 매출을 반드시 확보해야 했으나, 주변에 가격 경쟁력을 갖춘 프랜차이즈가 우후죽순으로 생겨나며 목표 달성이 어려운 상황이었습니다.
본론	**전략형**
두괄식	이를 위해, (전략) ~을 이행했습니다.
내 답변	이에, '오피스 타운 공략'을 이행했습니다.
전략의 이유	**(전략을 이행한 이유)가 중요하다고 생각했기 때문에,**
내 답변	주 고객이 회사원이기에, 동선상 오피스 타운에 카페의 인지도를 높이는 게 중요하다고 판단했습니다.
구체적 내용	**이에 (구체적인 전략 소개)했습니다.**
내 답변	이를 위해, 점심시간에 오피스 타운으로 들어가 시식 행사를 진행했습니다. 또한, 아침 식사 제공을 희망하는 스타트업을 찾고, 야근 간식이 필요한 기업들을 찾아 계약 조건을 협상하였습니다. 나아가, 이를 바탕으로 배송 시스템까지 구축해 오피스 계약을 체결한 결과,
성과	**~한 결과 (뿐만 아니라 ~한 결과도) 거둘 수 있었습니다.**
내 답변	매출 100% 증대뿐만 아니라 단골 멤버십도 20% 이상 높일 수 있었습니다.

※ 작성한 '두괄식, 상황' 등은 문장 흐름에 따라 얼마든지 부드럽게 바꿀 수 있다.

N단계형과 분명 같은 내용임에도, 다른 측면이 강조된다. N단계형의 경우 '내가 한 일'을 요약적으로 나타냈다면, 전략형의 경우 내가 얼마나 적극적인지, 내가 어떤 사람인지를 보다 구체적으로 보여준다. 추후 우리는 협업부터 입사 후 포부까지 만능 자소서를 작성할 텐데, **이때, 보다 '나'를 잘 드러낼 수 있는 유형을 택해 작성해주면 된다.**

다음의 연습문제를 통해, 본론 작성을 연습해보자.

Q1. 조직 활동에 주도적으로 참여해 성과를 낸 경험은?	
두괄식	(경험) 당시, (질문 의도에 맞는 역량)을 발휘한 경험이 있습니다.
내 답변	✏
상 황	목표 → 달성해야 했던 이유 → 우리에게 닥친 위기
내 답변	✏
본 론	N단계형 - 전략형
내 답변	✏

☑ **TIP**

적극성 & 조직 충성도!

1. 우리는 조직에서 일한다. 내가 조직을 위해 얼마나 헌신하는지, 내가 조직에서 얼마나 적극적인지가 드러나야 한다!

2. 우리는 앞서 '직무에 필요한 역량'을 정리했다. 본론에 드러나야 할 게 있다면, 바로 그 '역량'이다. 내가 '직무 채용 이유'를 달성하기 위해, 얼마나 '직무 역량'을 적극적으로 드러내는 사람인지를 구체적으로 명시해주어라.

Q2. 목표 달성 과정에서 발생한 문제를 해결한 경험은?	
두괄식	(경험) 당시, (질문 의도에 맞는 역량)을 발휘한 경험이 있습니다.
내 답변	✎
상 황	목표 → 달성해야 했던 이유 → 우리에게 닥친 위기
내 답변	✎
본 론	N단계형 - 전략형
내 답변	✎

☑ **TIP**

나는 문제 앞에서 얼마나 능동적인 사람인가.

1. 우리의 자기소개서는 모두 '위기 극복'에 초점 맞춰져 있다. 이 질문도 크게 다를 바 없지만, '내가 조직에서 문제를 발견하면, 피하지 않고 정면돌파하는 사람이다.'라는 건 반드시 드러내야 한다.

2. 그렇기에 다른 사람을 수동적으로 만드는 것도 좋다. 다른 사람들은 특정한 이유로 문제를 피했지만, 나만은 능동적으로 문제 해결을 위해 나섰다고 한다면, 나의 능동성을 드러낼 수 있을 것이다.

Q3. 리더십을 발휘했던 경험은?	
두괄식	(경험) 당시, (질문 의도에 맞는 역량)을 발휘한 경험이 있습니다.
내 답변	✎
상 황	목표 → 달성해야 했던 이유 → 우리에게 닥친 위기
내 답변	✎
본 론	N단계형 - 전략형
내 답변	✎

☑ **TIP**

나의 리더십은 어떤 모습인가?

1. 리더에도 여러 모습이 있다. 파워풀한 리더, 서포트형 리더 등 이 조직에선 어떤 유형의 리더를 선호할지 생각하고, 그 리더십을 발휘한 모습을 답변에 기재하자.

2. 하지만 리더십이라는 건 '팀'과 함께할 때 의미가 크다. 본론 내용에 팀원의 반응이나, 팀원들의 의견을 어떻게 반영했는지 등을 같이 기재하는 것이 좋다.

	Q4. 조직을 위해 헌신했던 경험은?
두괄식	(경험) 당시, (질문 의도에 맞는 역량)을 발휘한 경험이 있습니다.
내 답변	✎
상 황	목표 → 달성해야 했던 이유 → 우리에게 닥친 위기
내 답변	✎
본 론	N단계형 - 전략형
내 답변	✎

☑ **TIP**

단순 노동의 헌신이 아닌 체계적인 헌신!

1. 단순히 힘을 쓰고 시간을 써서 헌신했다는 내용 보다는, 체계적으로 업무에 접근해, 순차적으로 처리한 내용을 쓰는 것이 좋다.

2. 즉, 해당 질문에서는 전략형보다는 N단계형의 방식을 취하기를 권한다.

Q5. 본인만의 차별화된 경쟁력을 업무에 적용한 경험은?	
두괄식	(경험) 당시, (질문 의도에 맞는 역량)을 발휘한 경험이 있습니다.
내 답변	
상 황	목표 → 달성해야 했던 이유 → 우리에게 닥친 위기
내 답변	
본 론	N단계형 - 전략형
내 답변	

☑ TIP

경쟁력 뿐만 아니라 노력도 드러나야 한다!

1. 단순히 '내가 어떤 전문성을 갖고 있고, 어떻게 적용했다.'만 드러내기보다는, '전문성을 강화하기 위한 노력'이 더욱 중요하다! 업무를 하며 부족한 부분이 있을 때, 어떻게든 배우는 사람임이 드러나야 하기 때문이다.

2. 그렇기 때문에, 이 역시 웬만하면 'N단계형'을 취해, 어떤 경로로 (혹은 어떤 이유로) 전문성을 쌓았고, 왜, 어떻게 적용하고자 노력했는지, 또 어떻게 이를 계발하고자 노력했는지를 간략하게 언급해줘야 한다.

두 번째. 정의형 질문

정의형은 앞서 두괄식과 상황 답변처럼 '생각(의견)'과 '방안'으로 나눠 살펴볼 예정이다.

경험형은 앞선 두괄식과 상황에서 충분히 배경을 설명했지만, 정의형은 그렇지 않다. '의견', '방안'을 묻는 질문이기에, 우리는 '본론'에 본격적으로 '나의 의견'과 '나의 방안'을 써야 한다. 그렇기에 본론 안에서 또다시 두괄식과 내용을 나누어져야 한다. '나의 의견과 방안은 무엇이고, 그렇게 생각한 이유는 무엇이며, 어떻게 해야 한다.'까지 제시해야 하기에, 템플릿을 숙지하는 것이 무엇보다 중요하다. 그럼 그 템플릿을 살펴보자.

먼저, '의견'을 묻는 질문 유형이다. '관심 있는 것을 말하여라.', '이슈에 대한 견해를 말해보아라.' 등의 질문에 대해, **지원자는 명백한 본인의 의견을 밝혀야 한다.** 그 의견에 대해 찬성하는지, 반대하는지, 그렇다면 그 이유는 무엇인지를 본문 안에 요약해서 넣어야 한다. 바로 예시를 통해 살펴보자.

예시(의견형)

최근 직무 관련 이슈 중 가장 관심 있는 이슈를 하나 택하여 의견을 기재하라.	
두괄식	(이슈에 대한 설명)한 (이슈)가 가장 (이슈)하다고 생각합니다.
내 답변	유지 보수 과정을 자동화해주는 'AI 점검 서비스'가 최근의 가장 '뜨거운 감자'라고 생각합니다.
상황	이슈인 이유 → 사람들의 의견
내 답변	이는 빅데이터를 활용해 자동으로 도로 현황을 점검해 주는 서비스로, 각 장·단점을 갖고 있어 세간의 이목을 모으고 있습니다. 이에 대해, 일각에서는 도로 안전 고도화의 중요성을 이유로 들어 'AI 점검 서비스'를 적극 추진하고 있지만, 도입 비용의 문제와 일자리 위협의 문제 역시 무시할 수 없다는 의견이 지속해서 제기되고 있습니다.

본 론	의견형
두괄식	이에, (찬반 or 장·단점 중 1, 나아가야 할 방향) (해야 한다고) 생각합니다.
내 답변	이에 AI 점검 서비스 수준을 고도화하되, 기존 인력과의 업무 융화 체계를 구축해 나가야 한다고 생각합니다.
이 유	(두괄식이 필요한 이유, 두괄식을 생각한 이유) 이기 때문입니다.
내 답변	기술 발전에 따라 업무가 점차 자동화될 수밖에 없지만, 여전히 기술적인 한계가 존재하는 것은 물론, 기존 인력이 보유하고 있는 노하우와 전문성은 아직 기술이 침범할 수 없는 영역이라고 판단했기 때문입니다.
의 견	이를 위해, ~해야 한다고 생각합니다.
내 답변	이를 위해, 교육과 업무 구분으로 둘의 융화를 시도해야 할 것입니다. 기존 인력에게 충분한 디지털 교육을 진행함으로써, 인력이 기계를 활용해 보다 정교하게 업무를 수행하게 하되, 기계가 처리 못하는 예외 사항에 있어서는 인력이 즉각 대처하여 도로의 안전 수준을 제고해야 할 것입니다. 나아가, 이렇게 할 경우, 인력의 현장 점검으로 지속적으로 기계에 데이터를 인입시켜, 도로 유지 보수 기술의 전반적 성장 역시 이뤄낼 수 있기 때문입니다.

두괄식과 상황을 떼어놓고 본론만 보자. 본론 그 자체가 자기소개서 답변이 될 수 있을 정도로 두괄식과 이유, 방향이 갖춰져 있다. 질문의 의도대로 이슈에 대한 나의 의견과 방향까지 논리적으로 제시한다면, 보다 짜임새 있는 자기소개서가 완성될 것이다. 그렇다면 다음 연습문제에 대한 답변을 달아보며, '의견형' 본론 작성 방법을 연습해 보자.

최근 직무 관련 이슈 중 가장 관심 있는 이슈를 하나 택하여 의견을 기재하라.	
두괄식	(이슈에 대한 설명)한 (이슈)가 가장 (이슈)하다고 생각합니다.
내 답변	✎
상 황	이슈인 이유 → 사람들의 의견
내 답변	✎
본 론	의견형
두괄식	이에, (찬반 or 장·단점 중 1, 나아가야 할 방향) (해야 한다고) 생각합니다.
내 답변	✎
이 유	(두괄식이 필요한 이유, 두괄식을 생각한 이유) 이기 때문입니다.
내 답변	✎
의 견	이를 위해, ~해야 한다고 생각합니다.
내 답변	✎

☑ TIP

찬반보다 중요한 건, 구체적인 나의 의견이다!

1. 여러분이 찬성을 하든, 반대를 하든, 그 부분은 중요하지 않다! 왜 찬성을 하고 반대를 하는지, 그리고 이 문제를 어떻게 해결할지 구체적으로 제시할 방안이 더욱 중요하다.
2. 이에 충분한 근거를 갖고 의견을 풀어 나가야 하며, 내가 담당자라면, 직무에 애정을 갖고 있는 사람이라면 어떻게 문제를 해결할지 생각해서 답을 해야 한다.
3. 만약 아이디어가 떠오르지 않는다면 외국이나 타 산업, 타 기업의 사례를 참고하자.

최신 산업 트렌드 중 가장 관심 있는 것을 선택하여 의견을 기재하라.	
두괄식	(이슈에 대한 설명)한 (이슈)가 가장 (이슈)하다고 생각합니다.
내 답변	✎ _____
상황	이슈인 이유 → 사람들의 의견
내 답변	✎ _____
본론	의견형
두괄식	이에, (찬반 or 장·단점 중 1, 나아가야 할 방향) (해야 한다고) 생각합니다.
내 답변	✎ _____
이유	(두괄식이 필요한 이유, 두괄식을 생각한 이유) 이기 때문입니다.
내 답변	✎ _____ _____ _____
의견	이를 위해, ~해야 한다고 생각합니다.
내 답변	✎ _____ _____ _____

☑ **TIP**

찬반보다 중요한 건, 구체적인 나의 의견이다!

찬반이 나뉘지 않는 주제에 대해서는, 우리가 어떻게 나아가면 좋을지를 '전략형' 처럼 이름을 짜 기재하는 편이 좋다(◉ 데이터를 모아야 한다. → 빅데이터 플랫폼 구축이 필요하다고 생각합니다).

다음, '방안'을 묻는 질문 유형이다.

많은 지원자들이 가장 괴로워하는 질문 유형이다. 창의적으로 방안을 만드는 그 자체가 힘들 뿐만 아니라, '방안'을 꺼내려면 산업 및 직무에 대한 기본적 이해가 갖춰져 있어야 하기 때문이다. 하지만 이 역시 근거만 튼튼하다면 어렵지 않게 작성할 수 있다. **만약, 정 작성이 어렵다면, '플랫폼, 빅데이터, ESG, 융화' 등 만능 전략을 구성하라. 그다음, 만능 전략에 관한 사례를 모아, 어디에든 쓸 수 있는 지원자만의 전략을 구축하라.** 전략에 맞는 외국 및 타 기업, 산업의 사례를 찾아 보충한다면, 충분히 근거가 튼튼한 만능 답변을 만들 수 있다.

이러한 방안형 질문에 답할 수 있는 방법은 또 다시 두 가지로 나뉜다.

구 분	두괄식형	N가지형
방 법	내가 생각한 방안 1 + 구체적인 계획 및 생각	내가 생각한 방안 3(or 2) + 간략한 설명
권 장	·창의적, 혁신적 아이디어의 경우 ·근거와 방향이 확실한 경우 ·아이디어가 더 생각나지 않는 경우	·깊이 고민은 해보지 않았지만, 아이디어가 많은 경우 ·여러 아이디어를 자랑하고 싶은 경우

만약 본인이 아이디어가 넘치는 유형이거나 작성해야 할 글자수가 많다면 'N가지형'을 택하라고 말하고 싶지만, 그렇지 않다면 '두괄식형'을 쓰기를 권하고 싶다. 자기소개서에서 **방안**을 물을 때는, 방안에 대한 근거와 구체적인 방향까지 답 해야 하고, 그를 위해서는 두괄식형이 적합하기 때문이다.

그럼 **방안형의 예시**를 통해 작성방법을 알아보자.

우리 (산업, 기업)에서 ESG 경영을 실천할 수 있는 방안은?	
두괄식	(대상에 대한 설명)한 (대상)을 위해 (방안) 해야 한다고 생각합니다.
내 답변	최근 친환경 프로세스 구축, 점검 단계 확대 등으로 ESG를 실천하고 있는 OO을 위해, 유통 체계의 빅데이터를 구축해야 한다고 생각합니다.
상 황	정의에 대한 설명 + 방안의 이유
내 답변	ESG는 지속 가능한 경영을 위한 필수적 요소로, 환경 문제에서 자유로울 수 없는 유통업계에서는 이에 주목하고 있습니다. 이에 생산 및 포장 단계에서 불필요한 과정을 최소화하고, 이를 데이터화하여 고객 맞춤형 ESG를 실천할 빅데이터 플랫폼 형성이 필요한 상황입니다.
본 론	두괄식형
두괄식	이를 위해, (두괄식 방안)을 해야 한다고 생각합니다.
내 답변	이를 위해, 'B2C 대상 친환경 빅데이터'를 구축해야 한다고 생각합니다.
이 유	(두괄식 방안이 필요한 이유)이기 때문입니다.
내 답변	실제 A 산업을 포함한 다양한 유통업계에서, 개인 고객에게 제공되는 포장지 및 시즌 상품이 야기하는 환경 문제를 인지하고 유통 과정을 데이터화하고 있기 때문입니다.
구체적 계획	이에, ~해야 할 것입니다.
내 답변	이에, 각 부서에 '친환경 점수제도'를 도입해야 할 것입니다. 재료와 에너지 효율에 따른 기준 점수를 정한 후, 생산부터 판매까지 점수를 매겨 현황을 분석해야 한다고 생각합니다. 이후, 이를 데이터화하여 사내 환경 문제를 파악하고, 관련 의견을 모을 수 있는 플랫폼을 구축한다면 전사적 ESG 실천이 가능할 것입니다. 마지막으로 친환경 실천과 매출 증대를 동시에 이뤄낼 수 있는 방안을 주기적으로 공모해, 지속 가능한 경영의 기반을 확보해야 할 것입니다.

특정 유통 기업이 아니라, 유통 전반을 예로 들었기에 예시가 다소 포괄적일 수 있으나, **우리는 보통 한 산업에 있는 모든 기업을 지원하기 때문에 이런 포괄적인 답변을 하나 만들어두는 것도 좋다.** 활용법을 대략 살펴보자. 예시처럼 '친환경 점수제도로 ESG를 실천하자.'라며 만능 답변을 만들었다고 가정해보자.

이 상황에서 만약 본인이 '전자제품 유통'에 지원했다면, '특히 매장에서의 재고 관리 및 에너지 사용 비용 등을 점수화하자.'처럼 산업 특징에 맞춰 답변을 만들 수 있다. 또, '식품 유통'에 지원했다면, '정기 배송의 포장 문제, 배송 과정에서의 친환경 저해 요소를 데이터화하자.'처럼 산업 현황에 맞춰 답변을 수정할 수 있다.

다시 돌아와, 앞의 예시를 살펴보자.

예시에 직접적으로 '첫째, 둘째, 셋째'라는 표현이 나오지 않았지만, '이에, 이후, 마지막으로'라는 표현으로 방안을 논리적으로 전개했다. 이처럼, **비록 '두괄식형'으로 답변을 만든다고 해도, 그 안에 구체적인 시행 단계가 포함되어야 답변을 깔끔하게 만들 수 있다.** 하지만 질문이 달라질 때마다 그 구체적 방안을 생각하기 어려우니, 앞선 예시처럼 만능 답변이 필요한 것이다. 아래 여러분이 지원할 산업에 맞춘 '만능 답변'을 만들어보자.

구 분	만능 답변
전략명	✎
1단계	✎
2단계	✎
3단계	✎

다음 **N가지형**의 예시를 통해 작성방법을 알아보자.

예시(N가지형)

우리 (산업, 기업)에서 **ESG 경영을 실천할 수 있는 방안은?**	
두괄식	(대상에 대한 설명)한 (대상)을 위해 (방안) 해야 한다고 생각합니다.
내 답변	최근 친환경 프로세스 구축, 점검 단계 확대 등으로 ESG를 실천하고 있는 OO을 위해, 유통 체계의 빅데이터를 구축해야 한다고 생각합니다.
상 황	정의에 대한 설명 + 방안의 이유
내 답변	ESG는 지속 가능한 경영을 위한 필수적 요소로, 환경 문제에서 자유로울 수 없는 유통업계에서는 이에 주목하고 있습니다. 이에 생산 및 포장 단계에서 불필요한 과정을 최소화하고, 이를 데이터화하여 고객 맞춤형 ESG를 실천할 빅데이터 플랫폼 형성이 필요한 상황입니다.
본 론	N가지형
두괄식 1	첫째, (첫 번째 방안)을 해야 한다고 생각합니다.
내 답변	첫째, 'B2C 대상 친환경 빅데이터'를 구축해야 한다고 생각합니다.
이유 + 계획 1	(이유)하기 때문에 (방안) 해야 하기 때문입니다.
내 답변	개인 고객에게 제공되는 포장 및 시즌 상품의 환경 문제가 크기 때문에, 전 유통 과정에 '친환경 점수제도'를 도입해 ESG에 대해 지속적으로 경각심을 가져야 하기 때문입니다.

이와 같이 '두괄식 + 이유/계획'이 하나의 묶음이 되고, **이 묶음이 총 세 가지 정도 나열되어야 N가지형 답변이 된다.** 하나의 방안을 구체화하는 두괄식형과 다르게, 하나의 방식을 간략하게 작성하는 것이다. 하지만 예시처럼 '내가 방안을 꺼내는 이유, 계획'이 너무 짧게 기술되기 때문에, 면접에서 꼬리 질문이 잡힐 가능성이 높다. 이에 지원자가 자신 있게 아이디어를 자랑할 수 있다면 'N가지형'으로, 자기소개서에 논리를 더하고 싶다면 '두괄식형'으로 작성하면 된다.

아래 연습문제를 통해, 답변 작성법을 연습해보자.

우리 (산업, 기업)에서 **ESG** 경영을 실천할 수 있는 **방안은?**	
두괄식	(대상에 대한 설명)한 (대상)을 위해 (방안) 해야 한다고 생각합니다.
내 답변	✎
상 황	정의에 대한 설명 + 방안의 이유
내 답변	✎
본 론	두괄식형 - N가지형
내 답변	✎

☑ TIP

ESG는 만능 답변을 만들어 두자!

1. 최근 회사 내에서는 ESG 전용 TF를 만들 정도로 ESG에 대한 관심이 뜨겁다. ESG에 대해 조사하여 만능 답변을 만들어 두자.

2. N가지형으로 여러 아이디어를 풀어내기에는 벅찰 수도 있다. 하나의 튼튼한 방안을 만들어 두괄식형을 사용해보자.

우리 (산업, 기업)에서 윤리 경영을 실천할 수 있는 방안은?	
두괄식	(대상에 대한 설명)한 (대상)을 위해 (방안) 해야 한다고 생각합니다.
내 답변	✎
상 황	정의에 대한 설명 + 방안의 이유
내 답변	✎
본 론	두괄식형 – N가지형
내 답변	✎

☑ **TIP**

사례 별로? 만능 답변으로?

1. 이 경우, 윤리 경영 위반 사례를 찾았다면 'N가지형'으로 답변 쓰기를 권하고 싶다. 윤리 경영 위반 사례 별로 대처 방안을 개진하면, 보다 빠르게 답변을 완성할 수 있을 것이다.

2. 만약 여러분이 지원하는 기업/직무에서 특정 위반 사례만 빈번하게 발생한다면, 두괄식형으로 구체적인 해결 방안을 기재하라.

DAY 05

자기소개서 완성하기
(자기소개서 마무리 + 글자 수 줄이기)

가독성 높이기

위 과정을 따라 자기소개서를 완성했으면, 이제는 자기소개서를 정리할 때다. 기업에서 요구하는 글자 수에 따라 내용을 늘리거나, 줄여야 하고, 끝맺음도 해야 한다.

| 두괄식 |
| 상 황 |

| 상 황 |

| 나의 역할, 내가 한 일, 나의 역량 발휘
(본론 역할) |

| 배우고 느낀 점 + 입사/입행 후 포부 | 마무리

우리는 이와 같이 자기소개서를 정리했다. 만약 여러분이 완성한 자기소개서의 글자 수가 넘친다면, **아래 '글자 수 줄이기'를 따라 내용을 정리해가면 되고, 만약 글자 수가 부족하다면 '배우고 느낀 점'이나 '이슈에 대한 내 생각'을 넣어 부족한 글자 수를 채워주면 된다.** 이처럼 내용을 다 완성한 후에도, 그냥 제출하기보다는, 글자 수에 따라 자기소개서를 한 번 더 정리해 줘야 한다. 그럼, '마무리' 단계 문단 작성법을 알아보자.

첫 번째. '마무리 단계' 작성하기

우리는 경험형, 정의형에 따라 자기소개서 작성하는 방법을 배워 보았다. 이제 이 내용을 최종 마무리하는 '끝맺음' 문단을 작성해보려고 한다.

먼저 경험형부터 살펴보자.

경험형의 마지막 문단은 크게 **'배우고 느낀 점'** 과 **'입사 후 포부'** 로 나눠서 작성할 수 있다. 앞서 언급했듯이, 글자수가 부족하다면 배우고 느낀점을 넣고, 글자 수가 많다면 입사 후 포부만 기재하면 된다.

중요한 건, **이 둘 안에 '문항 의도' 가 포함되어 있어야 한다.** 특히 '배우고 느낀 점'은 '너희 이런 의도로 이 질문 했지? 맞아. 너희의 의도대로 난 이런 걸 느꼈어.' 라는 게 포함되어 있어야 한다. 즉, **'너희가 문항을 통해 알고 싶어 하는 역량이 직무에서 왜 필요한지 나는 이해하고 있어.'** 라는 점을 마지막 문단에 드러내면 되는 것이다.

템플릿부터 살펴보자.

구 분	내 용
배우고 느낀 점(글자 수에 따라 생략 가능)	
템플릿	• 이를 통해, ~한 자세가 중요하다는 점을 알게 되었습니다. • 이처럼 (문항 의도, 역량)에는 ~한 자세가 중요하다고 생각합니다. • 이처럼 (직무)는 ~해야 한다고 생각합니다.
입사, 입행 후	
템플릿	• 이를 바탕으로, 입사 후에도, ~한 일원이 되겠습니다. • OO인이 되어, 입사 후 ~게 이바지하겠습니다. • 항상 ~한 자세로, ~한 성장에 기여하겠습니다. • 일원이 되어서도, ~한 인재로 거듭나겠습니다.

템플릿에 관계없이, 이처럼 문장 안에 무엇을 배우고 느꼈는지, 어떤 사람이 될 것인지만 간략하게 기재해주면 된다. 그렇다면 먼저 경험형 예시를 살펴보자.

	Q1. 조직 활동에 주도적으로 참여해 성과를 낸 경험은?
두괄식	**(경험) 당시, (질문 의도에 맞는 역량)을 발휘한 경험이 있습니다.**
내 답변	카페 아르바이트 당시, 직접 메뉴 개발과 협약을 진행하여 성과를 낸 경험이 있습니다.
상 황	**목표 → 달성해야 했던 이유 → 우리에게 닥친 위기**
내 답변	당시 일주일 내에 매출 80%를 증대해야 했습니다. 이미 전염병으로 인해 매출이 크게 저하되어, 폐점 위기에 놓인 상황이었기에 고정적 매출을 반드시 확보해야 했으나, 주변에 가격 경쟁력을 갖춘 프랜차이즈가 우후죽순으로 생겨나며 목표 달성이 어려운 상황이었습니다.
본 론	**전략형**
내 답변	이에, '오피스 타운 공략'을 이행했습니다. 주 고객이 회사원이기에, 동선상 오피스 타운에 카페의 인지도를 높이는 게 중요하다고 판단했습니다. 이를 위해, 점심시간에 오피스 타운으로 들어가 시식 행사를 진행했습니다. 또한, 아침 식사 제공을 희망하는 스타트업을 찾고, 야근 간식이 필요한 기업들을 찾아 계약 조건을 협상하였습니다. 나아가, 이를 바탕으로 배송 시스템까지 구축해 오피스 계약을 체결한 결과, 매출 100% 증대뿐만 아니라 단골 멤버십도 20% 이상 높일 수 있었습니다.
결 론	**배우고 느낀 점 + 입사 후**
배우고 느낀 점	**이를 통해 ~해야 한다는 점을 배울 수 있었습니다.**
내 답변	이처럼 영업 관리직은 조직 성장을 위해 작은 목표에도 주도적으로 임해야 함을 알게 되었습니다.
입사 후	**입사 후에도, ~하겠습니다.**
내 답변	입사 후에도, 고객을 직접 찾아 나서며 실적 증대를 이뤄내는 데 이바지하겠습니다.

예시는 '영업 관리'를 목표로 만든 내용이다. 영업 관리에서 '주도적 조직 참여'를 묻는 의도는 무엇일까? 여러분이 영업 관리 지원자가 아닐 지라도, 위의 예시를 보면 바로 눈치챌 수 있었을 것이다. 맞다.

그 어떤 업무에도 주도적으로 고객을 찾아 나서며, 영업 목표를 달성할 수 있는 사람인지를 파악하고자 이 질문을 낸 것이다. **이처럼 우리는 마지막 문단을 읽었을 때, '기업이 지원자에게 어떤 모습을 바라는가'를 바로 이해할 수 있어야 한다.**

종종 '배우고 느낀 점' 부분을 작성하기 어려워하는 친구들이 있는데, 어려워할 것 없이, '입사 후'에 쓸 나의 업무적 태도를 '느낀 점'으로만 소화하면 된다.

다음 정의형 마무리 방법을 알아보자.

정의형의 마무리는 간단하다. **이 이슈가 중요하고, 내가 말한 방안이 필수적이라는 점**만 드러내면 된다. 바로 템플릿을 살펴보자.

구 분	내 용
가치관	
템플릿	• 이 (이슈)는 ~하다고 생각합니다. • (이슈)는 ~을 위해 더 이상 피할 수 없는 문제라고 생각합니다. • ~을 위해, 이제는 ~게 나아가야 한다고 생각합니다.
기대 효과	
템플릿	• 추후 ~한 (미래, 사회)에 ~게 한다면, ~할 수 있을 것입니다. • ~게 한다면, (산업, 기업, 직무 등)은 ~게 발전할 수 있을 것입니다. • 이러한 (방안)을 적용한다면, 추후 ~한 문제에 대비할 수 있을 것입니다.

이처럼 정의형에서는 **'내가 선택한 이슈와 방안'이 결코 틀리지 않았음을, 이 주제가 기업과 산업, 직무에 미칠 영향을 파악하고 있음을** 나타내면 된다. 바로 예시를 살펴보자.

우리 (산업, 기업)에서 ESG 경영을 실천할 수 있는 방안은?	
두괄식	(대상에 대한 설명)한 (대상)을 위해 (방안) 해야 한다고 생각합니다.
내 답변	최근 친환경 프로세스 구축, 점검 단계 확대 등으로 ESG를 실천하고 있는 OO을 위해, 유통 체계의 빅데이터를 구축해야 한다고 생각합니다.
상 황	정의에 대한 설명 + 방안의 이유
내 답변	ESG는 지속 가능한 경영을 위한 필수적 요소로, 환경 문제에서 자유로울 수 없는 유통업계에서는 이에 주목하고 있습니다. 이에 생산 및 포장 단계에서 불필요한 과정을 최소화하고, 이를 데이터화 하여 고객 맞춤형 ESG를 실천할 빅데이터 플랫폼 형성이 필요한 상황입니다.
본 론	두괄식형
내 답변	이를 위해, 'B2C 대상 친환경 빅데이터' 를 구축해야 한다고 생각합니다. 실제 A 산업을 포함한 다양한 유통업계에서, 개인 고객에게 제공되는 포장지 및 시즌 상품이 야기하는 환경 문제를 인지하고 유통 과정을 데이터화하고 있기 때문입니다. 이에, 각 부서에 '친환경 점수제도' 를 도입해야 할 것입니다. 재료와 에너지 효율에 따른 기준 점수를 정한 후, 생산부터 판매까지 점수를 매겨 현황을 분석해야 한다고 생각합니다. 이후, 이를 데이터화 하여 사내 환경 문제를 파악하고, 관련 의견을 모을 수 있는 플랫폼을 구축한다면 전사적 ESG 실천이 가능할 것입니다. 마지막으로 친환경 실천과 매출 증대를 동시에 이뤄낼 수 있는 방안을 주기적으로 공모해, 지속 가능한 경영의 기반을 확보해야 할 것입니다.
결 론	가치관/기대효과
가치관	(이슈)는 ~하다고 생각합니다.
내 답변	ESG에 대한 고객 인지도가 높아진 지금, 환경 문제는 더 이상 좌시할 수 없는 중대한 이슈라고 생각합니다.
기대효과	이처럼 ~한다면, ~게 나아갈 수 있을 것입니다.
내 답변	이에, 이처럼 OO기업이 전 생산 과정을 데이터화하여 장기적인 대안을 마련할 때, 고객의 신뢰를 받는 지속 가능한 경영을 실천할 수 있을 것입니다.

글자 수가 넘친다면 가치관에 대한 부분은 따로 언급하지 않아도 된다. 사실 본론만으로도 어느정도 내용은 마무리되기 때문에, 마무리가 힘들다면, 적당히 '기대효과' 정도만 작성해서 답변을 마무리해주면 된다.

우리가 지금까지 정리했던 경험형 & 정의형 연습문제들을 모아 보았다. 끝맺음 문단을 작성하며, 최종 마무리해보자.

Q1. 조직 활동에 주도적으로 참여해 성과를 낸 경험은?	
두괄식	(경험) 당시, (질문 의도에 맞는 역량)을 발휘한 경험이 있습니다.
내 답변	
상 황	목표 → 달성해야 했던 이유 → 우리에게 닥친 위기
내 답변	
본 론	전략형 - N가지형
내 답변	
결 론	배우고 느낀 점 + 입사 후
배우고 느낀 점	이를 통해 ~해야 한다는 점을 배울 수 있었습니다.
내 답변	
입사 후	입사 후에도, ~하겠습니다.
내 답변	

☑ **TIP**

나는 무얼 위해 일을 해야 하는가?

1. 우리는 앞서 '채용 이유'를 정리해보았다. 입사 후, 이 '채용 이유'를 위해 최선을 다하겠다는 내용을 마무리 문단에 작성하면 된다.

2. 내 직무에서 일을 능동적으로 한다는 건 어떻게 하는 것인지 생각하여, 그 자세를 갖추겠다고 기재하자.

Q2. 목표 달성 과정에서 발생한 문제를 해결한 경험은?	
두괄식	(경험) 당시, (질문 의도에 맞는 역량)을 발휘한 경험이 있습니다.
내 답변	
상 황	목표 → 달성해야 했던 이유 → 우리에게 닥친 위기
내 답변	
본 론	전략형 - N가지형
내 답변	
결 론	배우고 느낀 점 + 입사 후
배우고 느낀 점	이를 통해 ~해야 한다는 점을 배울 수 있었습니다.
내 답변	
입사 후	입사 후에도, ~하겠습니다.
내 답변	

☑ TIP

문제 앞에서 대처하는 내 자세가 가장 중요하다!

1. '문제를 어떤 단계로 해결했느냐.' 보다 '문제를 이겨내려고 했던 자세'가 더 중요하다!

2. 일을 하다 보면 수많은 문제가 생길 수 있다. 내가 했던 경험을 통해 '위기를 이겨내는 방법'을 배웠음을 드러내면 된다.

3. 또, 입사 후에도 위기 앞에서 도망가지 않고, 이겨내겠다는 의지를 마지막 문단에 작성하자.

Q3. 리더십을 발휘했던 경험은?	
두괄식	(경험) 당시, (질문 의도에 맞는 역량)을 발휘한 경험이 있습니다.
내 답변	✎
상 황	목표 → 달성해야 했던 이유 → 우리에게 닥친 위기
내 답변	✎
본 론	전략형 - N가지형
내 답변	✎
결 론	배우고 느낀 점 + 입사 후
배우고 느낀 점	이를 통해 ~해야 한다는 점을 배울 수 있었습니다.
내 답변	✎
입사 후	입사 후에도, ~하겠습니다.
내 답변	✎

☑ **TIP**

리더십은 어떤 상황에서 필요할까?

1. 내 직무에서 리더십 질문을 물어본 의도가 무엇일지 생각해보자.

2. 리더십이라는 게, 비단 '앞에 나서서 리더로서 사람을 이끄는 것'이 아니라, '주도적으로 업무에 참여하는 것'일 수도 있다.

3. 리더이든 아니든 적극적으로 업무를 임하겠다는 의지를 보여주면 된다.

Q4. 조직을 위해 헌신했던 경험은?	
두괄식	(경험) 당시, (질문 의도에 맞는 역량)을 발휘한 경험이 있습니다.
내 답변	✎
상 황	목표 → 달성해야 했던 이유 → 우리에게 닥친 위기
내 답변	✎
본 론	전략형 - N가지형
내 답변	✎
결 론	배우고 느낀 점 + 입사 후
배우고 느낀 점	이를 통해 ~해야 한다는 점을 배울 수 있었습니다.
내 답변	✎
입사 후	입사 후에도, ~하겠습니다.
내 답변	✎

☑ TIP

헌신적 자세는 왜 필요할까?

1. 대부분 이러한 질문은 공기업에서 많이 나오는 편이다.

2. 서로 업무를 돕고, 나누는 사람이 필요해 이러한 질문을 하게 되니, 입사 후에도 '나'만 생각하는 게 아니라 '조직'을 생각하겠다는 의지를 드러내주자.

Q5. 본인만의 차별화된 경쟁력을 업무에 적용한 경험은?	
두괄식	(경험) 당시, (질문 의도에 맞는 역량)을 발휘한 경험이 있습니다.
내 답변	✎
상 황	목표 → 달성해야 했던 이유 → 우리에게 닥친 위기
내 답변	✎
본 론	전략형 - N가지형
내 답변	✎
결 론	배우고 느낀 점 + 입사 후
배우고 느낀 점	이를 통해 ~해야 한다는 점을 배울 수 있었습니다.
내 답변	✎
입사 후	입사 후에도, ~하겠습니다.
내 답변	✎

☑ TIP

중요한 건 '전문성'이 아니라, '자세'다!

1. 여러분이 어떤 전문성을 익혔고 갖고 있는지는 이미 앞에서 두루 드러냈다.

2. 이 질문에서 중요한 건, '나는 직무로서 경쟁력을 쌓기 위해 계속해서 노력해.' 라는 것이다.

3. 입사 후에도, 더 배워야 할 전문성이 있다면 포기하지 않고 배워, 업무에 적용하는 적극적인 사람이 되겠다는 내용을 기재하자!

Q1. 우리 (산업, 기업)에서 ESG 경영을 실천할 수 있는 방안은?	
두괄식	(대상에 대한 설명)한 (대상)을 위해 (방안) 해야 한다고 생각합니다.
내 답변	✎
상 황	정의에 대한 설명 + 방안의 이유
내 답변	✎
본 론	두괄식형 - N가지형
내 답변	✎
결 론	가치관/기대효과
가치관	(이슈)는 ~하다고 생각합니다.
내 답변	✎
기대효과	이처럼 ~한다면, ~게 나아갈 수 있을 것입니다.
내 답변	✎

Q2. 우리 (산업, 기업)에서 윤리 경영을 실천할 수 있는 방안은?	
두괄식	(대상에 대한 설명)한 (대상)을 위해 (방안) 해야 한다고 생각합니다.
내 답변	✏️
상 황	정의에 대한 설명 + 방안의 이유
내 답변	✏️
본 론	두괄식형 – N가지형
내 답변	✏️
결 론	가치관/기대효과
가치관	(이슈)는 ~하다고 생각합니다.
내 답변	✏️
기대효과	이처럼 ~한다면, ~게 나아갈 수 있을 것입니다.
내 답변	✏️

Q3. 최근 직무 관련 이슈 중 가장 관심 있는 이슈를 하나 택하여 의견을 기재하라.

두괄식	(대상에 대한 설명)한 (대상)을 위해 (방안) 해야 한다고 생각합니다.
내 답변	✎
상황	정의에 대한 설명 + 방안의 이유
내 답변	✎
본론	의견형
내 답변	✎
결론	가치관/기대효과
가치관	(이슈)는 ~하다고 생각합니다.
내 답변	✎
기대효과	이처럼 ~한다면, ~게 나아갈 수 있을 것입니다.
내 답변	✎

Q4. 최신 산업 트렌드 중 가장 관심 있는 것을 선택하여 의견을 기재하라.	
두괄식	(대상에 대한 설명)한 (대상)을 위해 (방안) 해야 한다고 생각합니다.
내 답변	✎
상 황	정의에 대한 설명 + 방안의 이유
내 답변	✎
본 론	의견형
내 답변	✎
결 론	가치관/기대효과
가치관	(이슈)는 ~하다고 생각합니다.
내 답변	✎
기대효과	이처럼 ~한다면, ~게 나아갈 수 있을 것입니다.
내 답변	✎

두 번째. 글자 수 조정하기

내가 쓰고 싶은 만큼만 써서 제출한다면 좋겠지만, 자기소개서에는 '글자 수 제한'이 있다. 오히려 지원한 기업에서 자기소개서 글자 수 제한이 없다고 한다면, 그 기업은 자기소개서 비중이 적은 것이니 자기소개서에 크게 신경을 쓰지 않아도 된다.

다시 돌아와, 우리는 글자 수 제한에 맞추기 위해 글자 수를 늘리거나, 줄여야 한다.

먼저 '글자 수 늘리기' 방법부터 간단하게 살펴보자.

대부분 지원자는 글자 수가 넘치지, 부족하지는 않을 것이다. 그럼에도 내 자기소개서 글자 수가 부족하다면, **작성 비율부터 살펴보아라.**

두괄식
상 황
상 황
나의 역할, 내가 한 일, 나의 역량 발휘 (본론 역할)
배우고 느낀 점 + 입사/입행 후 포부

자기소개서는 위와 같은 비중으로 구성된다. 저 비중으로 자기소개서를 작성한다면, 아마 '배우고 느낀 점' 포함할 경우 700자 가량, 제외할 경우 500자 가량이 나오게 된다.

만약 저 비중으로 작성하려고 했는데도 글자 수가 부족하다면, **'내가 빼놓은 내용'이 무엇인지를 먼저 탐색하자.** 아마 대부분이 '상황'만 길게 쓰고, '내가 한 일'을 짧게 써서 글자 수가 부족해졌을 것이다. 이처럼 글자 수가 부족해 늘려야 하는 경우

1. 먼저 자기소개서 작성 비중을 살펴보자(상황만 길지 않은지, 내가 한 일이 길게 작성되었는지).

2. 저 비중에 맞춰서 자기소개서를 수정해보자.

3. '배우고 느낀 점'이나 '가치관' 내용을 추가해서 작성하자.

4. 그럼에도 불구하고 글자 수가 부족하다면, '본론'을 늘리자!(상황과 두괄식은 필요 내용이 다 들어갔다면 늘릴 필요가 없다!)

이 순서를 따라 수정한다면, 글자 수가 충분히 채워질 것이다. 또한, **질문의 의도도 다시 한 번 생각하며, 의도에 맞춰 자기소개서를 완성해보자.**

이처럼 글자 수 늘리기는 크게 어렵지 않다. 문제는 **'글자 수 줄이기'**다.

대부분 지원자는 '이것도 설명해야 하는데.'라는 생각에 갇혀 내용을 길게 작성한다. 특히 '이걸 설명해야 인사 담당자가 내 자기소개서를 이해하겠지?'라는 생각 때문에 상황에 대한 설명을 길게 작성한다. 그렇기 때문에, **만약 글자 수가 넘친다면, 무조건 '상황 부분'부터 검토해야 한다.** 내가 상황을 길게 작성하지는 않았는지, 말을 중복해서 작성하지 않았는지 등을 두루 검토해야 한다.

그럼에도 글자 수가 넘친다면, 아래 방식에 따라 글자 수를 줄여보자.

구 분	내 용
말 잇기	'고(후), 며, 다'
▶ 문장이 따로 떨어져 있을 때는, '~하고, ~하며, ~하다.'라고 문장을 이어서 줄여 버리자.	
예시 문장	첫째, 주변 시장과 경쟁 업체 현황을 분석했습니다. 둘째, 현재 문제를 파악하여, 벤치마킹할 요소를 파악했습니다. 셋째, 최종 피드백을 반영하여 목표를 달성했습니다.
수정 문장	주변 시장과 경쟁 업체 현황을 분석하고, 현재 문제를 파악해 벤치마킹 요소를 파악한 후, 최종 피드백을 반영해 목표를 달성했습니다.

POINT	'~하고, ~한 후, ~했다.'로 말을 이어도 된다. 본론의 '첫째, 둘째, 셋째'의 글자 수를 줄일 필요는 없다. 상황 설명을 할 때나, 본론 문장이 뚝뚝 끊긴다면, 이와 같은 방법으로 글자 수를 줄일 수 있다.
역접	~하나, ~하지만, ~한 반면, ~다.
▶ 반대의 상황에서 문장을 둘로 나누지 말고, 역접 방법을 활용해 중복되는 부분을 줄이자.	
예시 문장	주변 시장과 경쟁 업체 현황을 분석했습니다. 하지만 벤치마킹이 어려운 상황이었기에, 팀원들의 사기가 저하되었습니다.
수정 문장	주변 시장과 경쟁 업체 현황을 분석했으나, 벤치마킹이 어려운 상황이었기에 팀원들의 사기가 저하되었습니다.
POINT	자기소개서를 작성하다 보면, '그러나, 하지만'과 같은 표현이 의외로 자주 사용된다. '하지만'과 같은 표현을 여러 번 중복해서 사용하지 말고, 이와 같은 역접 표현으로 문장을 정리해 버리자.
명사화	A한 N(명사화)
▶ '(명사)는 (형용사)하다.'라는 문장을 '(형용사)한 (명사)는 ~하다.'로 만들어 글자 수를 줄이자.	
예시 문장	주변 시장과 경쟁 업체 현황을 분석하여 자료를 추출했습니다. 이를 바탕으로 벤치마킹의 기반을 닦을 수 있었습니다.
수정 문장	추출한 시장 분석 자료를 통해, 벤치마킹의 기반을 닦을 수 있었습니다.
POINT	처음에는 다소 어려울 수 있지만, 익숙해지면 글자 수 줄이는 데 큰 도움이 된다. 두 문장에서 가장 중요한 '명사'가 무엇인지 파악하면 금방 줄일 수 있다.
받아내기	앞의 말을 지칭으로 받기
▶ 중복을 줄이고, 앞에서 나온 내용을 지칭어로 받아 글자 수를 줄이자.	
예시 문장	주변 시장과 경쟁 업체 현황을 분석하여 자료를 추출했습니다. 이러한 자료는 추후 벤치마킹을 위한 중요한 자료가 될 것으로 생각합니다.
수정 문장	주변 시장과 경쟁 업체 현황을 분석한 자료는 추후 벤치마킹에 중요한 자료가 될 것입니다.
POINT	'이를 통해, 이는, 이에' 등의 지칭어로 앞의 문장을 받는 방법이다. 만약 문장이 짧다면, 지칭어로 문장을 받지 말고 한 문장으로 합쳐버려도 된다.

이처럼, 글자 수는 '필요한 내용'을 빼는 게 아니라, '문장을 정리' 하면서 줄여가는 것이다. 자기소개서를 여러 번 쓰다 보면, 이와 같은 방식이 익숙해지겠지만, 익숙해지기 전까지는 의도적으로 위의 방식들을 보고 글자 수를 줄여가야 한다.

그 외에도 문장 정리하는 방법을 정리하자면,

구 분	내 용
연결하기	또, 또한, 더불어, 나아가, 무엇보다, ~한 관점에서, 덧붙여, 뿐만 아니라, 더하여
문장 잇기	~을 통해, ~을 기반으로, ~을 바탕으로, ~한 상황에서
자르기 (동명사)	동사를 명사로 만들기 (성장하는 → 제고의, 성장의, 향상의/의미 있는, 도움이 되는 → 유의미한)

이와 같은 방법이 있다. 아래 예시를 보며 문장 수정 전과 수정 후를 비교해보자.

수정 전
카페 아르바이트 당시, 직접 메뉴 개발과 협약을 진행하여 성과를 낸 경험이 있습니다. 당시 일주일 내에 매출 80%를 증대해야 했습니다.

이미 전염병으로 인해 매출이 크게 저하되어, 폐점 위기에 놓인 상황이었기에 고정적 매출을 반드시 확보해야 했으나, 주변에 가격 경쟁력을 갖춘 프랜차이즈가 우후죽순으로 생겨나며 목표 달성이 어려운 상황이었습니다.

이에, '오피스 타운 공략'을 이행했습니다. 주 고객이 회사원이기에, 동선 상 오피스 타운에 카페의 인지도를 높이는 게 중요하다고 판단했습니다. 이를 위해, 점심시간에 오피스 타운으로 들어가 시식 행사를 진행했습니다. 또한, 아침 식사 제공을 희망하는 스타트업을 찾고, 야근 간식이 필요한 기업들을 찾아 계약 조건을 협상하였습니다. 나아가, 이를 바탕으로 배송 시스템까지 구축해 오피스 계약을 체결한 결과, 매출 100% 증대뿐만 아니라 단골 멤버십도 20% 이상 높일 수 있었습니다.

이처럼 영업 관리직은 조직 성장을 위해 작은 목표에도 주도적으로 임해야 함을 알게 되었습니다. 입사 후에도, 고객을 직접 찾아 나서며 실적 증대를 이뤄내는 데 이바지하겠습니다.

글자 수 : 572자

우리가 예시로 계속 연습했던 내용이다. 소제목을 제외하고도 무려 572자의 글자 수가 나왔다. 이제, 이 내용을 500자로 줄여보자.

수정 후
카페 아르바이트 당시, 직접 메뉴 개발과 협약을 진행하여 성과를 낸 경험이 있습니다. 당시 일주일 내에 매출 80%를 증대해야 했습니다. 이미 **전염병으로 인한 매출 저하로 폐점 위기에 놓여 있었기에** 고정적 매출을 반드시 확보해야 했으나, 주변에 **여러 경쟁 업체가 생겨나며 목표 달성이 어려웠습니다.** ▶ '상황'과 같은 중복적 표현 제거, 동사의 명사화(매출이 크게 저하되어 → 매출 저하로), 부가적 정보 제거(프랜차이즈, 우후죽순 등) 이에, **'오피스 타운'을 공략하고자 했습니다.** 주 고객이 회사원이기에, 오피스 타운에 카페의 인지도를 높이는 게 중요하다고 판단했습니다. 이를 위해, 점심시간에 오피스 타운으로 들어가 **시식 행사를 진행한 후, 아침 식사 제공과 야근 간식이 필요한 기업을 찾아 미팅을 진행**했습니다. **나아가, 배송 시스템까지 구축해** 계약을 체결한 결과, 매출 100% 증대뿐만 아니라 단골 멤버십도 20% 이상 높일 수 있었습니다. ▶ '이행'과 '공략'이 비슷한 표현이기에 합쳐서 제거, '~한 후, ~했다.' 표현으로 문장 줄이기, '이를 바탕으로'와 같이 중복적인 표현 제거 이처럼 영업 관리직은 조직 성장을 위해 업무에 주도적으로 임해야 함을 알게 되었습니다. 입사 후에도, 고객을 찾아 나서며 실적 증대를 이뤄내는 데 이바지하겠습니다.
글자 수 : 497자

만약 여기에 소제목을 넣는다면, '배우고 느낀 점'을 제외하고 소제목을 넣어주면 된다. 이제, **우리가 여태까지 연습했던 연습문제를 각 500자로 만들어보자. 500자로 만들 때, '배우고 느낀 점'은 넣지 않아도 된다. 가능하다면 소제목을 넣어서 완성해보자.**

경험형
1. 활동에 주도적으로 참여해 성과를 낸 경험은?
2. 목표 달성에서 발생한 문제를 해결한 경험은?
3. 리더십을 발휘했던 경험은?
4. 조직을 위해 헌신했던 경험은?
5. 본인만의 차별화된 경쟁력을 업무에 적용한 경험은?

정 리
1. 최근 직무 관련 이슈 중 가장 관심 있는 이슈를 하나 택하여 의견을 기재하라.
2. 최신 산업 트렌드 중 가장 관심 있는 것을 선택하여 의견을 기재하라.
3. 우리 (산업, 기업)에서 ESG 경영을 실천할 수 있는 방안은?
4. 우리 (산업, 기업)에서 윤리 경영을 실천할 수 있는 방안은?

Name
position

LANGUAGES

english ★★★★★
spanish ★★★☆☆
chinese ★★★★☆

INTERESTS

 DOLORUM VIS U MAZIMDOMIN SALUTANDI HAS CANT VOCENT S TAND UTROQUEPER ASI NAM IM

 DOLORUM VIS U MAZIMDOMIN SALUTANDI HAS CANT VOCENT S TAND UTROQUEPER ASI NAM IM

 DOLORUM VIS U MAZI SALUTANDI HAS CANT TAND UTROQUE

CONTACT

 pho

 e-

 w ess

Profile

HAS CONSUL NOMINATI EX OMNIS EPICUREI AD SIT EST AMET TEMPOR MEDIOCREM EA AN QUI WISI REFERRENTUR AT NEC REQUE NOSTRO, NAM ERREM NIHIL PUTENT AT EST EU VOCENT ERIPUIT PROPRIAEEA VIS REBUM INTELLEGAM IUS AN TALE NOSTER

DOLORUM VIS U MAZIMDOMING SALUTANDI HAS DUO DICANT OMNIUM SADIPSCING ET DUO NO DICANT VOCENT SINTAND UTROQUEPER ASI NAM IMPEDIT PATRIOQUE ACCOMMODARE CUQ

Education

 XXXX-YYYY
DOLORUM VIS U MAZIMDOMING SALUTANDI HAS CANT ENT SINTAND UTROQUEPER ASI NAM IM

 XXXX-YY
DOLORUM VIS U MAZIMDOMING SALUTANDI HAS DUO DICANT OMNIUM SADIPSCING ET DUO NO DI

 XXXX-YYYY
DOLORUM VIS U MAZIMDOMING SALUTANDI HAS CANT VOCENT SINTAND UTROQUEPER ASI NAM IM

Work Experience

 POSITION / XXXX-YYYY
DOLORUM VIS U MAZIMDOMING SALUTANDI HAS CANT VOCENT SINTAND UTROQUEPER ASI NAM IM

POSITION / XXXX-YYYY
DOLORUM VIS U MAZIMDOMING SALUTANDI HAS CANT VOCENT SINTAND UTROQUEPER ASI NAM IM

Professional Skills

HAS CONSUL NOMINATI EX OMNIS EPICUREI AD SIT EST AMET TEMPOR MEDIOCREM EA AN QUI WISI RE FERRENTUR AT NEC REQUE NOSTRO, NAM ERREM N IHIL PUTENT AT EST EU VOCENT ERIPUIT PROPRIAEE A VIS REBUM INTELLEGAM IUS AN TALE NOSTER

PART 2
유형별 자기소개서 완성하기

DAY 06 '협업' 소재 완성하기

아무리 기업마다 출제되는 자기소개서 질문이 다르다지만, '협업' 관련 질문은 기업을 가리지 않고 출제된다. 그 어느 기업도, 직무도 협업 없이 돌아가지 않기에, 이와 관련된 소재는 반드시 정리해줘야 한다.

이렇게 중요한 소재임에도 불구하고, 일부 친구들은 '선생님, 저 협업 경험이 없는데요?'라고 이야기한다. 아니다. 한 번이라도 학교에서 수업을 듣고, 한 번이라도 아르바이트를 했다면 우리에겐 무조건 협업 경험이 있을 수밖에 없다. 물론, '회사에서 필요한 협업'과 '본인이 갖고 있는 협업 경험'이 달라 답변의 방향과 질이 달라지긴 해도, '협업이 왜 필요한지'만 이해하면 그 부분은 쉽게 수정할 수 있다.

이제, 다음의 표를 따라 직무와 나를 분석하며 협업 경험을 작성해보자.

자기소개서에서 '협업'이란?

조직의 목표 달성을 위해 조직 내외의 사람들과 협력 및 분업하는 유형

출제 의도

- 어떤 협업 자세를 갖고 있는지 확인하기 위해(능동적, 수동적 등)
- 협업 시 어떤 역할을 하는 사람인지 파악하기 위해(자료 조사, 갈등 중재, 서포트 등)
- 직무와 비슷한 상황에서 협업을 해 보았는지 확인하기 위해

기업/직무에서 '협업'은 왜 필요할까?

협업의 유형	• 팀에 주어진 목표 달성을 위해 팀원 간 협업하는 것 • 상품 개발을 위해 각 부서와 계획대로 분업, 협력하는 것 • 많은 고객을 효율적으로 응대하기 위해 일손 돕는 협업 • 내 일이 아니지만, 바쁜 업무를 서로 나눠서 해주는 협업 • 각 부서에서 자료를 취합해야 하는 협업 • 물건을 잘 판매하기 위해 각 부서 혹은 부서 내에서 하는 협업 • 외부 거래처, 기관 및 지자체와 협업해 목표를 달성해야 하는 협업
	내 직무의 협업 유형은? ✎
협업은 누구와?	• 부서 내 사람들과 협업 • 부서 외 사람들과 협업 • 회사 외 기관들과 협업
	내 직무는 누구와 협업하는가? ✎

협업의 유형은?	
부서 간 협업	• 마케팅부, 영업부, IT부 등 각 부서 간 협업
	• 각 전문가가 모여 하나의 결과를 달성해내는 협업
	• 주로 프로젝트성, 개발 업무, IT 관련 부서 등에서 부서 간 협업 진행
	부서 간 협업의 예시는?
	• 학생회, 인턴 등에서 각 부서와 힘을 합쳐 문제를 해결한 경험
	• 아르바이트에서 고객 만족을 위해 각 담당자가 힘을 합친 경험
	• 프로젝트 및 개발 업무에서 각 전공자가 힘을 합친 경험
	• 팀플에서 전공자가 나뉘었던 경험(전공자를 나눠서 협업 경험으로 만들기)
	• 대외활동에서 주최 기업 및 타 그룹과 힘을 합친 경험 등
부서 내 협업	• 주로 팀 내에서 목표를 달성해야 하는 협업
	• '생산 일정 맞추기, 영업 목표 달성하기' 등 팀의 목표가 뚜렷한 경우
	• 부서는 같지만 업무가 나뉘어진 '지사, 지점' 단위의 협업
	• 간호사, 개발자 등 같은 일을 하는 사람들이 매뉴얼을 만들거나 조직 성장을 위해 힘을 합치는 협업
	부서 내 협업의 예시는?
	• 인턴, 아르바이트에서 같은 업무를 하는 직원끼리 조직 목표 달성이나 고객 만족을 위해 힘을 합친 경험
	• 설문조사, 영업 등의 목표 달성을 위해 구역을 나누거나 업무를 나눠 목표를 달성한 경험
	• 생산, 개발 등의 과정에서 문제가 발생했고, 그를 해결하기 위해 아이디어를 모아 협업한 경험
	• 부서에서 매뉴얼이나 기준을 만들었던 경험 등
동일 업무를 하는 동료 간 협업	• 주로 은행이나 민원 응대하는 공기업에서 발생하는 협업 유형
	• 고객 만족과 대기 시간 축소, 조직에 주어진 특수 목표(예 건강보험공단 - 검진 미수검자 수검 독려 등)를 위해 노하우를 공유하는 협업
	• 부서 내에서 지속적으로 발생하는 문제를 해결하고자, 같은 업무를 하는 사람끼리 아이디어를 모으는 협업
	• 고객 모으기, 실적 확보, 데이터 확보 등을 위해 구역을 나누는 동료 간 협업
	• 부서 내 협업과 비슷

	동료 간 협업의 예시는?
	• 물건을 잘 판매하기 위해, 고객을 모으기 위해, 고객을 설득하기 위해 서로의 노하우를 공유하여 목표를 달성한 경험
	• 인턴, 학생회 등에서 내 일이 아님에도 불구하고 다른 동료를 위해 업무를 끌어와서 대신해 준 경험 등

내가 찾아야 하는 '협업' 경험은?	
직무 채용 이유	✎ _____ _____
	채용 이유 예시 • 고객 만족, 실적 증대, 상품 개발, 전산 유지 및 보수 등
협업의 유형은?	☐ 부서 간 협업 ☐ 부서 내 협업 ☐ 동료 간 협업
협업 경험은?	☐ 인턴 ☐ 아르바이트 ☐ 대외활동 ☐ 학생회/동아리 ☐ 기타( )
위 조건에 맞는 협업 경험 나열해보기	✎ _____ _____ _____ _____

자기소개서 작성 전 정리하기(작성해야 하는 필수 요소 정리!)	
당시 우리의 목표	✎ _____ _____
	목표 예시 • 수치 목표 : 영업 목표 100% 달성, 개발 20% 효율 증대 등 • 일반 목표 : 앱 개발, 조사 프로젝트, 모금 활동, 매출 증대 등
협업의 상황	✎ _____ _____
	상황에 들어가야 할 요소 • 기한은 어느 정도였는지 몇 명이서 했는지

협업 시 생긴 어려움(상황에 같이 기재)	✏️ _____ 어려움 예시 • 부서/전문가 간 의견 충돌 • 지속적 실패로 인한 팀원들의 의욕 저하 • 인력 및 자원의 부족 • 시간이 부족, 촉박한 상황 • 급작스러운 여건과 상황의 변화 • 부서 내 의견 차이
협업의 방법	✏️ _____ (N단계형 작성용 : 협업했던 과정, 방법을 단계별로 나열해보기 전략형일 경우 : 나열한 후 나만의 '협업 전략' 이름 만들기) 방법 예시 • 자료와 데이터를 모아 방향 공유 및 팀원 간 의논 • 의욕 독려 및 동기 부여를 위한 대안, 방안 제시 • 인력 및 자원 부족을 해결하기 위한 협조 요청, 분업 등 • 시간 문제를 해결하기 위한 동시 진행, 계획 수립 및 분업 • 여건과 상황 변화에 대처하기 위한 기준 수립, 대처 방안 마련 • 부서 내 의견 모아 방향 제시, 서로 이해하는 멘토링 시간 갖기 등
협업 활동 속 나의 역할	✏️ _____ 역할 예시 • 의견 모으고 나누는 역할 • 문제 상황에서 대안이나 방향을 제시하는 역할 • 협업에 필요한 자료나 데이터를 모아서 주는 역할 • 리더로서 분업하고 계획을 세워주는 역할(+ 팀원 독려) • 기준과 일정을 세우는 역할 등

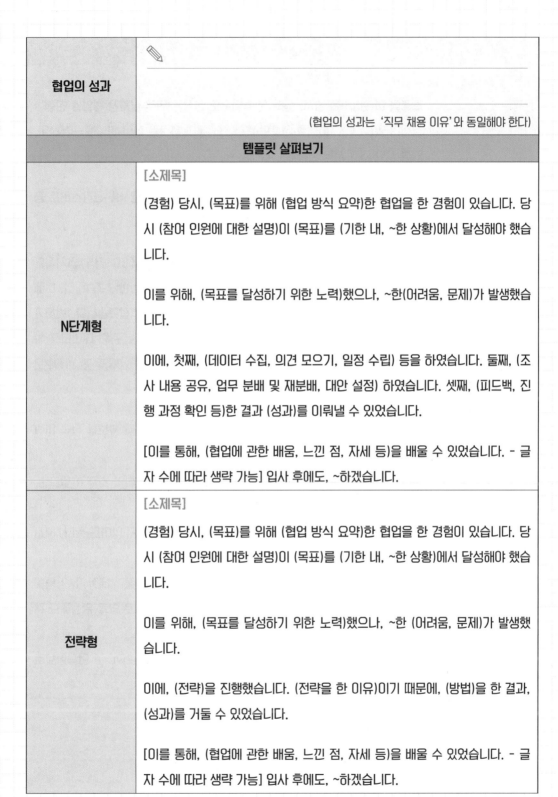

협업의 성과	✎ _____ _____ (협업의 성과는 '직무 채용 이유'와 동일해야 한다)
템플릿 살펴보기	
N단계형	[소제목] (경험) 당시, (목표)를 위해 (협업 방식 요약)한 협업을 한 경험이 있습니다. 당시 (참여 인원에 대한 설명)이 (목표)를 (기한 내, ~한 상황)에서 달성해야 했습니다. 이를 위해, (목표를 달성하기 위한 노력)했으나, ~한(어려움, 문제)가 발생했습니다. 이에, 첫째, (데이터 수집, 의견 모으기, 일정 수립) 등을 하였습니다. 둘째, (조사 내용 공유, 업무 분배 및 재분배, 대안 설정) 하였습니다. 셋째, (피드백, 진행 과정 확인 등)한 결과 (성과)를 이뤄낼 수 있었습니다. [이를 통해, (협업에 관한 배움, 느낀 점, 자세 등)을 배울 수 있었습니다. - 글자 수에 따라 생략 가능] 입사 후에도, ~하겠습니다.
전략형	[소제목] (경험) 당시, (목표)를 위해 (협업 방식 요약)한 협업을 한 경험이 있습니다. 당시 (참여 인원에 대한 설명)이 (목표)를 (기한 내, ~한 상황)에서 달성해야 했습니다. 이를 위해, (목표를 달성하기 위한 노력)했으나, ~한 (어려움, 문제)가 발생했습니다. 이에, (전략)을 진행했습니다. (전략을 한 이유)이기 때문에, (방법)을 한 결과, (성과)를 거둘 수 있었습니다. [이를 통해, (협업에 관한 배움, 느낀 점, 자세 등)을 배울 수 있었습니다. - 글자 수에 따라 생략 가능] 입사 후에도, ~하겠습니다.

	예시 살펴보기 - 500자 내
대/사기업 (마케팅/전략형)	**[실시간 협업으로 1위를 만들다]** **쇼핑몰 아르바이트** 당시, **실버 세대 인지도 향상**을 위해 **실시간 협업**을 진행한 경험이 있습니다. **30대를 대상으로 한 쇼핑몰이 새로운 실버 채널을 오픈**하며, **빠른 시일 내로 시장 안착**을 이뤄내야 했습니다. 이에, **사내 TF를 구성**해 5060고객을 **다수 모았으나, 경쟁사의 급작스러운 공격적 마케팅**으로 **고객 방문율이 50% 이상 감소**하였습니다. 이를 위해, **'실시간 접속 마케팅'**을 진행하였습니다. **5060의 경우 일시적인 공격적 마케팅보다는, 장기적인 접근성 확보가 중요하다고 판단**했습니다. **이에 온라인과 오프라인으로 팀원을 나눈 후, 실시간 반응을 추적했습니다. 번화가에 설치한 부스에서 고객을 앱에 접속시키면, 사무실에서는 관련 데이터를 확보해 혜택을 제공하며 마케팅을 지속**한 결과, **실버 쇼핑몰 100개 중 1위에 오르는 성과**를 거둘 수 있었습니다. 입사 후, 이처럼 **견고한 협업 체계로 조직 목표 달성과 고객 확보**를 적극 이뤄내겠습니다. [499자]
	• 쇼핑몰에서 TF에 들어가지 않았을 수도 있다! 하지만 협업 소재가 없다면, 사내에서 있었던 일을 생각해 갖고 오자. • 상황 설명에 굳이 '몇 명, 언제까지'가 구체적으로 나오지 않아도 된다. 예시처럼 상황과 다급함 정도만 드러내도 된다. • 본론에서는 '어떤 협업'을 했는지가 드러나면 된다. 물론, '내가 어떤 역할을 했는지.'도 중요하지만, '우리가 어떻게 협업했는지'로 답을 완성해도 괜찮다! • 중요한 건 '키워드'다! '마케팅' 업무를 직접적으로 해보았다고 언급함으로써, 기업 인사 담당자의 이목을 확보할 수 있다.

공기업 (민원 응대 공단/ N단계형)	[세 단계 협업으로 만든 고객 만족] 검사 센터 근무 당시, '고객 검사 대기 시간 축소'라는 목표를 위해 세 단계로 협업한 경험이 있습니다. 당시 검사 센터 대기 시간이 길어, 기존 고객 재방문율이 저하되는 상황이었습니다. 이는 장기적으로 신규 고객 유입 저하의 문제로도 이어질 수 있다고 판단하여, 각 부서 간 힘을 모아 문제를 해결하고자했습니다. 이에 첫째, 전 팀원이 타센터의 대기 제도를 조사해 벤치마킹한 후, 이를 공유하였습니다. 둘째, 설문조사지를 완성한 후, 각 팀원이 검사실을 돌아다니며 약 천 명의 직원과 고객의 고충을 조사하였습니다. 셋째, 센터가 넓어 대기순번을 알기 어렵다는 근본적 원인을 파악해, 특정 시간 전 메시지로 순번을 알려주는 제도와 구체적 방향을 정리해 전산팀에 제안한 결과, 고객 만족과 더불어, 재방문율 00%를 올릴 수 있었습니다. 입사 후에도, 이처럼 동료 간 힘을 모아 조직 내 문제 해결과 민원인 만족 증대를 이뤄내겠습니다. [499자]
	• 공기업은 체계적으로 일하는 곳이기 때문에, N단계형을 사용하는 게 좋다! • '상황'을 이 예시처럼 작성해도 된다! 발생한 문제를 위로 올리고, 이를 해결하려고 했던 '나의 의지'를 작성해도 좋다! • '전산팀 제안'처럼 적극적으로 일하고 협업하려고 했던 의지가 드러나면 좋다! 타 부서에 제안한 일이 있다면, 소재로 꼭 활용해보자.

| 은 행
(영업 중심 은행/
N단계형) | [협력으로 매출을 증대하다]

카페 근무 당시, 협업을 도모해 **'출근 시간 프로모션'**의 **매출 00%를 증대한** 경험이 있습니다. 당시, **카페에서 디저트 메뉴가 판매되지 않아, 버려지는 재고**가 많았습니다.

이로 인해, **동료들과 배치 위치를 변경하거나** SNS 홍보를 진행했으나, **상권 특성상 홍보의 효과가 미미**했습니다.

이를 해결하고자, **가장 먼저,** 각 근무시간 내 '판매 데이터'를 수집했습니다. 고객의 연령대와 메뉴, 방문 시간 등을 전 동료가 근무 시간에 이를 기록하도록 했습니다. **또한,** 주변매장을 나눠, 전 동료가 판매 현황을 관찰해 벤치마킹하도록 했습니다. **마지막으로,** 해당 데이터를 기반으로 논의를 거친 후, 점장님 동의하여 가격 할인 프로모션을 기획한 결과, **매출 00%**를 올릴 수 있었습니다.

협업은 집단 지성의 원천이자 실적 증대의 원동력이 된다는 점을 배울 수 있었습니다. 입행 후에도, **혼자가 아닌 조직의 성장**을 위해, **힘을 모으는 데 앞장**서겠습니다. [497자] |
| | • 은행은 영업을 하는 곳이다! 영업에 맞는 소재 발굴이 필요하다!
• 그렇기 때문에 두괄식에 '영업 매출 성과'를 메인으로 쓰는 것도 좋다!
• 내용이 짧으면, 이처럼 '배우고 느낀 점'을 마지막 문단에 작성할 수 있다! |

	요즘은 이런 질문도 있다! 같이 써보기
	협업을 하려 했지만, 실패했던 경험은?
POINT	• 기존에 '협업 성공 사례'로 작성했던 답변을 '실패'했다고만 바꾸면 된다! • 비록 실패도 했지만, 다시 협업해 성공한 이야기를 풀어내면 된다. • 만약 '상황'에 '우리의 노력'이 기재되어 있다면, 그대로 사용하되 실패에 관한 부분을 조금 강조해 주면 된다.
템플릿 **(N단계형)**	[소제목] (경험) 당시, (목표)에 실패했으나, (협업 방식 요약)한 협업으로 극복한 경험이 있습니다. 당시 (참여 인원에 대한 설명)이 (목표)를 (기한 내, ~한 상황)에서 달성해야 했습니다. 이에, (목표를 달성하기 위한 노력) 했으나, ~한 (어려움, 문제)로 인해 실패했 습니다. 이를 이겨내고자, 첫째, ~게 하였습니다. (이유 생략 가능)하여 (한 일)하였습 니다. 둘째, ~을 위해 ~게 하였습니다. 셋째, ~게 한 결과, (실패를 이겨내고) (성과)를 이뤄낼 수 있었습니다.
	[이를 통해, (협업에 관한 배움, 느낀 점, 자세 등)을 배울 수 있었습니다. - 글 자 수에 따라 생략 가능] 입사 후에도, ~하겠습니다.

예 시 (대기업 예시 응용)	[실시간 협업으로 1위를 만들다] 쇼핑몰 아르바이트 당시, 실버 세대 인지도 향상에 실패했으나, 실시간 협업으로 이를 극복한 경험이 있습니다. 당시 새롭게 실버 채널을 오픈하며, 해당 분기 내로 시장 안착을 이뤄내야 했습니다. 이에, 사내 TF를 구성해 고객을 다수 모았으나, 경쟁사의 급작스러운 공격적 마케팅으로 인해 고객 방문율이 급감하여 목표 달성에 실패하였습니다. 이를 극복하고자, '실시간 접속 마케팅'을 진행하였습니다. 5060의 경우 일시적인 공격적 마케팅보다는, 장기적인 접근성 확보가 중요하다고 판단했습니다. 이에 온라인과 오프라인으로 팀원을 나눈 후, 실시간 반응을 추적했습니다. 번화가에 설치한 부스에서 고객을 앱에 접속시키면, 사무실에서는 관련 데이터를 확보해 혜택을 제공하며 마케팅을 지속한 결과, 다음 분기에 100개 경쟁사 중 1위에 오르는 성과를 거둘 수 있었습니다. 입사 후, 이처럼 견고한 협업 체계로 실패에도 다시 도전하는 OO인이 되겠습니다. [499자]

	면접 질문에 활용하기
Q1. 협업을 통해 성과를 달성한 경험은?	
템플릿	네, 저는 (경험) 당시, 협업을 통해 (성과)를 달성한 경험이 있습니다. 당시 (목표)를 달성하기 위해, (팀원, 팀 소개)이 모였으나 (어려움)이 발생했습니다. 이에, (협업 - 간단히)한 결과, (성과)를 이뤄낼 수 있었습니다.
예시 (공기업)	네, 저는 **검진 센터** 근무 당시, 협업을 통해 **고객 만족**을 이뤄낸 경험이 있습니다. **고객 대기 시간을 감축**하지 못해, **고객 불만이 이어졌습니다.** 이에, **타 센터의 대기 제도를 조사하고, 팀원이 구역을 나눠 약 천 명을 대상으로 설문조사하여 전산팀에 해결책을 제안**한 결과, **대기 시간을 크게 줄일** 수 있었습니다.
	· 현장에서 두괄식 응용하기 쉽지 않기 때문에, 이처럼 간단하게 두괄식을 언급해주어도 괜찮다. · 상황에 '목표'와 '어려움'만 반드시 포함되면 되기 때문에, '팀에 대한 소개'는 굳이 반영되지 않아도 된다.
Q2. 협업하려 했지만 실패했던 경험은?	
템플릿	네, 저는 (경험) 당시, 협업했지만 (목표)에 실패한 경험이 있습니다. 당시 (목표)를 위해 노력했으나, (실패) 했습니다. 이를 해결하고자 (노력)한 결과, (성과)를 이뤄낼 수 있었습니다.
예시 (공기업)	네, 저는 **검진 센터** 근무 시, **고객 대기 시간 감축에 실패**한 경험이 있습니다. 당시 대기 시간을 줄이고자 노력했으나, 그 제도가 **체계적이지 않아 고객 불만이 이어졌습니다.** 이에, **타 센터의 대기 제도를 조사하고, 팀원이 구역을 나눠 약 천 명을 대상으로 설문조사하여 전산팀에 해결책을 제안**한 결과, **고객 불만과 대기 시간을 크게 줄일** 수 있었습니다.
	· 두괄식에 '고객 대기 시간'이라는 목표를 미리 언급해 주면, 상황을 보다 간결하게 설명할 수 있다. · 나머지는 동일하다. 실패를 이겨냈다는 점만 언급해 주면 된다.

조 직	소 재

학 교
(팀플)
	√ 금융 관련 팀프로젝트 소재
	    - 모의 자산 관리, 투자 등 '업무' 관련 프로젝트
	    - 소상공인, 중소기업 등 '고객' 관련 분석 프로젝트
	    ▶ 에서, '자산 증식 방안 찾기, 투자 데이터 조사하기, 소상공인 대상 분업,
	      기업 분석 과정에서 인터뷰 등 분업'하여 협업한 경험
	
	√ 영업 관련 팀프로젝트 소재
	    - 고객 대상 인터뷰 활동(스타트업 조사 등)
	    - 설득 활동(설치 요청, 모금 활동 등)
	    - 팀 활동 제휴 및 가입 권유
	    ▶ 에서, 더 많은 대상자를 설득하거나 물건을 판매, 권유, 제휴하기 위해 팀
	      원들과 대상, 구역, 업무를 나눴던 경험
	
	☑ **TIP**
	상경계열 졸업자라면 '금융 관련 팀프로젝트'는 임의로 만들 수도 있고, 있을 수도 있다!
	기업 분석 프로젝트 경험이 있다면, 팀 활동으로 만들어 작성해 보자!

소재 골라 쓰기

조 직	소 재
은 행	*(위 표 참조)*

공기업	**√ '직무'와 관련된 팀프로젝트**
	    - 행정 : 상경, 행정 계열 팀프로젝트 모두 가능
	    - 그 외 : 직무와 직접적으로 관련된 프로젝트(예 전기, 건축 등 관련 프로젝
	      트) or 캡스톤 프로젝트
	    ▶ 에서, 팀의 원활한 업무를 위해 '지원, 서포트'한 내 모습 중점으로
	
	☑ **BEST**
	지원하는 기업이 하는 일과 비슷한 팀플을 작성하면(만들면) 좋다! 예를 들어, 건강보험
	공단에 지원한다면 '복지 관련 프로젝트, 지역 보건 체계 프로젝트'처럼, 키워드로 기업
	간의 연관성을 높여보자!
	
	☑ **TIP**
	첫째, 둘째, 셋째 등을 활용해 논리적으로만 작성해 준다면, 공기업은 어떤 팀플을 써도
	관계없다! 단, 최대한 직무와 관련 있게 작성하는 것이 좋다!

	대기업	**✓ 직무(전공) 관련 팀프로젝트!** - 캡스톤 프로젝트 같은 소재 좋음! - 직무가 하는 일을 비슷하게, 직접적으로 했던 프로젝트 - 예 경영 지원 : 기업 회계 분석 프로젝트 등 - 예 그 외 현장 직무 : 전공에서 한 실험, 프로젝트 등 **☑ TIP** 공기업과 대기업의 소재 선별은 크게 차이가 없다. 다만, 공기업은 '팀플을 원활하게 해냈던 경험'에 초점을 맞춘다면, 대기업은 '큰 성과를 냈던 경험'에 초점을 맞춰야 한다! 대기업은 특히 키워드 싸움이기에 직무 적합도를 높이거나, 캡스톤 프로젝트처럼 실무에서 다른 부서와 협업해서 성과를 내는 모습을 연상시키는 소재도 좋다!
학생회	**은 행**	**✓ 축제 - 물건 판매 활동** - 보통 주점 등을 운영하지만, 이를 '기부 물품, 기부를 위한 영업' 등으로 바꿔 협업해 영업 실적 낸 경험으로 **✓ 축제 및 학생회 활동 - 타 사업체, 기관 등 협업 유도** - 예를 들어, 축제 때 음료를 저렴하게 제공해 줄 업체를 모집한다든가, 과 활동에 필요한 업체 모집 등 타인을 설득하는 과정에서 발생한 협업 **☑ TIP** 학생회 회의 과정에서 발생한 소재는 큰 메리트가 없다. 은행은 '회의'도 하지만 '영업'을 주로 하는 곳이기 때문에, 최대한 축제와 관련한 소재를 찾는 게 좋다! 이때 '학생회 활동 당시, 학교 축제 기획 당시'라고 쓰기보다는 '지역 행사 기획 당시'로 순화해 작성하는 것이 좋다!
	공기업	**✓ 축제 - 기획활동** - 마찬가지로 '지역행사'로 치환해, 이를 기획하는 과정에서 협업했던 내용 **✓ 회계, 예산 기획, 투명성 확보(장부 관리) 등** - 정확도 및 효율도 높이기 위해 협업했던 경험 **☑ TIP** 생각보다 학생회 과정은 크게 매력적이지 않다! 굳이 쓸 거면, '업무'와 관련된 소재를 찾아야 한다. 예를 들어, '학생회 회의 당시'라고 풀어내기보다는 '예산 기획 업무 당시' 등으로 작성하는 것이 좋다. 'TF'와 같은 단어를 활용해, 학생회 내에서 TF가 형성된 것처럼 꾸며 작성해도 좋다!

	대기업	✓ 영업/영업 관리 - 은행과 비슷하게 작성할 것 ✓ 그 외 - 공기업과 비슷하게 작성할 것 ✓ 현장 직무 (전기, 건축 등) - 다른 소재 고려 ☑ **TIP** 영업/영업 관리는 '성과'를 내야 하기에, 은행과 비슷하게 작성하면 된다. 그 외 경영 지원 직무를 포함 문과 직무는 공기업과 비슷하게 작성하되, '성과 달성'을 위해 나아간 경험을 찾자. 현장 직무의 경우 학생회에서 할 수 있는 일이 많지 않아, 비록 내가 학생회 활동을 했다고 할지라도, 웬만하면 작성하지 않는 편을 권한다.
대외활동 /동아리	은 행	✓ **금융 학회, 금융 관련 동아리 모두 가능!** 　- 투자 동아리, 금융 관련 학회, 신문 스크랩 등에서 투자 실적 증진, 금융 인터뷰 등을 했던 활동 　- 금융 관련 학회나 신문 동아리에서 '정확한 판단, 데이터 확보'를 위해 협업했던 경험(시간, 거리, 축제 참여 등은 지양) ✓ **은행 관련 동아리/대외활동 모두 가능!** 　- 설득, 모금, 카드 판매 등 모두 가능 　- 앱/판매 활성화 방안 등 아이디어 모으는 협업 가능 ✓ **일반 대외활동** 　- 기자단 : 인터뷰, 누군가를 설득하는 행위 　- 해외봉사 : 봉사 비용 모금을 위한 판매, 모금 활동 　- 홍보 대외활동 : 홍보하기 위해 인터뷰 진행 or 행사 인원 모집을 위한 온라인 홍보 ☑ **TIP** 은행은 '영업'을 하는 곳이기 때문에, 영업이나 설득을 위해 함께 힘을 모았던 소재가 좋다! 그 외 봉사를 위한 대외활동 등 영업, 설득, 금융과 관계없는 소재는 지양하는 편이 좋다.
	공기업	✓ **모든 동아리/대외 활동 가능!** 　- 이 안에서 '회계, 예산 관리, 사업기획' 등 직무기술서에 적힌 '하는 일'과 같은 일을 했던 경험 　- 현장 직무 : 해외봉사 등의 활동에서 전공을 발휘해서 도움을 주었던 경험 (건축 등)

		- 판매나 홍보 활동 등은 지양!(홍보, 쓸 수 있지만, 홍보가 입사 후 하는 일의 메인은 아니다!) ☑ **TIP** 혹시 '지역'이나 '국가' 등에 관련된 활동이면 좋음! 공기업은 특히 키워드 싸움이기에, 기업에 관한 키워드만 앞으로 빼 줘도 괜찮다!
	대기업	✓ **'직무/산업' 관련한 동아리/대외활동 우선으로!** - 패션, 건축, 마케팅 등 산업/직무 우선! - 만약 직무/산업 관련 동아리/대외활동이 없다면, 일반 대외활동에서 내 직무 역량을 발휘해 팀의 '성과'를 끌어낸 경험 - 앱 만들기 프로젝트, 아이디어 도출 프로젝트 등 - 그 안에서 동아리/대외활동 성과를 위해 함께 힘 합친 경험! ☑ **TIP** 대기업은 특히 지원자가 많다. 그렇기 때문에, 이력서와 자기소개서에 직무/산업과 관련된 일을 했었다는 점을 드러내서 나의 관심도를 보여줘야 한다!
아르 바이트	은 행	✓ **고객 응대 관련 아르바이트** - 카페, H&B매장, 학원 상담, 식당 등 사람을 만나는 아르바이트에서 고객을 확보하기 위해 협업한 경험 - 편의점은 협업 요소가 없고, 소재가 약하므로 지양하기! ✓ **사무 보조 아르바이트** - 사무 보조 아르바이트일 경우, 무조건 그 업무가 '연말 정산, 회계, 돈'과 관련되어 있어야 한다! - 서류 검토 업무 등도 사용할 수 있지만, 마찬가지로 금융과 관련되어 있어야 한다. ☑ **TIP** 은행과 공기업이 똑같이 고객을 응대해도, 소재가 다른 이유는 '실적'이다! 공기업은 실적보다는 고객 만족을, 은행은 실적과 고객 만족을 동시에 갖고 가야 하기 때문에 '영업, 실적'과 관련된 소재를 찾아야 한다.

	공기업	**✓ 행정 : 고객 응대 관련 아르바이트** - 카페, H&B매장 등의 소재도 좋지만, 이보다는 지역 행사, 공공기관 등 '영업'과 관련 없는 고객 응대 경험이 좋다. - 고객/대기가 많은 곳에서 대기 시간 줄이고, 고객 만족을 끌어내려고 노력했던 경험(이 경우 영업과 관련된 장소도 된다! 예 전자 제품 매장에 대기 고객이 많아서, 이를 줄이기 위해 협업했던 경험) - A/S 접수, 서류 접수 등 접수를 받는 곳 **✓ 행정 : 사무 보조 아르바이트** - 꼼꼼하게 데이터를 검토해야 하는 업무, 서류 검토 및 분석해야 하는 업무 등 - 업무 정확도 높이기 위해 팀원과 협업했던 경험 - 각 팀원에 서류를 요청하거나, 나눠서 서류 검토를 꼼꼼하게 하거나 **✓ 현장 : 현장 아르바이트** - 여기서 '안전'을 지키기 위해 협업했던 경험 - 업무를 효율적으로 하기 위해 다른 부서, 우리 부서와 아이디어를 모아 협업한 경험 **☑ TIP** 아르바이트생은 주체적이기 어렵다! 모두가 알고 있다! 그럼에도 조직의 성과를 위해, 자발적으로 의견을 내고, 팀원들 모아 협업했다는 자체가 매력적인 요소다!
	대기업	**✓ 영업/영업 관리 : '영업'과 관련된, 사람 만나는 아르바이트** - 카페, 편의점, H&B 매장 등에서 근무하며, 실적 내기 위해 '아이디어 내서 팀원들의 참여를 이끈' 경험 - 예 편의점 근무 당시, 특정 기간 실적 증대를 위해, 아이디어를 내고 팀원들과 홍보한 경험 **✓ 그 외 직무 : '직무/산업'과 관련된 아르바이트** - 팀에서 하는 활동에 도움을 주기 위해 협업한 경험(예 동기들끼리 아이디어 모아서 실천하기 등) **☑ TIP** 대기업은 은행/공기업과 크게 다르지 않다! 아르바이트생은 보통 정직원들이 일을 편하게 하도록 서포트하는 업무를 하기 때문에, 이 과정에서 동기들과 협업한 모습이나 서포트를 통해 직원들과 힘을 합쳐 성과를 낸 경험을 말해주자!

**인턴/
계약직
등**
	은 행	✓ **은행 인턴 경험**
		  - 인턴 동기간 함께 아이디어 도출한 경험
		  - 지점 실적 증대, 고객 만족 등 행사에서 지점의 성과 달성을 위해 힘을 합
		    쳤던 경험
		
		✓ **공기업 인턴 경험**
		  - 대기 고객 불만이 많아서, 잠재우기 위해 협업한 경험
		  - 지역민, 소상공인 등 설득해야 하는 일, 적극적으로 나가서 팀원들과 협업
		    했던 경험
		
		✓ **대기업 인턴 경험**
		  - 실적 증대, 설득과 관련된 협업 경험
		  - 고객 관리, 거래처 설득 및 관리를 위한 협업
		
		☑ **TIP**
		은행 인턴 경험 속에서도 협업은 크게 풀 수 있는 소재가 없다. 공기업 같은 경우는 비교적 정적인 업무가 많기 때문에, 위에 예시를 든 소재가 아니라면 작성하기가 애매하다. 대기업 인턴은 크게 사용할 수 있는 소재가 없지만, '고객 관리, 기업의 실적 증대를 위한 프로모션 기획, 고객 및 거래처, 기업 설득 등'과 관련된 소재가 아니면 쓸 내용이 많이 없다.

	공기업	✓ **은행 인턴 경험**
		  - 고객이 많아서, 고객 불만 잠재우기 위해 협업한 경험
		
		✓ **공기업 인턴 경험**
		  - 대기 민원 고객 불만 해소를 위해 협업한 경험
		  - 서류 검토, 접수 등 바쁜 상황에서 협업한 경험
		  - 앱 기획 등 TF 식의 업무를 수행한 경험
		  - 조직의 고질적 문제를 해결하기 위해 인턴 동기간 힘을 합친 경험
		  - 현장, 공정에서 속도와 안전을 동시에 높이기 위해 체계, 제도, 매뉴얼 등
		    을 만든 경험
		
		✓ **대기업 인턴 경험**
		  - 꼼꼼함을 요하는 업무에서 업무를 나눠서 한 경험
		  - 타 부서와 협업해서 프로젝트를 해야 했던 경험

		☑ **TIP**
대기업		공기업은 '수익 창출, 실적 증대' 보다는 '민원인 만족, 효율적이고 정확한 업무 처리' 가 무엇보다 중요하다! 웬만하면 공기업 인턴 경험에서 소재를 갖고 오는 게 좋고, 대기업 인턴 경험인 경우 '꼼꼼한, 체계적인 업무' 에서 협업했던 경험을 갖고 오는 게 좋다!
		✓ **은행 인턴 경험** 　- 기업 금융, 부동산, 외환 등 은행 업무와 관련된 경험 우선으로! 　- 대기업에서 고객 응대를 하진 않기 때문에, 고객 응대와 관련된 경험보다는 '금융 전문성' 을 드러내는 소재를 우선으로! 　- 다만 금융 관련 기업이 아니면 은행 소재는 힘이 없다! ✓ **공기업 인턴 경험** 　- TF 식의 업무(전산 등 타 부서와 함께 업무를 해낸 경험) 　- 디지털 관련 경험 　- 업무 신속도, 정확도 높이기 위한 프로그램 제작 업무 　- 현장, 공정에서 속도와 정확도를 동시에 높이기 위해 체계를 세운 경험 ✓ **대기업 인턴 경험** 　- 실무와 관련된 모든 업무 경험 가능 ☑ **TIP** 실적을 내야 하는 대기업에서는 공기업 경험이 매력적이지 않을 수 있다! 대기업에서는 웬만하면 대기업 인턴 경험을 우선적으로 작성하는 게 좋다!

DAY 07 '갈등' 소재 완성하기

우리 모두가 갈등 없는 세상을 꿈꾼다지만, 회사에서 업무를 하다 보면 갈등이 없을 수 없다. 사소한 업무방식 하나 정하는 데에도 의견이 갈라지고, 각 부서마다 달성해야 하는 목표가 다르니 매사 갈등으로 이어질 수밖에 없다.

그렇기 때문에, 회사에서는 '갈등을 피하는 사람'이 아닌 '갈등을 현명하게 해결하는 사람'을 필요로 한다. 팀플을 하면서 '강남에서 만나니, 종로에서 만나니.' 하는 단순한 갈등이 아니라, 조직 목표를 달성하는 과정에 있어서 'A방안을 택할까, B방안을 택할까.' 하는 심도 있는 갈등을 현명하게 조율한 사례를 필요로 하는 것이다.

우리 모두 갈등을 이겨냈었다. 다음의 표를 따라 그 경험을 찾아보자.

자기소개서에서 '갈등'이란?

√ 조직 목표 달성을 위한 부서 내 개인 간의 의견 충돌

√ 개인, 혹은 부서 간 이해관계가 달라 조직 목표 달성 과정에서 의견 충돌이 생기는 상황

출제 의도

- 개인 간 갈등이 아닌 업무 간 갈등을 현명하게 이겨낼 수 있는 사람인지 보기 위해
- 갈등을 대하는 개인의 태도를 알기 위해(회피 성향, 수동적 성향 X/능동적, 적극 해결 O)
- 갈등을 해결할 때, 화를 내거나 무시하는 사람인지 파악하기 위해

기업/직무에서 '갈등'은 왜 필요할까?

갈등의 유형	• 목표 달성 방법에 대한 의견 충돌 • 개발에 대한 부서 간 의견이 달라 발생하는 갈등 • 결과물 완성 방식에 대해 의견이 갈리는 경우 • 바쁜 상황에서 서로 본인 업무부터 해달라는 갈등 • 판매 방법, 마케팅 방법 등에 대한 의견 차이 • 관리 및 업무 처리 방법에 대한 이견 발생
	내 직무의 갈등 유형은? ✎ _____
갈등은 누구와?	• 부서 내 사람들과 갈등 • 부서 외 사람들과 갈등 • 회사 외 기관들과 갈등
	내 직무는 누구와 갈등하는가? ✎ _____

갈등의 유형은?	
내가 포함된 갈등	• 팀원으로서 목표 달성 과정에 있어, 다른 팀원과 의견 충돌이 있는 경우 • 동료 간 갈등, 부서 간 갈등 모두 해당 가능(나의 의견과 타인의 의견 충돌 상황) • 고집으로 보이지 않게 '설득, 소통'을 어떻게 하는지 '자세와 태도'가 중요 (지표를 제시한다든가, 시뮬레이션을 한다든가 등)
	'내가 포함된 갈등'의 예시는? • 학생회, 동아리에서 문제 or 목표가 생겼는데, 달성 방법에 대해 나와 다른 사람의 의견이 갈린 경우 • 아르바이트를 하면서 고객 or 판매 방식에 대해 의견이 갈린 경우 • 인턴 당시, 동료와 업무 처리 방식에서 충돌이 생긴 경우(상사와 의견 충돌은 지양할 것) • 학생회, 대외활동 등에서 부서 간 갈등이 생긴 경우
내가 포함되지 않은 갈등	• 내가 직접적으로 의견을 제시한 건 아니지만, 팀과 팀 사이의 갈등이 발생한 경우 • 조직 내에서 다른 동료들끼리 갈등이 발생해, 갈등 해결을 위해 서포트한 경우 • 업무가 바빠서, 의견이 달라서 등의 갈등 상황에서 내가 '해결 기반'을 만들어 준 경우 • '갈등 해결'을 위해 '헌신적, 자발적'으로 움직이는 자세를 어필할 수 있음
	'내가 포함되지 않은 갈등'의 예시는? • 아르바이트에서 상사와 동료 간, 혹은 동료 간 갈등이 발생했는데, 현명한 선택을 도와주기 위해 설문 조사나 벤치마킹 등으로 자료를 찾아준 경우 • 동아리, 학생회와 외부 기관 사이의, 혹은 내부에서의 의견 차이를 해결하기 위해 관련 데이터를 모아준 경우 • 업무가 바빠 조직 내 갈등이 발생했고, 그 갈등을 해결하기 위해 내가 헌신한 경험(내가 대신하여 조직의 갈등을 줄임) • 인턴 당시, 동료 간 갈등 혹은 부서 간 갈등이 발생했고, 원활한 해결을 위해 이를 서포트한 사례

원칙과 효율 사이의 갈등	・누군가는 원칙을, 누군가는 효율을 들어 갈등이 발생한 경우
	・나는 원칙을, 타인은 효율을 주장하여, 원칙과 효율을 모두 지킬 수 있는 방안을 찾은 경우
	・공기업, 은행 등에서는 '원칙'이 중요! 이 원칙과 효율을 동시에 도모했던 경험
	・원칙을 어기자는 무리와 지키자는 무리(나 포함) 간의 갈등
	원칙과 효율 사이의 갈등 예시는?
	・동아리, 학생회 등에서 '원칙대로 돈을 투명하게'와 '임의로 사용' 갈등이 발생해서 이를 해결한 경험
	・대외활동 등에서 정해진 예산 이상을 사용하려는 사람과 정해진 효율 내에서 사용하려는 사람 간의 갈등을 해결한 경험
	・인턴 당시, 민원인의 강한 요구 or 상사의 지시로 원칙을 어겨야 하는 상황에서, 원칙과 효율을 동시에 끌어낸 경험
	・정보 보안과 같은 원칙주의자와 불편을 호소하는 효율주의자 사이의 갈등을 해결한 경험

내가 찾아야 하는 '갈등' 경험은?	
직무 채용 이유	✎ _____
	채용 이유 예시
	・고객 만족, 실적 증대, 상품 개발, 전산 유지 및 보수 등
갈등의 유형은?	☐ 내가 속한 갈등 ☐ 내가 속하지 않은 갈등 ☐ 원칙 vs 효율
갈등 경험은?	☐ 인턴 ☐ 아르바이트 ☐ 대외활동 ☐ 학생회/동아리 ☐ 기타( )
위 조건에 맞는 갈등 경험 나열해보기	✎ _____ _____ _____ _____

자기소개서 작성 전 정리하기(작성해야 하는 필수 요소 정리!)	
당시 우리의 목표	✎ _____ _____ 목표 예시 • 수치 목표 : 영업 목표 100% 달성, 개발 20% 효율 증대 등 • 일반 목표 : 앱 개발, 조사 프로젝트, 모금 활동, 매출 증대 등 • 전반적 목표 : 고객 불만 줄이기, 앱 내 문제 개선하기
갈등의 상황	✎ _____ _____ 상황에 들어가야 할 요소 • 우리가 무슨 일을 해야 했는지 • 목표 달성을 위해 해야 하는 일이 무엇이었는지
갈등 상황 **(상황에 같이 기재)**	✎ _____ _____ 갈등 예시 • 기한에 대한 갈등 • 방법에 대한 갈등 • 업무하는 사람에 대한 갈등 • 책임 부처에 대한 갈등 • 원칙과 효율에 대한 갈등 • 누군가는 A를 주장하고, 누군가는 B를 주장했다.

갈등 해결의 방법	✏️ (N단계형 작성용 : 갈등 해결 과정을 단계별로 나열해보기 전략형일 경우 : 나열한 후 나만의 '갈등 해결 전략' 이름 만들기) 해결 방법 예시(+ 그렇게 한 이유) • 장ㆍ단점을 분석하고, 객관적인 수치를 공유해 더 나은 선택 도모 → 의견이 모두 합당하기 때문에, 최선의 방안을 찾아내고자 • 각각에게서 도출된 의견을 융합하여 대안 제시 → 새로운 방법을 찾기에 시간이 촉박하거나, 대안을 알고 있거나, 이미 이러한 상황을 해결한 적이 있기 때문에 • 시범 기간을 정하여 시범 운영 및 그 후 일정 수립 → 시간이 충분했고, '어떻게 운영하냐.'에 따라 기대 효과가 다르기 때문에 • 자발적으로 업무를 추가적으로 이행해 갈등 최소화 → 업무 자체가 번거롭고, 다른 사람들은 바빠서, 내가 커버 가능하기 때문에 • 설문 조사 및 다른 사람 의견 모아 의사 결정 기반으로 활용 → 고객 및 대상자의 의견이 중요하기 때문에, 갈등 해결에 필요한 기준을 세우기 위해 • 예산, 기간 등의 시뮬레이션을 통해 현명한 선택 끌어내기 → 정확하게 판단하기 위해, 판단에 도움이 되도록 테스트 필요
갈등 해결 과정 속 나의 역할	✏️ 역할 예시 • 갈등을 겪는 사람들의 사이를 중재하는 역할 • 갈등의 해결 방안을 제시하는 역할 • 두 의견을 융합해 대안을 찾아내는 역할 • 객관적 지표를 찾고 공유하여 선택에 도움을 주는 역할 • 근거를 찾아 각 의견에 힘을 보태주는 역할
갈등의 성과	✏️ (갈등의 성과는 '직무 채용 이유'와 동일해야 한다)

	템플릿 살펴보기
N단계형	[소제목] (경험) 당시, (해결 방식)으로 갈등을 해결한 경험이 있습니다. 당시 (조직)에서 (목표) 달성을 위해 (해야 하는 일)을 해야 했습니다. (하지만), 이에 대해 (의견 A)와 (의견 B)로 나뉘며 (어려움, 문제)가 발생했습니다. 이를 위해, (N단계)로 (문제, 갈등)을 해결하고자 했습니다. 첫째, (의견 및 대안 검토, 데이터 분석 및 설문조사, 기반 마련 등)을 했습니다. 둘째, (대안 제시, 일정 수립, 시뮬레이션 진행 등)을 했습니다. 셋째, (방향을 정하고 피드백을 반영하거나, 팀원들을 독려해 최종 대안을 실천)한 결과, (성과)를 이뤄낼 수 있었습니다. [이를 통해, (갈등에 대해 배움, 느낀 점, 자세 등)을 배울 수 있었습니다. – 글자 수에 따라 생략 가능] 입사 후에도, ~게 하겠습니다.
전략형	[소제목] (경험) 당시, (해결 방식)으로 갈등을 해결한 경험이 있습니다. 당시 (조직)에서 (목표) 달성을 위해 (해야 하는 일)을 해야 했습니다. (하지만), 이에 대해 (의견 A)와 (의견 B)로 나뉘며 (어려움, 문제)가 발생했습니다. 이를 위해 (갈등 해소 전략)을 시행했습니다. (이 전략을 한 이유)이기 때문에, (방법)한 결과, (성과)를 이뤄낼 수 있었습니다. [이를 통해, (갈등에 대해 배움, 느낀 점, 자세 등)을 배울 수 있었습니다. – 글자 수에 따라 생략 가능] 입사 후에도, ~게 하겠습니다.

	예시 살펴보기 – 500자 내
대/사기업 (영업 관리/ N단계형)	**[이견을 좁혀 매출을 만들다]** **카페 아르바이트** 당시, **홍보 방식에 대한 갈등**을 해결하고 **매출을 높인** 경험이 있습니다. 당시 **폐점 위기에서 벗어나기** 위해, **상권 내 매출 3위**를 달성해야 했습니다. 이를 위해, **일부는 SNS 프로모션을 통해 홍보비용을 줄여야 한다고 주장**했고, **일부는 오프라인 시식 행사를 통해 보다 효과적인 홍보를 진행**해야 한다고 주장했습니다. 이에 **세 단계로 갈등을 줄이고자** 했습니다. **첫째,** 상권으로 나가 주 고객층을 분석했고, 그 결과 20대 대학생이 대부분임을 알게 되었습니다. **둘째,** 20대 대학생의 관심사를 조사해 팀 내 공유하여, 시험기간 내외로 홍보 방식을 달리해야 한다는 점을 제안했습니다. **셋째,** 평소에는 대학생 플랫폼 앱에 홍보를 진행하되, 시험기간에는 오프라인 행사를 통해 내방을 유도한 결과, **매출 1위의 성과**를 이뤄낼 수 있었습니다. 입사 후에도, **갈등 해소를 위해 적극적으로 움직**이며, 이를 발판 삼아 **조직 성장에 이바지**하겠습니다. [499자]
	· 두괄식 안에 굳이 '갈등 해결 방식 요약'을 하지 않아도 된다! '무엇 때문에 갈등이 발생했는지.'만 언급해도 된다! · 성과를 강조하고 싶을 때에는 목표를 줄여도 된다! 목표가 원래 3위였지만, 1위 달성이라고 한다면 기대 이상의 성과를 달성한 것 같기 때문에 보다 효과적으로 내 성과를 드러낼 수 있다! · 쉬운 이해를 위해 일부러 카페 아르바이트를 예시로 들었지만, 여러분은 실무와 더 가까운 소재를 작성하기를 바란다.

공기업 (사무직 공단/N단계형)	**[조직을 위한 '기반' 이 되다]** **타 기업** 근무 당시, **집단 지성으로 갈등을 해결**하며 **사내 비용 감축**을 이뤄낸 경험이 있습니다. 당시 **사내 비용 감축 공모 대회**에 참여해, **사내 수상**을 해야 하는 상황이었습니다. 이에 **의견을 모으기로** 했으나, **마감 기간이라 모두의 업무가 바빴기에 대회 참여에 소극적**이었고, **대회 참여 여부에 대한 갈등**이 이어졌습니다. 이를 해결하고자, **가장 먼저** 기존에 정리했던 아이디어에 연간계정별 예산사용 금액, 내역 등을 데이터로 정리해 팀 내 공유하였습니다. **또한,** 이를 기반으로 팀 내 의견과 피드백을 모아, 구체적인 내용을 덧붙여 '제안서'를 제작했습니다. **마지막으로,** 회의시간에 이 제안서에 대한 피드백을 받은 후, 지속 수정하며 팀원들의 집단 지성을 모은 결과, **사내 공모 '최우수 부서' 당선**과 함께 **비용 감축**도 이뤄낼 수 있었습니다. 입사 후에도, **조직 갈등 해소와 더 나은 조직 문화 형성**을 위해 **주도적으로 움직이는 공단인**이 되겠습니다. [495자]
	• 공기업은 체계적으로 일하는 곳이기 때문에, N단계형을 사용하는 게 좋다! • N단계라고 해서, 반드시 '첫째, 둘째, 셋째' 로 쓰지 않아도 된다! 예시처럼 '가장 먼저, 또한, 마지막으로' 식으로 정리해도 된다. • 갈등이 꼭 A와 B로 갈등하는 게 아니어도 된다. 이처럼 조직 내에서 다같이 갈등이 발생한 사례도 좋다. • 공기업의 경우 '자원'과 관련된 소재를 발굴해 보자. '예산, 자원, 인력' 등 자원관리와 관련된 내용을 찾으면, 보다 쉽게 소재를 발굴할 수 있다.

은 행 (은행/N단계형)	[깊이를 더해 극복한 위기] **소상공인 프로젝트** 당시, **팀 내 갈등을 해소**하고 **'대상자 100명 모집'을 이뤄낸 경험**이 있습니다. 당시, 프로젝트를 위해, **'소상공인 100명 인터뷰'라는 도전적 목표**를 세우고 **대상자를 모집**했습니다. 하지만 **수많은 소상공인 분들이 거절 의사**를 표하셨고, 이에 **지친 일부 팀원이 임의로 결과값을 만들자고 주장하며 갈등이 발생**했습니다. 이에 원칙에 따라 갈등을 해소하고자, **첫째,** **가게마다 가장 덜 바쁜 시간을 기록한 후, 가게별 반드시 여쭤볼 질문을 따로 선별하였습니다. 둘째,** **소상공인 및 고객용 인터뷰 자료를 별도로 마련해, 혹여 인원수가 적게 모집되었을 때에도 '정성적 자료'를 확보할 수 있도록** 했습니다. **셋째,** **객관식 설문지를 만들어 간단하게 응답하실 수 있도록 도운** 결과, 팀원들 역시 **인터뷰에 참여하며 100명이라는 목표를 달성**할 수 있었습니다. 입행 후에도, **동료의 부담을 덜고 갈등을 해결**하며, **지점의 목표 달성**과 함께 하겠습니다. [496자]

- 은행의 자기소개서를 작성할 때는, '고객 유형'을 소재로 써도 된다. 즉, '소상공인, 직장인, 고액 자산가' 등 은행의 고객이 될 수 있는 대상과 관련해서 프로젝트를 작성해 보자.
- 여기에서는 '원칙을 어기자 vs 원칙대로 하자'의 갈등이다! 이처럼 진행 방식에서 원칙을 어기자고 하는 팀원과, 그를 반대하는 팀원으로 소재를 완성해도 된다.
- 은행이라고 꼭 '매출'과 관련된 내용을 쓸 필요는 없다! '고객 확보, 모금' 등 사람이나 돈을 모은 행위로 각색해 작성해도 좋다.

	요즘은 이런 질문도 있다! 같이 써보기
	갈등을 해결하려 했지만 실패했던 경험은?
POINT	• 위에서 정리한 '갈등 해결 사례'를 '실패'로만 바꾸면 된다. • 단, 실패의 원인이 '어쩔 수 없는 문제, 자원, 환경'이어야 한다!(즉, 갈등 해결을 못하고 어쩔 수 없이 실패했다는 답변으로 좋지 않다) • 외부적 요인으로 인해 갈등 해결에 실패했지만, 마침내 성공해낸 경험을 찾아 작성하면 된다!
템플릿 **(전략형)**	[소제목] (경험) 당시, (해결 방식)으로 갈등을 해결하려 했지만 실패한 경험이 있습니다. 당시 (조직)에서 (목표) 달성을 위해 (해야 하는 일)을 해야 했습니다. (하지만), 이에 대해 (의견 A)와 (의견 B)로 의견이 나뉘어 ~게 해결하고자 했으나, (문제, 갈등 해결 실패 이유)로 인해 해결에 실패하였습니다. 이러한 실패를 넘어 갈등을 해소하고자, (갈등 해소 전략)을 시행했습니다. (이 전략을 한 이유)이기 때문에, (방법)한 결과, (성과)를 이뤄낼 수 있었습니다. [이를 통해, (갈등에 대해 배움, 느낀 점, 자세 등)을 배울 수 있었습니다. - 글자 수에 따라 생략 가능] 입사 후에도, ~게 하겠습니다.
예 시 **(공기업 예시 응용)**	[조직을 위한 '기반'이 되다] 타 기업 근무 당시, 사내 비용 감축에 대한 갈등을 해결하려 했으나 실패한 경험이 있습니다. 당시 비용 감축 공모 대회 수상을 위해 의견을 모아야 했습니다. 하지만 바쁜 업무로 인해 대회 참여 여부에 대한 갈등이 발생했고, 급작스러운 세무 조사로 인해 결국 아이디어 제출에 실패했습니다. 다음 공모에는 우수한 부서 성과를 거두고자, 가장 먼저 기존에 정리했던 아이디어에 연간 계정별 예산 사용 금액, 내역 등을 데이터로 정리해 팀 내 공유하였습니다. 또한, 이를 기반으로 팀 내 의견과 피드백을 모아, 구체적인 내용을 덧붙여 '제안서'를 제작했습니다. 마지막으로, 회의 시간에 이 제안서에 대한 피드백을 받은 후, 지속 수정하며 팀원들의 집단 지성을 모은 결과, 사내 공모 '최우수 부서' 당선과 함께 비용 감축도 이뤄낼 수 있었습니다. 입사 후에도, 조직 갈등 해소와 더 나은 조직 문화 형성을 위해 주도적으로 움직이는 공단인이 되겠습니다. [497자]

	면접 질문에 활용하기
	Q1. 갈등을 해결한 경험은?
템플릿	네, 저는 (경험) 당시, ~한 갈등을 해결한 경험이 있습니다. 당시 (목표)를 달성해야 했으나, (의견 차이)하며 갈등이 발생했습니다. 이에, (갈등 해소 위한 노력 간단히) 한 결과, (성과)를 이뤄낼 수 있었습니다.
예시 (대기업)	네, 저는 **카페 아르바이트** 당시, **홍보 방식에 대한 갈등을 해결**한 경험이 있습니다. 당시 **상권 내 매출 3위**를 달성해야 했으나, **온라인 홍보와 오프라인 홍보로 방식에 대한 갈등**이 발생했습니다. 이에, **잠재 고객인 20대 대학생을 분석해 효율 높은 플랫폼, 홍보 방식 등을 벤치마킹해서 제안**한 결과, **단골 고객을 확보**하며 **매출 1위**도 이뤄낼 수 있었습니다. • 갈등 해결 방식을 상세하게 작성하기 어렵다! '내가 한 일'에만 초점 맞춰서 작성하면 된다! • 이 경험은 단지 '카페 알바'이기에 크게 매력적이지 않다. 특히 갈등 해결과 관련된 면접 답변은 '실무'와 관계된 경험인 게 좋다!
	Q2. 갈등을 해결하려 했지만 실패했던 경험은?
템플릿	네, 저는 (경험) 당시, (목표)에 대한 갈등을 해결하려 했지만 실패한 경험이 있습니다. 당시 (의견 차이)로 의견이 나뉘었고, (외부 요인)으로 인해 갈등 해결에 실패했습니다. 하지만 (실패했음에도 열심히 노력한 이유)하여, (노력)한 결과, (성과)를 이뤄낼 수 있었습니다.
예시 (은행)	네, 저는 **소상공인 프로젝트** 당시, **갈등을 해결하려 했지만 실패한 경험**이 있습니다. 당시 원칙대로 **소상공인 100명의 설문 조사를 다 하자는 사람과 임의로 답을 채우자는 사람 사이의 갈등이 발생**한 것은 물론, **코로나로 인해 문 닫은 업장이 많아 목표 달성에 실패**했습니다. 하지만 프로젝트 완수를 위해 소통이 중요하다고 판단해, **'인터뷰 자료'를 만들어 팀원들에게 공유**하며, **'설문조사'가 아닌 '인터뷰'를 하자고 제안하고 독려**한 결과, **'깊이 있는 인터뷰'라는 평을 받으며 우수한 성과**를 거둘 수 있었습니다.

- 두괄식은 복잡하지 않아도 된다! 굳이 '소상공인 100명'이라는 목표는 넣을 필요 없이, '갈등을 해결하려 했지만 실패한 경험'이라는 질문만 그대로 따라 말해줘도 괜찮다!
- 마찬가지로 '내가 한 일'이 가장 중요하다! 갈등 해결, 실패 과정 다 적기 어려우니, 이처럼 짧게 '내가 한 일=인터뷰 자료 만들고, 팀원에게 공유하고'에 초점을 맞춰 작성하자!

소재 골라 쓰기	
조 직	소 재
학 교 (팀플)	**✓ 금융 관련 팀프로젝트 소재** - 모의 자산 관리, 투자 등 '업무' 관련 프로젝트 - 소상공인, 중소기업 등 '고객' 관련 분석 프로젝트 ▶ 에서, 투자 방향에 대한 갈등 or 소상공인, 중소기업 등 고객을 위한 솔루 션에 대한 갈등, 설문조사, 인터뷰 등 업무 방식에 대한 갈등 **✓ 영업 관련 팀프로젝트 소재** - 고객 대상 인터뷰 활동(스타트업 조사 등) - 설득 활동(설치 요청, 모금 활동 등) - 팀 활동 제휴 및 가입 권유 ▶ 에서, 영업 및 설득 방식에서 발생한 갈등 ☑ **TIP** 협업과 갈등은 굉장히 비슷하다! 입행 후 영업, 투자 방식에 대한 갈등이 생길 수 있기 때문에, 실제 관련 프로젝트에서 의 견 차가 생겼던 경험을 찾아(만들어) 보자!

소재 영역 계속:

조 직	소 재
공기업	**✓ '직무'와 관련된 팀프로젝트** - 행정 : 상경, 행정 계열 팀프로젝트 모두 가능 - 그 외 : 직무와 직접적으로 관련된 프로젝트(전기, 건축 등 관련 프로젝트) or 캡스톤 프로젝트 ▶ 에서, 업무 처리 과정에서 의견 차가 생긴 경우 ☑ **TIP** 공기업은 '업무 방식'에서 의견 차이가 생겼던 경험만 풀어주면 된다! 예를 들어, '누군 가는 기존 족보 or 기존 방식대로 프로젝트를 이행하자고 하고, 누군가는 새로운 방식으 로 이행하자고 갈등했던 경험' 처럼, 업무 수행 방식에 대한 갈등을 풀어주자!
대기업	**✓ 직무(전공) 관련 팀프로젝트!** - 캡스톤 프로젝트 같은 소재 좋음!(타 전공, 즉 타 부서와의 갈등) - 전공 팀프로젝트(업무 수행에 대한 팀원 간 의견 갈등)

		☑ **TIP** 공기업에서는 '업무 방식'에 대한 의견 갈등 경험을 풀었다면, 대기업에서는 '성과'를 내기 위한 의견 갈등 경험을 찾으면 된다!
학생회	은 행	✓ **축제 – 물건 판매 활동** 　- '기부 물품, 기부를 위한 영업' 등으로 바꿔서 기재할 것. 물품 정하기 or 판매 방식 or 판매 위치 등에 대한 갈등 ✓ **축제 및 학생회 활동 – 타 사업체, 기관 등 협업 유도** 　- 타 기관, 사업체 등 설득 방법 차이 해소 ✓ **예산, 비용 등 관리 방법** 　- 투명성 확보 or 효율적 활용 방법에 대한 차이 해소 ☑ **TIP** 대부분 '시험기간 간식 배부에 대한 갈등 해결' 소재를 작성하는데, 이보다는 타인을 설득하거나, 판매하는 경험, 혹은 돈을 관리하는 경험이 좋다!
	공기업	✓ **축제 – 기획활동** 　- 마찬가지로 '지역행사'로 치환해, 이를 기획하는 과정에서 갈등했던 내용 ✓ **회계, 예산 기획, 투명성 확보 (장부 관리) 등** 　- 관리 방법에 대한 의견 차이, 이를 좁혔던 경험 ☑ **TIP** 물론 축제 기획 활동을 적어도 되지만, 가장 좋은 건 '사무' 업무와 관련된 소재다! 회계, 예산 기획 등 학생회 총무로서 갈등을 해결했던 경험을 풀어내자! 현장 직무의 경우 학생회에서 끌고 올 수 있는 소재가 많이 없다! 다른 소재를 찾아보자!
	대기업	✓ **영업/영업 관리 – 은행과 비슷하게 작성할 것** ✓ **그 외 – 공기업과 비슷하게 작성할 것** ✓ **현장 직무 (전기, 건축 등) – 다른 소재 고려** ☑ **TIP** 영업/영업 관리의 경우, 은행과 대기업이 비슷하다! '실적'을 높이기 위해 이견을 좁혀갔던 경험을 풀어주면 된다! 그 외 직무의 경우 공기업과 비슷하긴 하지만, 대기업이 보다 '성과'에 초점을 맞춘다고만 생각해 주면 된다!(예 학생회 총무 업무 – 공기업 : 투명한 관리에 대한 의견 차이/대기업 : 추가 예산 마련에 대한 의견 차이 등)

대외활동 /동아리	**은 행**	**✓ 금융 학회, 금융 관련 동아리 모두 가능!** - 금융 학회, 금융 동아리에서 갈등 해결했던 경험 - 모의 자산 관리, 모의 투자, 모의 창업 등의 활동에서 의견이 갈렸던 경험 - 특정 금융 주제에 대해 해결 방안이 달랐던 경험 **✓ 은행 관련 동아리/대외활동 모두 가능!** - 설득, 모금, 카드 판매 등 모두 가능 - 앱/판매 활성화 방안 등에서 아이디어가 달랐던 경험 **✓ 일반 대외활동** - 기자단 : 인터뷰, 누군가를 설득하는 행위 - 해외봉사 : 봉사 비용 모금을 위한 판매, 모금 활동 - 홍보 대외활동 : 홍보하기 위해 인터뷰 진행 or 행사 인원 모집을 위한 온라인 홍보 - 그 외 앱 만들기 등의 활동 ▶ 에서 의견이 달랐던 경험! 예를 들어, '직접 현장으로 가서 인터뷰하자 or 전문가에게 인터뷰하자' 등 **☑ TIP** 은행에서 발생할 수 있는 갈등은 '판매 방식'에 대한 갈등 정도이다. 무언가 판매하고 설득하는 과정에서 의견 차이가 생겼던 경험을 작성하거나, 대외활동/동아리에서 앱, 프로그램 등을 만드는 과정에서 갈등이 발생했던 경험을 풀자!
	공기업	**✓ 모든 동아리/대외 활동 가능!** - 직무기술서에 적힌 일을 하는 과정에서 방식의 차이가 발생했던 경험 - 현장 : 국내외 봉사활동 or 실습 동아리 등에서 안전 vs 효율에 대한 의견 차이 해결 방법 - 동아리/대외활동 비용 사용에 대한 갈등 해결 **☑ TIP** 공기업 관련 대외활동이 아니라면, 대외활동에서는 매력적인 내용을 갖고 올 수 있는 부분이 크게 없다. 그렇기 때문에 업무와 관련된 내용뿐만 아니라, 업무 윤리/투명성에 관한 갈등을 풀어주는 게 편하다!

아르바이트	**대기업**	✓ **'직무/산업' 관련한 동아리/대외활동 우선으로!** - 패션, 건축, 마케팅 등 산업/직무 우선! - 만약 직무/산업 관련 동아리/대외활동이 없다면, 일반 대외활동에서 의견 갈등을 융합해, 아이디어를 새로 내서 성취를 이뤄낸 경험으로! - 앱 만들기 프로젝트, 아이디어 도출 프로젝트 등 ☑ **TIP** 단순히 갈등 해결에서 끝나지 않고, 갈등을 해결해 새로운 아이디어까지 끌어낸 경험으로 생각하자! 새로운 아이디어를 설득해 팀원들의 참여까지 끌어낸 주도적인 사람의 모습으로!
	은 행	✓ **고객 응대 관련 아르바이트** - 카페, H&B매장, 학원 상담, 식당 등 사람을 만나는 아르바이트에서 영업 방식에 대한 갈등을 해결한 경험 - 프로모션 등 판매 실적 증대 방법에 대한 갈등을 해결한 경험 - 신청서 접수 등 꼼꼼함+고객 응대를 함께 해야 하는 업무(고객 만족+속도 향상 방법에 대한 갈등 해결) ☑ **TIP** 협업에서는 사무 보조 아르바이트 과정에서, 함께 힘을 모아서 업무 속도를 높였다는 이야기를 쓸 수 있지만, 갈등에서는 쓰기가 애매하다. 은행 갈등은 웬만하면 '영업 방식, 고객 만족 방식 갈등'에서 소재를 찾기를 권한다.
	공기업	✓ **행정 : 고객 응대 관련 아르바이트** - 지역 행사, 공공기관 등 '영업'과 관련 없는 고객 응대 경험 - 고객/대기가 많은 곳에서 대기 시간 줄이고, 고객 만족을 끌어내야 하는데, 그 방식에 대한 차이가 생긴 경험 - A/S 접수, 서류 접수 등 접수를 받는 곳 ✓ **행정 : 사무 보조 아르바이트** - 업무 정확도나 속도가 낮아 갈등이 생겼던 경험 - 다른 부서 협조가 되지 않아 갈등이 생겼던 경험 - 정보보안에 대한 갈등 해결 ✓ **현장 : 현장 아르바이트** - 안전, 효율을 두고 갈등했던 경험

		☑ **TIP** 공기업에서 쓸 수 있는 아르바이트 경험은 인턴 경험과 큰 차이가 없어야 한다!
	대기업	✓ **영업/영업 관리 : '영업'과 관련된, 사람 만나는 아르바이트** 　- 카페, 편의점, H&B 매장 등에서 근무하며, 프로모션, 할인 방식 등 아이디어가 갈렸던 경험 　- 직접 영업하는 과정에서, 영업 방식에 대한 의견이 갈렸던 경험 ✓ **그 외 직무 : '직무/산업'과 관련된 아르바이트** 　- 업무 성과를 위한 과정에서 의견이 갈렸던 경험 ☑ **TIP** 공기업과 크게 다르지 않다! 다만, '성과'를 위한 아이디어 차이에 초점 맞출 것!
인턴/ 계약직 등	**은 행**	✓ **은행 인턴 경험** 　- 인턴 동기 프로젝트에서 의견이 갈렸던 경험 　- 고객 응대, 업무 등에서 '동기'와 의견이 갈린 경험! ✓ **공기업 인턴 경험** 　- 대기 민원인 불만 해소 아이디어에 대한 갈등 ✓ **대기업 인턴 경험** 　- 실적 증대, 설득과 관련된 갈등 　- 고객 관리, 거래처 설득 및 관리에 대한 갈등 ☑ **TIP** 은행의 '갈등' 경험은 웬만하면 '영업'에 초점 맞추는 게 좋다! 은행은 동적인 소재를 선호하는데, 사무 업무의 갈등을 기재할 경우 지원자가 정적인 이미지로 비춰질 수 있다.

공기업	✓ **은행 인턴 경험** - 대기 고객 불만 해소 아이디어에 대한 갈등 - 꼼꼼한 업무 처리 방법에 대한 갈등 ✓ **공기업 인턴 경험** - 대기 민원 고객 불만 해소 방안에 대한 갈등 경험 - 서류 검토, 접수 등 바쁜 상황 타파 방법에 대한 갈등 - 조직 내 문제 해결에 대한 의견 갈등(반드시 동기 간 or 부서 간) - 현장, 공정에서 속도와 안전을 동시에 높일 방안을 갈등한 경험 ✓ **대기업 인턴 경험** - 타 부서와 갈등이 발생한 경험 - 동기들끼리 하는 프로젝트에서 갈등이 생긴 경험 ☑ **TIP** 모든 갈등 소재가 그렇지만, 특히 공기업에서 갈등은 웬만하면 '동기'와 연결되어야 한다. 보수적인 곳이기 때문에, 선배/사수와의 갈등을 기재하면, 부정적으로 인식될 가능성이 높다!
대기업	✓ **공기업 인턴 경험** - TF 식의 업무(전산 등 타 부서와 함께 업무를 하며, 갈등을 해결했던 경험) - 디지털 관련(앱 제작 등)에서 갈등을 한 경험 - 업무 신속도, 정확도 높이기 위한 프로그램 제작 업무 - 현장, 공정에서 업무 처리 방법에 대한 갈등 해결 경험 ✓ **대기업 인턴 경험** - 실무와 관련된 모든 업무 경험 가능 - 동료 or 타부서와 갈등 해결한 경험 ☑ **TIP** 공기업, 대기업 관계없이 동료 or 타부서와 갈등했던 경험이면 모두 좋다! 다만 대기업은 '성과'와 관련된 소재를 발굴하면 된다!

DAY 08 '창의성, 혁신' 소재 완성하기

'창의성'은 '도전, 협업, 갈등' 만큼이나 자기소개서와 면접에 자주 쓰이는 메인 소재다. 너무 빈번하게 나오는 질문임에도 불구하고, 아직 '창의성' 소재를 찾지 못하는 지원자가 많다.

그 이유는 간단하다. '창의성' 이라는 장벽을 높게 생각하기 때문이다. 마치 스티브 잡스가 아이폰을 만든 것 같은 '창의성' 만을 '창의성' 이라고 생각하기 때문이다. 하지만 그렇지 않다. 보자. 우리는 지금까지 '전략형' 자기소개서를 작성해 왔다. 협업과 갈등형 자기소개서를 작성하면서, 그 어떤 창의성도 없이 우리는 전략형 자기소개서를 잘 작성 해왔다. 즉, '전략형' 으로 쓸 수 있는 소재가 있다면, '창의성' 에도 얼마든지 쓸 수 있다는 의미이다.

그럼, 꼭꼭 숨어만 있던 여러분의 '창의성, 혁신' 소재를 파헤치러 가보자.

자기소개서에서 '창의성' 이란?
✓ '채용 목표'를 달성해가는 과정에서 어려움이 발생했고, 그 어려움을 헤쳐나갈 수 있는 힘
✓ 기존의 방식에서 벗어나 '근거'를 가지고 새로움을 창출해 내는 일

출제 의도
· 어떤 위기에 닥쳤을 때, 회피하지 않고 새로운 방법을 찾아내는 사람인지 확인하기 위해
· 업무에 임하면서, 전통적인 방식 외에도 새로운 방식으로 효율과 성과를 추구할 수 있는 사람인지 확인하기 위해

기업/직무에서 '창의성'은 왜 필요할까?	
창의성의 유형	· 새로운 아이디어나 네이밍, 전략 등을 떠올려야 하는 창의성 · 매일 비슷한 방식의 업무, 그 업무 속에서 효율을 위해 새로운 방법을 찾아내는 창의성 · 고객 만족이나 매출 증대를 위해 고민하는 창의성 · 동시 판매 상승, 단골 고객 확보 등을 위한 창의적인 판매 전략
	내 직무에 필요한 창의성은? ✎ _____
창의성의 근원은?	· 기존의 업무 방식, 기존에 발생했던 업무 사례, 관련 데이터, 현존하는 원칙과 규정 등 · 고객의 소리, 고객의 불만 및 민원, 고객의 반응, 판매 데이터 등 · 다른 부서 및 기업의 업무 처리 방식, 상사의 업무 방식, 타사 벤치마킹 등
	내 직무에 필요한 창의성은 어디서 끌어와야 하는가? ✎ _____

창의성의 유형은?	
'축소'를 통한 창의성	• 비슷한 업무가 중복될 때, 불필요한 과정을 축소하는 경우 • 원칙에 입각하여 불필요한 서류 및 절차를 축소하거나 대체하는 경우 • 고객이 불편을 느낄 때, 전산으로 확인 가능한 절차 및 과정은 축소하는 경우 • 축소하는 대신 리스크를 대체할 방안이 필요하다!
	'축소를 통한 창의성'의 예시는? • 학생회, 동아리, 아르바이트 등에서 둘 이상의 부서와 직원이 하는 업무가 겹칠 경우, 중복된 업무를 축소하고 다른 업무를 제안하는 경우 • 고객 응대 업무에서 고객이 '중복된 절차 및 서류'로 불편을 표하고, 원칙을 지키는 선에서 그 서류나 절차를 줄이는 경우 • 편의점, 영화관 등 멤버십이 있는 아르바이트에서, 편한 멤버십 가입을 위해 불필요한 과정을 축소한 경우
'추출'을 통한 창의성	• 다른 사람들의 의견 속에서 새로운 아이디어를 추출한 경우 • 수많은 데이터, 자료 조사 속에서 아이디어를 추출한 경우 • 경쟁사, 경쟁 부서 등의 업무 방식 등을 조사하여, 그 안에서 아이디어를 추출한 경우(벤치마킹 사례)
	'추출을 통한 창의성'의 예시는? • 고객 대기 시간 축소, 판매 실적 증대 등의 방식을 고민하는 과정에서, 타사를 벤치마킹한 경우 • 공모전, 팀플, 대회 참여했을 때, 기존의 수상작 등을 벤치마킹해서 새로운 아이디어를 추출한 경우 • 동아리, 학생회 등을 운영하는 과정에서 문제가 발생했고, 이 문제를 해결하기 위해 타 동아리 및 학생회, 기업체 등의 사례를 참고한 경우 • 인턴 활동하며, 조직의 편의를 위해 기존에 일했던 곳이나 외국, 타사의 사례를 벤치마킹한 경우
'파악'을 통한 창의성	• 업무 진행 절차 등을 파악하여, 그 안에 문제를 찾아 새로운 방식을 제안한 경우 • 기존에 진행하던 업무의 순서를 바꿔, 편의나 성과를 도출한 경우 • 주변 환경과 자원을 파악하고, 이를 활용해 새로운 방식을 시도한 경우 • 팀원의 역량, 예산 등을 분석해 자원을 아끼고 성과를 높일 수 있는 방법을 도출한 경우

	'파악을 통한 창의성'의 예시는?
	• 아르바이트나 인턴을 하며, 업무상 불필요한 절차나 문제를 발견했고, 방식 및 순서를 변경해 편의를 추구한 경우
	• 동아리, 학생회 활동 당시 문제가 발생했고, 주변의 자원을 파악해 새로운 대안을 만들어 문제를 해결한 경우
	• 팀프로젝트에 참여하며, 제한된 자원으로 결과물을 만족하게 만들기 어려울 때, 주변 자원을 분석해 대체 방안을 떠올린 경우
	• 실험실 등의 현장에서 주변 자원을 파악해, 안전 체계를 만드는 창의성

내가 찾아야 하는 '창의성' 경험은?	
직무 채용 이유	✏️
	채용 이유 예시
	• 문제 해결, 고객 확보, 고객 만족, 매출 증대, 새 아이템 발굴 등
창의성의 유형은?	☐ 축소를 통한 창의성 ☐ 추출을 통한 창의성
	☐ 파악을 통한 창의성(둘 이상의 방안을 융합해 창의성을 끌어내도 좋다)
창의성 경험은?	☐ 인턴 ☐ 아르바이트 ☐ 대외활동 ☐ 학생회/동아리
	☐ 기타( )
위 조건에 맞는 창의성 경험 나열해보기	✏️

자기소개서 작성 전 정리하기(작성해야 하는 필수 요소 정리!)	
당시 우리의 목표	✏️
	목표 예시
	• 수치 목표 : 영업 목표 100% 달성, 고객 불만 30% 감소 등
	• 일반 목표 : 앱 개발, 아이템 발굴, 공모전 1등 등

당시의 상황	✏️ _____ 상황에 들어가야 할 요소 • 우리가 무슨 일을 해야 했는지 • 목표 달성을 위해 해야 하는 일이 무엇이었는지
창의성을 내야했던 상황 = 발생한 어려움 (상황에 같이 기재)	✏️ _____ '창의성을 내야 했던 상황' 예시 • 원칙과 효율이 상충하는 상황 • 고객의 민원이나 불만이 (중복되어) 발생하는 상황 • 특정 상품의 판매가 부진해 매출 제고가 필요한 상황 • 매번 새로운 아이디어가 필요한 일을 하는 상황 • 불필요한 업무 절차로 효율이 저하되는 상황 • 급작스러운 상황 변화, 미션이 생겨서 창의성이 필요한 상황
창의성 도출 방법	✏️ _____ (N단계형 작성용 : 창의성 도출 과정을 단계별로 나열해 보기 전략형일 경우 : 나만의 '창의성 전략' 이름 만들기) 도출 방법 예시 • 문제 상황 속에서 원칙을 지켜야 할 때, 원칙을 대체할 수 있는 대안을 찾거나 문제 상황과 비슷했던 사례를 찾아 새로운 방법을 찾는 경우 • 설문조사나 인터뷰로 다른 사람들의 의견을 듣거나, 다른 동종 업계의 업무 방식 및 해결 방안 등을 벤치마킹해서 문제 해결 • 특정 상품의 판매가 부진한 경우, 엮어 판매할 수 있는 상품을 판매하거나, 새로운 프로모션을 집행해서 매출을 높이기 위한 노력 • 산업과 관련된 자료, 잡지 등을 보며 쌓은 '통찰력'으로 아이디어를 추출하거나 (이 경우, 내가 통찰력을 쌓기 위해 한 노력이 언급되어야 함) 잠재 고객 대상 설문조사로 아이디어 추출

	• 불필요한 업무가 많은 경우, 원칙과 절차를 확인한 후 이를 줄일만한 방안을 모색하거나, 장표를 제작해 불필요한 과정 확인 • 급작스러운 상황에서, 침착하게 활용 가능한 자원, 인력 등을 파악해 문제를 해결하는 경우
창의성의 성과	✎ (창의성의 성과는 '직무 채용 이유'와 동일해야 한다)

템플릿 살펴보기

N단계형	[소제목] (경험) 당시, (창의성 방식)으로 (성과)를 달성한 경험이 있습니다. 당시 (조직)에서 (~한 어려운 상황, 문제가 발생)하는 상황이었습니다. [혹은 : 당시 (조직)에서 (목표)를 향해 나아가는 과정에서, (문제, 어려움)이 발생했습니다] 이는 ~한 (문제, 창의성을 반드시 발휘해야 하는 이유)가 발생할 수 있어, (해결 방안 모색)을 해야 했습니다. 이를 위해, (창의성 방식)을 시행했습니다. 첫째, (환경 및 자원 파악, 데이터 수집, 설문조사 등) 했습니다. 둘째, (여러 대안 도출 후 비교, 검토, 팀에 의견 묻기 등)을 했습니다. 셋째, (최종 실천 및 피드백 반영, 부족한 점 보완 등) 한 결과, (성과)를 이뤄낼 수 있었습니다. [이를 통해, (직무에 창의성이 필요한 이유 등)을 배울 수 있었습니다. - 글자 수에 따라 생략 가능] 입사 후에도, ~게 하겠습니다.
전략형	[소제목] (경험) 당시, (창의성 방식)으로 (성과)를 달성한 경험이 있습니다. 당시 (조직)에서 (~한 어려운 상황, 문제가 발생)하는 상황이었습니다. [혹은 : 당시 (조직)에서 (목표)를 향해 나아가는 과정에서, (문제, 어려움)이 발생했습니다.]

	이는 ~한 (문제, 창의성을 반드시 발휘해야 하는 이유)가 발생할 수 있어, (해결 방안 모색)을 해야 했습니다.
	이를 위해, (창의성 방식)을 시행했습니다. (창의성을 꺼낸 이유, 근거)하기 때문에, (방법)한 결과 (성과)를 거둘 수 있었습니다.
	[이를 통해, (직무에 창의성이 필요한 이유 등)을 배울 수 있었습니다. - 글자수에 따라 생략 가능] 입사 후에도, ~게 하겠습니다.

예시 살펴보기 - 500자 내

대/사기업 (개발, IT, 기술영업 등/전략형)	[시야를 넓혀 1위를 이뤄내다] **캡스톤 프로젝트** 당시, **각 시장과 산업에 대한 시야를 넓히며** 창의성을 발휘한 경험이 있습니다. 당시 **'빅데이터 앱 개발'**을 위해 컴퓨터 전공자들이 다수 모였으나, **시장성이 부족하다는 평가**를 받게 되었습니다. 프로젝트 평가 과정에서 '**시장성**' 역시 중요한 기준이었기에, **잠재 고객을 확보할만 한 새 산업에 대한 이해와 아이디어가 필요**했습니다. 이를 위해, '**산업 인터뷰**' 전략을 시행했습니다. **소비자가 '불편함'을 느끼는 부분을 공략할 때, 시장성은 자연스레 확보된다고 생각**했습니다. 이에 **가장 먼저 빅데이터 앱이 출시되지 않은 시장을 찾고, 시장 전문가를 대상으로 인터뷰를 진행**했습니다. 그를 통해 **소비자가 불편하게 느끼는 부분에 대해 확인하고 앱을 여러 방향으로 구상한 후, 피드백을 받아 보완**한 결과, '**프로젝트 1위**'의 성과를 거둘 수 있었습니다. 입사 후에도, **조직의 성장을 위해 직접 시장에서 목소리를 듣는 적극적인 인재**로 거듭나겠습니다. [499자]
	• 두괄식에 '성과'가 굳이 언급되지 않아도 된다. 예시처럼 '창의성을 발휘한 경험이 있습니다.'로 대체해도 된다. • 예시에서는 이해를 위해 '빅데이터 앱 개발'이라고 포괄적으로 기재했지만, 실제 자기소개서 작성할 때에는 '어떤 앱이고, 어떤 전문가를 섭외했는지.'까지 구체적으로 기재돼 있어야 신빙성이 높아진다.

공기업 (공기업/N단계형)	[독려를 통해 성장을 이뤄내다] OO 동아리 활동 당시, **시뮬레이션 방식으로 예산 분배에 대한 아이디어를 도출**한 경험이 있습니다. 당시 **동아리 내 각 팀의 활동 실적에 따라 예산을 분배하**여, **실적이 낮은 팀은 동아리 활동을 지속할 수 없었습니다.** 하지만 **이는 팀원들의 사기를 저하할 수 있는 제도라고 판단**해, 모든 **팀원의 활동 실적을 높일 수 있는 예산 분배 방안을 고안**해야 했습니다. 이에, **가장 먼저,** 예산의 분배 상황과 예산부족으로 인해 사장된 팀별 기획안을 정리했습니다. **또한,** 예산을 사용처 별로 정리해 그래프로 나타내고, 실적별 예산 분배에 따른 영향도 분석하였습니다. **마지막으로,** 예산 시뮬레이션표를 만들어, 각 팀이 매달 사용할 수 있는 예산을 체감할 수 있도록 하고, 예산 분배 **간격을 좁혀 활동 독려 빈도를 높인** 결과, **동아리 성과 OO%를 증대**할 수 있었습니다. 이처럼 입사 후, **적절한 자원 분배와 아이디어로 조직 효율 증대**를 이뤄내겠습니다. [493자]
	· 소재는 대기업 소재에 가깝지만, '예산'이라는 자원 관리 키워드가 들어갔기 때문에 공기업에도 사용할 수 있다. · 동아리 경험은 확인할 길이 없기 때문에, 정 소재가 없는 사람들은 '학생회 OR 동아리' 소재에 '예산'과 같은 자원관리 키워드를 넣어 소재를 만들면, 공기업 자기소개서에 충분히 사용할 수 있다. · 특히 공기업의 경우, '특별한 아이디어'가 필요하지 않다. 근거를 바탕으로 문제를 해결한 경험이라면 '창의성' 소재에 충분히 사용할 수 있다.

은 행 (은행/N단계형)	**[고객 불만을 줄이다]** **금융 공기업 인턴** 당시, 고객과 조직을 우선으로 생각하여 **고객 불편을 해소**한 경험이 있습니다. 당시 **정책 상품 신청을 받는 과정**에서, **대기 시간이 길어져 고객 불만**이 이어졌습니다. 이는 **지점 고객 만족 점수와 연결되어 있어 중요한 문제**였으나, **몰려드는 접수로 개선을 시도할 시간이 충분치 않았습니다.** 이에 인턴으로서 도움이 되고자, **가장 먼저** 상품접수에 필요한 서류와 발급처를 정리했습니다. 상사의 동의를 얻어 그간 접수 내용을 살펴보며, 상황별 필요한 서류를 목록화하였습니다. **이후,** 이를 지도로 만들어 고객대기석에서 배부하였습니다. 미리 필요 서류를 확인하여, 누락 없이 빠른 접수 진행을 도왔습니다. 마지막으로, 다른 직원분들의 의견을 모아, 추가로 안내할 사항을 정리해 대기석에서 소개한 결과, **분기 내 고객 불만 제로**를 이뤄낼 수 있었습니다. 입행 후에도, 이처럼 항상 **고객과 조직을 위해 새로운 생각을 만드는** 행원이 되겠습니다. [492자]

- 예시를 보면 알 수 있지만, '창의성'이라는 게 특별한 게 아니다. 문제가 발생했고, 그 문제를 해결하기 위해 노력한 과정이면 충분하다.
- 결국 창의성이란 '주도성'을 묻는 질문과 같다. 예시처럼 인턴이지만 주도적으로 문제 해결을 위해 나선 경험을 작성하면 된다.
- 공기업, 은행 등은 '소속 부서, 지점을 위한 나의 헌신과 노력'을 중요하게 여긴다. '인턴으로서 도움이 되고자 했다.'라는 표현처럼, 내가 어느 위치에 있든 노력하는 사람임을 드러내보자.

	요즘은 이런 질문도 있다! 같이 써보기
	기존과는 다른 방법으로 문제를 해결한 경험은?
POINT	• 사실 창의성 관련 소재 그대로 갖다 써도 된다! • 다만 '기존 방법과는 다른'이라는 부분이 걸릴 수 있다. 이 경우 '기존 방법이 무엇이었는지'만 같이 언급해 주면 된다! • 나머지 '창의성'과 관련된 본론은 그대로 작성해 줘도 무방하다.
템플릿(N단계형)	[소제목] (경험) 당시, (창의성 방식)으로 (성과)를 달성한 경험이 있습니다. 당시 (조직)에서 (기존의 방식)으로 (업무, 목표를 향해 가고) 있었으나, (문제)가 발생했습니다. 이는 ~한 (문제, 창의성을 반드시 발휘해야 하는 이유)가 발생할 수 있어, (해결 방안 모색)을 해야 했습니다. 이를 위해, (창의성 방식)을 시행했습니다. 첫째, (환경 및 자원 파악, 데이터 수집, 설문조사 등) 했습니다. 둘째, (여러 대안 도출 후 비교, 검토, 팀에 의견 묻기 등)을 했습니다. 셋째, (최종 실천 및 피드백 반영, 부족한 점 보완 등) 한 결과, (성과)를 이뤄낼 수 있었습니다. [이를 통해, (직무에 창의성이 필요한 이유 등)을 배울 수 있었습니다. - 글자 수에 따라 생략 가능] 입사 후에도, ~게 하겠습니다.
예 시 **(은행 예시 응용)**	[고객 불만을 줄이다] 금융 공기업 인턴 당시, 고객과 조직을 우선으로 생각하여 고객 불편을 해소한 경험이 있습니다. 당시 정책 상품 신청 접수를 하며, 고객이 서류를 미리 확인하지 않아 접수 대기 시간이 길어지는 문제가 발생했습니다. 이는 고객 불편을 야기하는 중요한 문제였으나, 업무가 많아 이를 개선할 시간이 충분치 않았습니다. 이에 인턴으로서 도움이 되고자, 가장 먼저 상품 접수에 필요한 서류와 발급처를 정리했습니다. 상사의 동의를 얻어 그간 접수 내용을 살펴보며, 상황별 필요한 서류를 목록화하였습니다. 이후, 이를 지도로 만들어 고객 대기석에서 배부하였습니다. 미리 필요 서류를 확인하여, 누락 없이 빠른 접수 진행을 도왔습니다.

	마지막으로, 다른 직원분들의 의견을 모아, 추가로 안내할 사항을 정리해 대기석에서 소개한 결과, 분기 내 고객 불만 제로를 이뤄낼 수 있었습니다. 입행 후에도, 이처럼 항상 고객과 조직을 위해 새로운 생각을 만드는 행원이 되겠습니다.

면접 질문에 활용하기

Q1. 창의성을 발휘한 경험은?	
템플릿	네, 저는 (경험) 당시, 창의성을 발휘한 경험이 있습니다. 당시 (업무를 하는, 목표를 향해 가는) 과정에서 (문제)가 발생했습니다. 이를 위해 (창의성을 얻기 위한 노력)하여 (창의성 실현 방식)을 실현한 결과, (성과)를 거둘 수 있었습니다.
예시 (대기업)	네, 저는 **캡스톤 프로젝트** 당시, 창의성을 발휘한 경험이 있습니다. 당시 **빅데이터 앱을 개발**하는 과정에서, **시장성이 부족하다는 평가**를 받게 되었습니다. 이를 위해 **타 산업의 불편함을 공략하자는 아이디어를 도출**하며, **직접 인터뷰를 진행하며 불편함을 찾아 앱 기획을 다시** 한 결과, **1위의 성과**를 거둘 수 있었습니다.
	• 이렇게 설명이 부족해도 되나? 하는 고민에 빠질 필요 없다. 궁금하면 면접관이 알아서 물어본다. • '캡스톤 프로젝트'라는 소재 자체는 좋지만, 힘이 강하지는 않다. 직무에 맞춰 어떤 앱이었는지 직접적으로 언급해야, 면접관의 이목을 끌어올 수 있다.
Q2. 창의성을 발휘했지만 실패했던 경험은?	
템플릿	네, 저는 (경험) 당시, ~한 (창의성)을 발휘했지만 실패한 경험이 있습니다. 당시 (조직의 문제)가 발생해 (창의성)을 발휘했으나, (문제, 원인)으로 인해 실패했습니다. 이를 극복하기 위해 (노력)한 결과, (성과)를 거둘 수 있었습니다.
예시 (공기업)	네, 저는 **동아리 총무** 당시, **창의성을 발휘했지만 실패**한 경험이 있습니다. 당시 **예산 분배에 대한 불만을 줄이고자 분배 방식을 변경**했으나, **예산을 덜 받은 팀은 사기가 저하되는 문제**가 발생했습니다. 이에, **타 동아리 예산 분배 과정을 벤치마킹**하고, **팀 내 의견을 모아 활동 성과에 따라 예산을 분배하는 제도를 시행**한 결과, **동아리 활동 실적 00% 증대**를 이뤄낼 수 있었습니다.

- 편한 이해를 위해 '동아리 총무'라고 기재했지만, 여러분은 '직무/기업'에 맞춘 동아리 명을 도출해야 한다(예 은행 지원자 – 주식 투자 동아리 등).
- 질문 의도에 따라 소재를 임의로 변경해도 된다.
- 이 질문 역시 '창의력을 실패한 사례'가 궁금해서 물어보는 게 아니라, '실패해도 다시 일어나는 사람인지.'가 궁금해서 묻는 질문이니, 내가 얼마나 주도적이니 사람인지를 중점적으로 보여주면 된다.

소재 골라 쓰기		
조 직	**소 재**	
학 교 (팀플)	은 행	✓ **영업 관련 팀프로젝트 소재** 　- 고객 대상 인터뷰 활동(소상공인, 스타트업 조사 등) 　- 설득 활동(설치 요청, 모금 활동 등) 　- 팀 활동 제휴 및 가입 권유 　▶ 에서, 사람을 끌어오고 매출을 높일 수 있는 창의적인 방안 고안 ☑ **TIP** 금융 전문성 관련 소재는 다소 피하는 게 좋다! '창의적'이라는 건, 그만큼 많은 지식과 전문성을 기반으로 해야 한다. 자칫 전문성을 자랑했다가 면접에서 역으로 공격받을 수 있으니 조심하는 게 좋다!
	공기업	✓ **'직무/산업'과 관련된 팀프로젝트 or 공모전** 　- 지역, 국가 산업 발전에 관한 프로젝트 　- '아이디어' 자체에 대한 창의성보다는, '조직 목표 달성 or 업무 수행 과정'에 대한 창의성 　- 예 소상공인 결제 앱 프로젝트를 만들기 위해, '직접 인터뷰 방식'을 제안한다! 　- 공모전 과제 수행을 위한 아이디어 제안 등 ☑ **TIP** 공기업에서 필요한 창의성은 '업무를 오차 없이, 원활히 수행'하기 위한 창의성이다! 신박한 아이디어가 필요한 게 아니니, 업무 방식 or 공모전 제출을 위한 아이디어 도출이면 충분하다!
	대기업	✓ **직무(전공) 관련 팀프로젝트!** 　- 캡스톤 프로젝트(목표 달성을 위한 창의성 발휘) 　- 전공 관련 프로젝트 ☑ **TIP** '어떻게' 창의성을 냈는지가 중요하다! 특히 창의성을 요구하는 직무에 지원한다면, 최대한 성과가 큰 경험을 끌고 와서 작성할 것!

학생회	**은 행**	✓ **축제 - 물건 판매 및 기부 활동** - 영업 실적 및 기부금 높이기 위한 아이디어 - 물건을 저렴하게 사기 위한 아이디어 ✓ **예산 집행, 비용 문제** - 총무 역할 수행하며 생긴 문제를 해결하기 위한 아이디어 ✓ **불만 해소** - 내부 고객인 학생들의 불만을 접수, 해소하기 위한 아이디어 ☑ **TIP** 간식 배부, 일정 조율 등의 소재는 창의성 소재로 사용하기 빈약하다. 웬만하면 영업 실적, 설득과 관련된 소재를 사용하길 권한다.
	공기업	✓ **축제 - 기획활동** - 마찬가지로 '지역행사'로 치환해, 지역민을 모으기 위해 아이디어를 냈던 경험 ✓ **회계, 예산 기획, 투명성 확보(장부 관리) 등** - 원활한 관리를 위해 아이디어를 낸 경험 ✓ **불만 해소** - 학생들의 불만을 접수, 해소하기 위한 아이디어 ☑ **TIP** 공기업에서는 웬만하면 두 번째 소재(회계, 예산 기획 등)을 사용하는 편이 좋다. 만약 기숙사 사생단 등을 했다면, 사생들의 불만 해소 사례도 작성할 수 있을 것이다.
	대기업	✓ **영업/영업 관리 - 은행과 비슷하게 '영업'에 초점 맞추기** ✓ **그 외 - 학생회 활동 실적을 높이기 위한 활동** - 학생회 평가 점수 향상, 학생 참여도 증대 등을 위해 직무 역량을 발휘한 경험 ✓ **현장 직무(전기, 건축 등) - 다른 소재 고려** ☑ **TIP** 공기업이 '문제 해결'에 초점이 맞춰져 있다면, 대기업은 '목표 달성'에 초점을 맞춰야 한다. 전반적으로 학생회가 무언가 목표를 향해 나아가는 일이 잘 없어서 사용할 소재가 적다. 만약 학생회에서 목표를 두고 성취해야 하는 일이 있었고, 거기에서 본인의 직무 역량을 발휘했다면 뭐든 괜찮다!

대외활동 /동아리	**은 행**	**✓ 은행 관련 동아리/대외활동 모두 가능!** - 카드 판매, 앱 권유 활동 등을 위해 아이디어를 낸 경험 - 앱 활성화를 위한 아이디어 내기 - 아이디어 내는 프로젝트 참여 **✓ 일반 대외활동** - 온라인 홍보(웬만하면 금융 상품 or 금융 or 고객) 활동 - 활동비 모금 활동, 사람 모으기 활동 **☑ TIP** 아이디어를 내는 웬만한 활동은 거의 다 기재할 수 있다! 다만 소재가 중복되게 하지 않는 것이 좋다. 예를 들어, 본인이 마케팅이나 온라인 홍보 분야를 준비했다고 해서, 네 문항 중 두 문항 이상에 관련 소재를 작성했을 때 마케팅 분야 희망자로 보일 수 있기 때문이다.
	공기업	**✓ 업무/직무/산업과 관련된 대외활동 + 그 외 동아리** - 대외활동, 동아리 등에서 지속적인 문제가 발생했고, 문제를 해결하기 위해 아이디어를 낸 경험 - 총무 업무 당시 발생한 문제를 창의적으로 해결 - 사회적 가치, 공익 콘텐츠 등 홍보 경험 **☑ TIP** 공기업은 창의성을 크게 요구하지 않는다. 그렇기에 대외활동/동아리에서 꺼낼 수 있는 소재는 크게 이 정도다. 홍보 역시 '홍보 아이디어'에 초점을 맞추지 말고, 어떤 과정을 통해 홍보 아이디어를 내고, 성과를 냈는지에 초점 맞춰야 한다!
	대기업	**✓ '직무/산업' 관련한 동아리/대외활동 우선으로!** - 패션, 건축, 마케팅 등 산업/직무 우선! - 만약 직무/산업 관련 동아리/대외활동이 없다면, 그 외 대외활동/동아리에서 내 '직무 역량, 아이디어'를 통해 조직이 성장한 경험 풀어내기 - 앱 만들기 프로젝트, 아이디어 도출 프로젝트 **☑ TIP** 대기업 지원 시, 대외활동, 동아리의 '창의성' 소재를 사용할 경우, '성과'가 클수록 좋다! 대외활동, 동아리 자체가 개인의 관심사를 드러내기 때문에, 관심 있는 분야에서 큰 성과를 낸 경험은 기업의 이목을 끌 수 있기 때문이다.

아르 바이트	**은 행**	✓ **고객 응대 관련 아르바이트** - 카페, H&B매장, 학원 상담, 식당 등 사람을 만나는 아르바이트에서 영업 방식에 대한 아이디어를 끌어낸 경험 - 프로모션 등 판매 실적 증대 방법에 대한 아이디어를 도출한 경험 - 고객 만족을 위해 아이디어를 낸 경험(+ 실적도 동시에 오른 경험) ✓ **사무보조 아르바이트** - 연말 정산 등의 아르바이트에서 업무를 효율적으로 하기 위해 아이디어를 낸 경험 - 금융, 회계, 돈과 관련된 경험이면 뭐든 OK! ☑ **TIP** 금융과 관련된 사무 경험이 없는 한, 창의성 경험 역시 영업 관련 경험에서 나오는 게 좋다! 영업 실적 증대를 위한, 혹은 고객 만족을 위한 서비스 아이디어를 도출해 보자.
	공기업	✓ **행정 : 고객 응대 관련 아르바이트** - 고객/대기가 많은 곳에서 대기 시간 줄이기 위해 창의적 아이디어를 낸 경험 ✓ **행정 : 사무 보조 아르바이트** - 업무 정확도, 속도를 높이기 위한 창의성 - 다른 부서의 협조를 끌어내기 위한 창의성 - 업무에 문제가 생겼고, 문제를 해결하기 위한 창의성 ✓ **현장 : 현장 아르바이트** - 안전과 효율을 끌어내기 위한 창의성 - 지속적으로 발생하는 문제를 해결하기 위한 창의성 ☑ **TIP** 아르바이트 경험이 인턴 경험과 크게 차이가 없기 때문에, 지원 직무의 업무와 비슷한 경험을 찾는 게 중요하다! 고질적으로 발생하는 문제를 해결하기 위해 아이디어를 낸 경험이면 충분하다.

	대기업	**✓ 영업/영업 관리 : '영업'과 관련된, 사람 만나는 아르바이트**
		   - 근무하는 매장에서 실적이 자꾸만 낮아져서 or 경쟁 업체가 생겨서 or 손
		     님을 자꾸 뺏겨서 이를 극복하기 위한 창의적 아이디어
		
		✓ 그 외 직무 : '직무/산업'과 관련된 아르바이트
		   - 새로운 목표 달성을 위한 아이디어
		   - 조직에 목표가 주어졌고, 그 부분을 달성하기 위해 직무 역량을 발휘해 아
		     이디어를 낸 경험
		
		☑ **TIP**
		공기업이 고질적인 문제를 해결한다면, 대기업은 새로운 목표를 향해 나아가는 과정이
		다! 새로운 목표 달성, 조직 성장을 위해 아이디어 냈던 경험을 발굴하자.

인턴/
계약직
등
	은 행	**✓ 은행 인턴 경험**
		   - 대기 고객이 많아 불만 많음, 이를 해결한 경험
		   - 앱 서비스를 이용해 앱 가입까지 끌어내면 GOOD!
		   - 팀의 카드 목표, 실적 목표 달성을 위해 객석에서 고객을 적극 응대한 경험
		   - 고객이 주로 헷갈려 하는, 어려워하는 문의를 해결해 주기 위해 아이디어
		     를 낸 경험
		   - 앱 개발 및 개선 관련한 아이디어 도출 경험
		
		✓ 공기업 인턴 경험
		   - 대기 민원인 불만 해소 아이디어
		   - 소상공인, 중소기업 등 '고객'에 대한 아이디어
		
		✓ 대기업 인턴 경험
		   - 실적 증대, 설득과 관련된 아이디어
		   - 고객 관리, 거래처 설득 및 관리에 대한 아이디어
		   - 조직 (영업) 목표 달성을 위한 아이디어
		   - 앱 개발 및 개선 아이디어
		
		☑ **TIP**
		은행의 경우 아이디어를 통해 '고객 만족, 실적 증대'의 성과를 동시에 거두면 좋다. 아
		이디어 도출 과정에서 '사람, 고객을 만나 인터뷰했다.'와 같은 내용이 들어가면 적극적
		인 사람으로 보일 수 있다!

공기업	✓ **은행 인턴 경험** - 대기 고객 불만 해소 아이디어 - 앱 개선에 대한 아이디어 ✓ **공기업 인턴 경험** - 대기 민원 고객 불만 해소 방안에 대한 아이디어 - 서류 검토, 접수 등 바쁜 상황 타파 방법에 대한 아이디어 - 현장, 공정에서 속도와 안전을 동시에 높일 방안 ✓ **대기업 인턴 경험** - 인턴 시 고질적으로 생긴 문제를 해결한 아이디어 ☑ **TIP** 인턴 경험도 아르바이트 경험 소재와 크게 다를 것이 없다. 민원 응대 or 불편한 업무를 해결하기 위해 아이디어를 낸 경험이면 충분하다.
대기업	✓ **공기업 인턴 경험** - 디지털 관련 (앱 제작 등)에서 아이디어를 낸 경험 - 업무 신속도, 정확도 높이기 위한 프로그램 제작 업무 - 현장, 공정에서 업무 처리 방법에 대해 아이디어 낸 경험 ✓ **대기업 인턴 경험** - 실무와 관련된 모든 업무 경험 가능 - 아이디어를 내서 조직에 도움을 준 경험이면 뭐든 OK! ☑ **TIP** 직무/산업에서 아이디어를 내 성과를 낸 경험이면 뭐든 좋다! 대기업에서 필요한 창의성은 '매출/이익 증대'를 위한 것! 매출/이익 증대를 위해 아이디어 낸 경험을 찾아 작성하자!

DAY 09 '도전, 주도적' 소재 완성하기

입시를 넘어 취업까지. 우리는 계속해서 도전하며 살아가고 있다. 그럼에도 '도전' 소재를 쓰자면, 무슨 소재를 써야 하는지 감을 잡기가 어렵다. 일상적인 소재가 아닌 직무와 관한 소재를 써야 하기에, 직무 관련 경험이 없는 경우에는 더더욱 힘들 수 있다.

하지만 의외로 '도전' 소재는 작성하기 어렵지 않다. 우리가 지금까지 작성해 온 '조직 목표를 위해 노력한 과정'이 모두 '도전'이고 '주도'이기 때문이다. 다만, '도전'이라는 이름처럼, 성과가 큰 소재일수록 좋다. '내가 목표를 위해 도전했고, 그 성과가 컸어. 그러니까 입사해서도 계속해서 도전하고 큰 성과를 거둘 거야.'의 뜻을 내포하기 위해, 내 경험 중에서 '도전 목표'도 '성과'도 큰 소재를 찾아보자.

다음의 표에 따라, 나의 도전 소재를 찾아가 보자.

도전, 주도적 소재 완성하기

강의보러 가기 ▶

자기소개서에서 '도전'이란?
✓ 주어진 조직의 목표 '이상'을 달성하기 위해 노력하는 모습
✓ 조직 목표와 성과를 위해, 내 몫 이상을 해내는 도전

출제 의도
• 주어진 일만 하는 사람이 아니라, 계속해서 목표를 세우고 도전하는 사람인지 파악하기 위해
• 항상 최선의 결과를 위해 노력하는 사람인지 파악하기 위해
• 업무 성장과 조직 성과를 위해 새로운 지식을 배워 적용하거나 노력하는 사람인지 파악하기 위해

기업/직무에서 '도전, 주도성'은 왜 필요할까?	
도전의 유형	• 매출 목표를 달성해야 하는 도전 • 업무 효율, 속도를 높여야 하는 도전 • 새로운 방안을 시도해 보는 도전 • 새로운 개발, 아이디어를 도출해야 하는 도전 • 조직 성장, 고객 만족 등을 이뤄내야 하는 도전
	내 직무의 도전 유형은? ✎
도전하기 위해 필요한 노력	• 직접 발로 뛰기, 부스 설치해서 홍보하기, 온라인 SNS 채널 만들어 홍보하기 • 새로운 전략 시행하기, 벤치마킹해서 새 방안 찾아내기 • 새로운 업무 체계 만들기, 새로운 장표 만들어 자원 및 업무 파악하기, 업무의 순서 변경하기 • 고객 의견 듣고 문제점 발견하기, 새로운 시스템 구축하기, 업무 통찰력 확장하여 업무에 적용하기, 산업 트렌드 파악하기
	내 직무는 어떤 노력을 원하는가? ✎

도전의 유형은?	
'개선'을 통한 도전	• 기존에 진행하던 방식을 개선하는 도전 • '창의성' 소재처럼, 업무를 축소하거나, 개선하는 도전 • 고객 편의, 조직 효율 증대, 업무 편의를 위해 방식과 절차 개선 • 업무에 오류가 지속해서 발생하거나, 문제가 생겼을 때, 정확도와 신속도를 높일 수 있도록 개선하는 도전
	'개선을 통한 도전'의 예시는? • 학생회, 동아리 등에서 문제나 불편함이 발견되었고, 이를 개선한 사례 • 아르바이트를 하며 고객 불만, 매출 저하 등의 문제가 발생했고, 문제를 수정하며 개선 시도 • 인턴 당시, 고객 대기 시간이 길거나 업무 효율, 속도가 저하되는 문제 발생, 벤치마킹 등 창의성을 발휘하여 개선 시도 • 팀프로젝트, 공모전 참여, 과제물을 만드는 과정에서 문제 발생. 절차를 개선해서 문제 해결
'새로움'을 통한 도전	• 기존에 없던 절차나 방안을 만들어 성장을 만드는 도전 • 문제를 해결하기 위해, 기존의 방식을 개선하기보다는 아예 새로운 방안을 만들어 새로운 성과를 기대하는 도전 • 정해진, 루틴한 업무를 하며, 정확도와 신속도를 높이기 위해 새로운 제도를 도입한 도전
	'새로움을 통한 도전'의 예시는? • 동아리, 학생회에서 투명함이나 업무 효율을 위해 새로운 절차를 만들어 조직원들의 신뢰를 얻는 도전 • 아르바이트를 하며 판매 전략을 세우거나, 고객 만족 전략을 새로 만들어 매출 및 고객 만족도를 높인 경험 • 인턴으로 근무하면서, 조직에 고정적인 문제가 있었고, 새로운 방식을 상사에게 제안해 문제를 해결한 경험 • 공모전 등에 참여해, 기존 수상작들과는 다른 새로운 결과물을 제작하나 경험 • 실험실, 작업 현장 등에서 안전한 환경을 조성하기 위해 새로운 제도를 도입한 경험

'정리'를 통한 도전	• 업무 원칙과 규정이 흩어져 있었는데, 이를 종합하고 정리해서 조직에 편의를 준 도전 • 조직에서 매뉴얼을 만들었던 경험, 공기업의 도전 소재로 사용 가능 • 새로 시작한 부서나 TF, 업무 등의 체계를 마련하고 정리하는 도전 • 고객 응대 부서에서 Q&A 북 등을 제작하며 편의를 추구하는 도전
	'정리를 통한 도전' 예시는? • 동아리, 학생회 등에서, 정리되지 않았던 규정과 원칙을 매뉴얼로 정리한 경험 • 아르바이트에서 고객이 혼란을 겪는 부분을 매뉴얼로 만들거나, 자주 묻는 질문 Q&A 북을 만들어 조직에 편의를 준 경험 • 인턴 근무를 하며, 급작스럽게 시작한 업무에 대응하기 위해 매뉴얼을 만들어 조직에 공유한 경험

내가 찾아야 하는 '도전' 경험은?

직무 채용 이유	✎ _____ _____
	채용 이유 예시 • 고객 만족, 실적 증대, 상품 개발, 안전한 작업 환경 마련 등
도전의 유형은?	☐ 개선을 통한 도전 ☐ 새로움을 통한 도전 ☐ 정리를 통한 도전
도전 경험은?	☐ 인턴 ☐ 아르바이트 ☐ 대외활동 ☐ 학생회/동아리 ☐ 기타( )
위 조건에 맞는 도전 경험 나열해보기	✎ _____ _____ _____ _____ _____

자기소개서 작성 전 정리하기(작성해야 하는 필수 요소 정리!)	
당시 우리의 목표	✎ _____ 목표 예시 • 수치 목표 : 영업 목표 100% 달성, 개발 20% 효율 증대 등 • 일반 목표 : 앱 개발, 조사 프로젝트, 모금 활동, 매출 증대 등 • 전반적 목표 : 매뉴얼 만들기, 고객 혼란 최소화 등
도전의 상황	✎ _____ 상황에 들어가야 할 요소 • 우리가 무슨 일을 해야 했는지 • 목표 달성을 위해 해야 하는 일이 무엇이었는지
도전 이유 **(상황에 같이 기재)**	✎ _____ 이유 예시 • 조직의 인정을 받기 위해 • 매출 증대, 고객 모으기 등의 목표를 위해 • 업무의 효율화로 조직의 부담을 덜기 위해 • 공모전 수상, 새로운 도전, 개발 및 발명을 위해 • 주기적으로 접수되는 고객의 불만, 민원 등을 해소하기 위해 • 활동 속에서 의미 있는 일을 하기 위해, 성취감을 위해
도전의 방법	✎ _____ (N단계형 작성용 : 도전을 위해 노력하는 과정을 단계별로 나열해보기 전략형일 경우 : 나열한 후 나만의 '도전 전략' 이름 만들기)

	도전의 방법
	• 새로운 장표를 만들어 팀원들의 업무 편의에 도움 주기
	• 새로운 업무를 만들어 조직 업무 처리에 도움 주기
	• 새로운 체계를 만들어 편의 도모하기
	• 정해진 바운더리 밖으로 나가 홍보하기, 부스 세우기
	• 새로운 프로모션 및 전략 세우기
	• 기존에 사용하던 장표, 절차 등 변경하기
	• 트렌드 파악, 지식 습득, 설문 조사 등으로 도전의 기반 닦기
	• 고객 만족 방안을 새로 마련하기, 절차상 불편 개선하기
	• 공모전에 도전해 성과 창출하기
	• 매뉴얼 만들기, 자발적으로 높은 목표 설정하기
도전의 성과	 (도전의 성과는 '직무 채용 이유'와 동일해야 한다)

템플릿 살펴보기	

| N단계형 | [소제목]

(경험) 당시, (도전 모습, 전략)으로 (성과)를 달성한 경험이 있습니다. 당시 (조직)에서 ~한 (목표)를 달성해야 하는 상황이었습니다[or, ~한 문제가 발생한 상황이었습니다].

이에 (역할)로서 (도전하는 이유)하고 싶어, (나만의 도전 목표)를 세웠습니다.

이를 위해, 첫째, (도전할 수 있는 범위 파악, 자원 파악, 자료 모으기 등 기반 닦기) 하였습니다. 둘째, (여러 모델 만들기, 시뮬레이션, 실제 집행 등)을 하였습니다. 셋째, (프로그램 이행, 피드백 받기, 팀과 협의 등)을 한 결과 (성과)를 거둘 수 있었습니다.

[이를 통해, (도전적 자세에 대해 배움, 느낀 점 등)을 배울 수 있었습니다. - 글자 수에 따라 생략 가능] 입사 후에도, ~게 하겠습니다. |

전략형	[소제목] (경험) 당시, (도전 모습, 전략)으로 (성과)를 달성한 경험이 있습니다. 당시 (조직)에서 ~한 (목표)를 달성해야 하는 상황이었습니다. [or, ~한 문제가 발생한 상황이었습니다.] 이에 (역할)로서 (도전하는 이유)하고 싶어, (나만의 도전 목표)를 세웠습니다. 이를 위해, (도전 방법)을 시행했습니다. (이 방법을 택한 이유)이기 때문에, (방법)한 결과, (성과)를 거둘 수 있었습니다. [이를 통해, (도전적 자세에 대해 배움, 느낀 점 등)을 배울 수 있었습니다. - 글자 수에 따라 생략 가능] 입사 후에도, ~게 하겠습니다.
	**예시 살펴보기 - 500자 내**
대/사기업 **(생산관리,** **현장 관련 직무/** **전략형)**	[안전 환경을 위한 새로운 도전] **생산 관리 실무** 당시, 안전 공정 환경 조성을 위해 **도전적으로 업무에 임한 경험**이 있습니다. 당시 **식품 생산 공장의 일원**으로서, '근로자 사고 최소화'를 달성해야 하는 상황이었습니다. 이에 **실습생**이지만, **높은 실습 점수 획득**은 물론 **유의미한 성과를 확보**하고 싶어, 자발적으로 '사고 0% 환경 조성'의 목표를 수립하였습니다. 이를 위해, '인수인계 체크리스트' 제도를 시행했습니다. 사고원인을 분석한 결과, 인력 교대 시 발생한 문제를 인수인계 하지 않고, 출퇴근 시에만 문제를 점검하고 있었습니다. 이에, **쉬는시간 이후 반드시 확인해야 하는 요소를 정리해 사전 점검할 수 있도록 독려**했습니다. 또한, **관리자로서 주기적으로 내부를 살펴보며 발견한 문제를 회의 시간에 공유**한 결과, '사고율 0%'는 물론 우수 실습생 선정도 이뤄낼 수 있었습니다. 입사 후, 이처럼 **먼저 움직이는 관리자**가 되어, 안전한 환경과 신뢰의 공정을 구축하겠습니다. [497자]

	• '도전적 목표'를 쓰기 위해서는, 무조건 '기존의 목표 값을 낮추는 편'이 낫다! '원래 주어진 목표 이상을 이뤄냈다!'라고 할 때, 나의 도전이 더욱 커 보이기 때문이다. • 대/사기업이기에 '성과에 대한 욕심'을 드러내 보았다. 이처럼 '우수 인턴이 되고 싶어서, 우수 실습생이 되고 싶어서' 등의 사례를 넣어주는 것도 좋다! • 해당 소재는 기존의 방식에서 새로운 방식을 시도한 것이기 때문에, 창의성 소재에도 같이 사용할 수 있다.
공기업 **(공단/전략형)**	[상황을 고려해 일거양득을 이뤄내다] **물리치료실**에서 근무하며, **'실습생 교육'**과 **'환자 안전'**을 동시에 이뤄낸 경험이 있습니다. 당시 **담당하는 실습생 시험 점수에 따라 업무 평가 점수가 결정**되었으나, **대부분의 환자가 실습생의 치료 과정을 불안해했습니다.** 물론 장기적 관점에서 **실습생 교육과 승진 점수도 중요**했으나, **치료사로서 환자의 불안과 걱정을 더는 일이 우선**이라고 판단했습니다. 이에, **환자의 안전과 실습생 교육을 동시에 추구하기 위한 치료 매뉴얼을 제작했습니다.** 글로는 치료 자세가 이해되지 않는다는 환자의 피드백을 수용한 후, **영상과 유의 사항을 기록한 매뉴얼을 제작**했습니다. 더불어, **실습생과 함께하는 교육시간을 별도로 마련**해, 병실 및 치료 시간 외에도 실습생이 치료사가 되어 치료를 도울 수 있도록 한 결과, **우수 교육생 배출 및 환자의 만족도 증진**을 이뤄낼 수 있었습니다. 입사 후에도 **항상 국민 만족을 우선시**하며, **공단의 장기적인 성장 방향을 모색**하겠습니다. [498자]
	• '두 개의 목표'를 동시에 달성한 '도전 경험'으로 볼 수 있다. • 두 번째 문단에서 역할을 굳이 맨 앞으로 뺄 필요는 없다. '내가 왜 도전했는지.'에 대한 언급만 나오면 된다. • 공기업이기 때문에, '성과, 도전'보다 '고객, 민원인'을 우선으로 두고 작성했다. 공기업은 '국민, 조직'이 우선이다.

| 은 행
(은행/N단계형) | [현황 파악으로 매출을 올리다]

카페 근무 당시, '출근 시간 프로모션'을 시도하며, 매출 00%를 증대한 경험이 있습니다. 당시, 카페 디저트 매출 00% 증대를 이뤄내야 했으나, 주변 경쟁사가 증가하고 유동객이 감소하는 상황이었습니다.

이에 매니저로서 담당 지점의 위기를 극복하고자, '매출 1위 달성'이라는 자발적 목표를 수립해 도전했습니다.

이를 위해, 가장 먼저, 주 고객 방문 시간, 찾는 메뉴 등의 데이터를 분석한 후 주변 상권을 돌아다니며 문제점을 분석했습니다. 또한, 아침 시간에 소형빵이 잘 팔린다는 점을 파악하여, 음료 베스트 메뉴와 함께 디저트 분할 판매 계획을 수립하였습니다. 마지막으로, 기획한 프로모션 방안을 팀 내 공유한 후, 팀원들의 피드백을 받아 10% 저렴한 출근 프로모션을 기획한 결과, 상권 내 매출 1위도 달성할 수 있었습니다.

입행 후, 이처럼 금융 트렌드와 타행에 대한 연구도 지속하며, 경쟁력을 찾아 성과를 달성하겠습니다. [496자] |
| | • 이 소재의 핵심 역량은 '책임감과 주인의식'이다. 매니저라는 책임감을 갖고 주변 상권과 데이터를 분석한 점이 도드라져 보인다.
• 행원도 마찬가지다. 지점에서 고객 요청 업무만 해주는 것이 아니라, 실적에 대한 책임감을 갖고 목표 이상의 성과를 해줘야 하기 때문이다.
• 항상 경쟁사를 탐색했듯이, 행원이 되어서도 금융 트렌드와 타행에 대한 연구를 지속하겠다는 이야기를 작성하며, '나는 계속해서 공부해서 업무에 적용할 수 있는 사람이야.'를 간접적으로 드러낼 수 있다. |

	요즘은 이런 질문도 있다! 같이 써보기
	도전했지만 실패했던 경험은?
POINT	• 계속 볼 수 있듯이, 이제 기업은 '부정적인 사례'를 듣고 싶어 한다. • 또, 도전에 실패했어도 다시 이겨낼 수 있는 사람을 바라기 때문에, 도전에서 실패했지만 다시 일어나 극복했던 경험을 소재로 활용하면 된다. • '도전' 사례에 '실패'만 얹어주면, 어렵지 않게 소재를 완성할 수 있다.
템플릿 **(전략형)**	[소제목] (경험) 당시, (목표)에 도전했으나, 실패한 경험이 있습니다. 당시 (조직)에서 ~한 (목표)를 달성했으나, (위기)에 직면해 (실패)했습니다. 이에 (다시 도전하는 이유)하고 싶어, (나만의 도전 목표)를 세웠습니다. 이를 위해, 첫째, (도전할 수 있는 범위 파악, 자원 파악, 자료 모으기 등 기반 닦기) 하였습니다. 둘째, (여러 모델 만들기, 시뮬레이션, 실제 집행 등)을 하였습니다. 셋째, (프로그램 이행, 피드백 받기, 팀과 협의 등)을 한 결과 (성과)를 거둘 수 있었습니다. [이를 통해, (도전적 자세에 대해 배움, 느낀 점 등)을 배울 수 있었습니다. - 글자 수에 따라 생략 가능] 입사 후에도, ~게 하겠습니다.
예 시 **(은행 예시 응용)**	[현황 파악으로 매출을 올리다] 카페 근무 당시, 매출 목표 달성에 실패했으나, 극복하여 상권 1위를 달성한 경험이 있습니다. 당시, 카페 디저트 매출 00% 증대를 이뤄내야 했으나, 주변 경쟁사가 증가하고 유동객이 감소해 매출이 저하되는 상황이었습니다. 이에 장기적으로 성과를 낼 수 있는 '차별화된 경쟁력'을 확보하고자 '매출 1위 달성'이라는 목표를 수립했습니다. 이에 먼저, 주 고객 방문 시간, 찾는 메뉴 등의 데이터를 분석한 후 주변 상권을 다니며 문제점을 분석했습니다. 또한, 아침 시간에 소형 빵이 잘 팔린다는 점을 파악하여, 음료 베스트 메뉴와 함께 디저트 분할 판매 계획을 수립하였습니다. 마지막으로, 기획한 프로모션 방안을 팀 내 공유한 후, 팀원들의 피드백을 받아 10% 저렴한 출근 프로모션을 기획한 결과, 상권 내 매출 1위도 달성할 수 있었습니다.

	입행 후, 이처럼 금융 트렌드와 타행에 대한 연구도 지속하며, 경쟁력을 찾아 성과를 달성하겠습니다. [498자]

면접 질문에 활용하기

Q1. 살면서 가장 도전적이었던 경험은?

템플릿	네, 저는 (경험) 당시, ~한 (목표)를 달성한 경험이 있습니다. 당시 (조직 목표)를 달성해야 했습니다. 이에 (노력)한 결과 (성과)를 거둘 수 있었습니다.
예시 (대기업)	네, 저는 **생산관리 실습 당시, 안전사고 제로의 목표를 달성**한 경험이 있습니다. 당시 **'근로자 사고 최소화'라는 목표를 달성**해야 했습니다. 이에 **기존 문제를 분석하고, 인수인계 시 안전 사항을 점검하는 제도를 안착**한 결과 **'안전 사고 제로'의 성과**를 거둘 수 있었습니다.
	• 가장 보편적이니 질문이기에, 소재도 솔직히 '거기서 거기'다. 그렇기 때문에 '직무와 관련된 키워드'로 이목을 끌어와야 한다.
	• '내가 도전한 이유'는 넣어도 되고, 넣지 않아도 된다. 다만 답변이 짧아져야 하기 때문에, 넣더라도 간단하고 짧게 넣어야 한다.

Q2. 도전했지만 실패했던 경험은?

템플릿	네, 저는 (경험) 당시, (목표)에 도전했지만 실패한 경험이 있습니다. 당시 (목표)를 위해 (노력)했으나 (요인, 실패 원인)으로 인해 실패했습니다. 이에 (다시 노력)한 결과 (성과)를 거둘 수 있었습니다.
예시 (공기업)	네, 저는 **물리치료실 근무 당시, 실습생 교육에 도전했지만 실패한 경험**이 있습니다. 당시 **실습생 교육과 환자 안전을 동시에 이뤄내고자 노력했으나, 실습생에 대한 환자의 불안으로 목표에 실패**했습니다. 이에 **집에서 회복할 수 있는 운동 과정을 영상으로 만들고, 실습생과 함께 하는 시간을 만든** 결과, **두 목표를 동시에 이뤄내며 실패를 극복**할 수 있었습니다.
	• 도전 과정에서 발생했던 '위기'를 실패로 치환하면, 금방 만들 수 있는 답변이다.
	• '실패'라는 말이 다소 위험하게 들릴 경우에는 '아쉬운 결과를 낳은 경험이 있습니다.' 정도로 대체할 수 있다.
	• '환자 안전' 같은 경우에는 '실패'했다고 하기에 굉장히 리스크가 큰 소재였기에, 이를 뒤로 미루고 '실습생 교육'만 앞으로 빼주었다. 이처럼 위험성이 큰 소재는 두괄식에서 빼주자.

조 직		소 재

학 교
(팀플)
	은 행	✓ **영업 관련 팀프로젝트 소재**
		   - 고객 대상 인터뷰 활동(소상공인, 스타트업 조사 등)
		   - 설득 활동(설치 요청, 모금 활동 등)
		   - 팀 활동 제휴 및 가입 권유
		   ▶ 에서, 주도적으로 영업 전략 짜서 실적을 높인 경험
		
		✓ **금융 관련 팀프로젝트 소재**
		   - 투자, 기업 분석 등의 활동에서 주도적인 자료 조사와 분석으로 방향을 세
		     웠던 경험
		
		✓ **디지털 관련 팀프로젝트 소재**
		   - 금융 관련 앱 개발 및 개발 제안 등의 활동(플랫폼 등을 임의로 만들어 제
		     안했다고 할 수 있음)
		
		☑ **TIP**
		은행에서 묻는 '도전, 주도'는 '영업'과 같다고 생각하면 된다. 은행에서는 영업 목표를
		두고 달성할 사람을 선호하기 때문에, 특히 '주도, 도전' 문항에서는 '영업적 정신'을 드
		러내는 편이 좋다. 금융 관련 소재도 좋지만, 면접에서 공격받을 수 있다는 점을 염두에
		두자. 또, 소재를 매력적으로 만들기 위해서는, 관련 프로젝트를 준비하며 대상자를 만나
		설문 및 인터뷰를 했다는 내용을 포함하면 좋다.

	공기업	✓ **'직무/산업'과 관련된 팀프로젝트 or 공모전**
		   - 지역, 국가 산업 발전을 위해 주도적으로 움직인 경험
		   - 직무/산업과 관련된 과목의 팀프로젝트
		
		☑ **TIP**
		'주도, 도전'이라고 해서, 목표를 '과 1등'으로 잡으면 소재가 약해 보인다. 그저 'OO
		프로젝트'라고 명명한 후, 성과 부분에 '1위를 차지했다.'라는 내용만 기재해 주면 된
		다. 공기업의 경우 '어떻게 주도적이었는가.'가 중요하기 때문에, 직무나 산업과 관련된
		팀플 안에서 '세 단계로 어떻게 주도적이었는지'에 우선적으로 초점을 맞춰보자.

소재 골라 쓰기

	대기업	**✓ 직무(전공) 관련 팀프로젝트 or 공모전** - 캡스톤 프로젝트 - 전공 관련 프로젝트 ☑ **TIP** 자기소개서를 보는 대기업이라면, 직무/산업 관심도를 유의 깊게 본다. 그렇기에 특히 '주도적' 경험을 적을 거라면, 직무/산업과 관련 있는 프로젝트에서, 성과를 내기 위해 발로 뛰었던 열정을 도드라지게 드러내자.
학생회	은 행	**✓ 축제 - 물건 판매 및 기부 활동** - 영업 실적 및 기부금 높이기 위한 열정 - 물건을 저렴하게 사기 위한 열정 **✓ 불만 해소** - 내부 고객인 학생들의 불만을 접수, 해소하기 위한 열정 ☑ **TIP** 예산이나 총무로서 활동할 때 소재를 '주도성' 문항에 적는다면, '이 친구는 정적인 업무를 할 때 주도적이구나.'라는 이미지를 줄 수 있다. 은행은 동적인 곳이기 때문에, 고객과 관련된 소재로 주도성 문항을 풀기를 권한다.
	공기업	**✓ 축제 - 기획활동** - 마찬가지로 '지역행사'로 치환해, 주도적으로 기획, 예산 등을 종합 집행했던 경험 **✓ 회계, 예산 기획, 투명성 확보(장부 관리) 등** - 원활한 관리를 위해 주도적으로 체계를 세운 경험 - 관련 매뉴얼을 구축한 경험 **✓ 불만 해소** - 학생들의 불만을 접수, 해소하기 위한 열정 ☑ **TIP** 창의성 문항처럼 '투명성 확보를 위한 관리 체계 구축' 등의 소재를 써도 좋지만, 만약 본인이 학생회에서 무언가 '기획'했다면, '기획, 예산, 제휴' 등의 업무를 총괄했던 경험을 써서 본인의 '열정'을 풀어주자.

대외활동
/동아리
	대기업	✓ **영업/영업 관리 – 은행과 비슷하게 '영업'에 초점 맞추기 or 리더십 발휘 경험**
		
		✓ **그 외 – 직무와 관련된 활동**
		  – 학생회 활동 홍보를 위한 직무 역량 발휘(마케팅 등)
		  – 학생회 비용 문제 해결을 위한 직무 역량 발휘(회계 등)
		
		✓ **현장 직무(전기, 건축 등) – 다른 소재 고려**
		
		☑ **TIP**
		대기업 지원자가 학생회 경험에서 갖고 올 수 있는 소재는 많지 않다. 직무 역량을 발휘해 학생회에 도움을 주었던 경험이면 뭐든 사용 가능하니, 그 경험을 중심으로 활용하자.

	은 행	✓ **은행 관련 동아리/대외활동 모두 가능!**
		  – 카드 판매, 앱 권유 활동 등을 주도적으로 한 경험
		  – 앱 활성화를 위해 직접 설문 조사, 업체 제휴 등을 담당한 경험
		  – 대외활동 동기끼리 함께하는 프로젝트
		
		✓ **일반 대외활동**
		  – 활동비 모금 활동, 사람 모으기 활동
		  – 고객 대상(자영업자, 스타트업 등)을 위한 활동
		
		☑ **TIP**
		종종 일반 대외활동에서 은행과 관계없는 일을 했던 경험을 작성하는 지원자가 있다. '주도성' 문항은 업무 속에서 열정을 파악하기 위한 질문이기에, 웬만하면 행원이 하는 일과 비슷한 일을 적는 편이 좋다.

	공기업	✓ **업무/직무/산업과 관련된 대외활동 + 그 외 동아리**
		  – 대외활동, 동아리 등에서 지속적인 문제가 발생했고, 문제를 해결하기 위해 주도적으로 발로 뛴 경험
		  – 총무 업무 당시 발생한 문제를 주도적으로 해결
		  – 사회적 가치, 공익 콘텐츠 등 홍보 경험
		  – 봉사 동아리에서 봉사 업체 맺기 위해 발로 뛴 경험
		
		☑ **TIP**
		공기업은 창의성과 주도성이 크게 구분되지 않는다. 차이가 있다면, 창의성에서는 '아이디어를 만들기 위해 열정적으로 움직였던 경험'을, 주도성에서는 '조직을 위해 열정적으로 움직였던 경험'을 풀어주면 된다.

대기업		✓ **'직무/산업' 관련한 동아리/대외활동 우선으로!** - 패션, 건축, 마케팅 등 산업/직무 우선! - 만약 직무/산업 관련 동아리/대외활동이 없다면, 그 외 대외활동/동아리에서 내 직무 역량을 발휘해 어떻게든 목표를 달성했던 경험 - 앱 만들기 프로젝트, 대외활동 팀 1등 목표 달성, 새로운 아이템 발굴 ☑ **TIP** 직무/산업 관련 대외활동을 했다면, 그 자체로 지원자의 관심사를 드러낼 수 있었을 것이다. 여기서 '열정'을 드러내 '목표'까지 달성했던 경험을 사용한다면, 큰 이목을 끌 수 있을 것이다.
은 행		✓ **고객 응대 관련 아르바이트** - 카페, H&B매장, 학원 상담, 식당 등 사람을 만나는 아르바이트에서 영업 실적을 높인 경험 - 조직의 실적 증대를 위해 자발적으로 프로모션을 기획하고 영업했던 경험 - 주도적으로 고객 불만을 해소해 실적까지 높인 경험 ☑ **TIP** 물론 고객 만족도 중요하지만, 은행에서 더 중요한 것은 만족을 통해 실적을 높이는 것이다. 실적 증대가 동반되지 않은 고객 만족 사례는 굳이 쓰지 않는 편이 좋다. 차라리 매장 실적을 높이기 위해 고객 인터뷰하고, 시식행사를 했던 경험을 쓰는 편이 오히려 좋다.
아르 바이트	공기업	✓ **행정 : 고객 응대 관련 아르바이트** - 고객/대기가 많은 곳에서 대기 시간 줄이기 위해 자발적으로 제도/체계를 만든 경험 ✓ **행정 : 사무 보조 아르바이트** - 업무 정확도, 속도를 높이기 위한 열정 - 다른 부서의 협조를 끌어내기 위한 열정 - 업무에 문제가 생겼고, 문제를 해결하기 위한 열정 ✓ **현장 : 현장 아르바이트** - 안전과 효율을 끌어내기 위한 열정 - 지속적으로 발생하는 문제를 해결하기 위한 열정 ☑ **TIP** 공기업 '주도성'에서 가장 중요한 건 '자발성'이다. 조직의 문제점을 깨닫고, 자발적으로 이를 개선한 소재라면 뭐든 사용할 수 있다.

	대기업	**✓ 영업/영업 관리 : '영업'과 관련된, 사람 만나는 아르바이트**
		   - 근무하는 매장에서 실적이 자꾸만 낮아져서 or 경쟁 업체가 생겨서 or 손님을 자꾸 뺏겨서 이를 극복하기 위해 발로 뛰었던 경험
		
		✓ 그 외 직무 : '직무/산업'과 관련된 아르바이트
		   - 새로운 목표 달성을 위해 발로 뛰었던 경험
		   - 아르바이트 하는 곳에서 무언가 목표가 생겼고, 그 목표를 달성하기 위해 직무 역량을 발휘한 경험
		
		☑ **TIP**
		대기업에서 가장 중요한 건, 직무 역량을 적재적소에 발휘해 팀에 도움이 되는 것이다. 카페 아르바이트 경험일지라도, 급작스럽게 매출 증대를 해야 했던 경험이나, 특정 고객을 모셔야 하는 상황에서 내 직무 역량을 발휘해 발로 뛴 경험을 찾아주면 된다.

인턴/
계약직
등
	은행	**✓ 은행 인턴 경험**
		   - 대기 고객이 많아 불만 많음, 이를 해결한 경험
		   - 앱 서비스를 이용해 앱 가입을 끌어낸 경험
		   - 팀의 카드 목표, 실적 목표 달성을 위해 객석에서 고객을 적극 응대한 경험
		   - 고객이 주로 헷갈려 하는, 어려워하는 문의를 해결해 주기 위해 자발적으로 무언가 만든 경험
		   - 앱 개발 및 개선 관련한 아이디어를 제안한 경험
		
		✓ 공기업 인턴 경험
		   - 대기 민원인 불만 해소하기 위해 열정 발휘
		   - 앱 개선 아이디어 제안
		
		✓ 대기업 인턴 경험
		   - 실적 증대, 설득과 관련된 경험
		   - 고객 관리, 거래처 설득 및 관리에 관한 경험
		   - 조직 (영업) 목표 달성을 위한 열정, 적극적 지원 앱 개발 및 개선을 위한 열정, 주도성
		
		☑ **TIP**
		직접적으로 은행 인턴에서 금융 상품을 판매했던 경험이 가장 좋지만, 사실 인턴이 금융 상품을 팔긴 어렵다. 대신 '디지털'과 연결 지어 앱 개선 방향을 제안했던 경험이나, 다른 동료들이 판매/영업 실적을 잘 내도록 주도적으로 노력했던 경험을 작성해주자.

공기업	✓ **은행 인턴 경험**
	
	   - 대기 고객 불만 해소했던 경험
	
	   - 앱 개선에 대한 방향 제안 경험
	
	✓ **공기업 인턴 경험**
	
	   - 대기 민원 고객 불만 해소 방안을 고안한 경험
	
	   - 서류 검토, 접수 등 바쁜 상황 타파 등을 해결한 경험
	
	   - 정리가 되지 않은 다량의 서류를 정리한 경험
	
	   - 서류가 많은 창고를 정리해 팀에 도움을 준 경험
	
	   - 다들 어려워하는 매뉴얼을 만든 경험
	
	   - 새로 생긴 SPOT성, 정책성 업무를 원활히 수행하기 위해 매뉴얼을 만든 경험
	
	   - 현장, 공정에서 속도와 안전을 동시에 높일 방안
	
	✓ **대기업 인턴 경험**
	
	   - 인턴 시 고질적으로 생긴 문제를 해결한 경험
	
	☑ **TIP**
	
	공기업 '주도' 경험은 공기업 인턴에서 찾는 게 가장 좋다. 은행과 대기업이 '목표'를 향해 나아간 경험이라면, 공기업은 '다른 팀원들의 일손을 덜기 위해 자발적으로 움직인 경험' 이면 충분하다.

대기업	✓ **공기업 인턴 경험**
	
	   - 디지털 관련 (앱 제작 등)을 위해 열정 발휘한 경험
	
	   - 업무 신속도, 정확도 높이기 위한 프로그램 제작 업무
	
	   - 현장, 공정에서 업무 처리 방법에 대한 방안 제안 경험
	
	   - 실무와 관련된 모든 업무 경험 가능
	
	   - 무역량으로 조직에 도움을 준 경험이면 뭐든 OK!
	
	☑ **TIP**
	
	기본적으로 대기업에서는 공기업 경험을 크게 선호하지 않는다. 하지만 인턴을 공기업에서만 했다면, 마치 '저는 보수적인 공기업보다 목표 지향적인 대기업이 더 잘 맞아요.' 를 드러내기 위해, 공기업에 변화를 주기 위해 혁신을 시도했던 경험을 풀어내면 된다.

DAY 10 '실패' 소재 완성하기

우리는 앞선 과정에서 '~했지만 실패했던 경험'에 대한 답변을 정리해 보았다. 이처럼, 최근 '부정형 질문'이 빈번하게 출제된다. 취업이 어려워지면서 다들 '성공 사례'에 대한 답변은 잘 정리했으니, 이제는 실패 경험을 물으며 지원자의 '진짜 경험'을 파헤치기 위함이다.

'실패'라는 글자를 보게 되면, 우리는 막연히 '안전한 소재'를 찾게 된다. 하지만 '실패는 성공의 어머니'라는 말도 있듯이, 기업에서는 '안전한 실패'를 한 사람보다는 '실패에서 일어난 사람'을 찾으려고 한다. 즉, 입사 후에 부딪힐 수 있는 수많은 실패 속에서도 일어날 힘을 충분히 가진 사람을 찾는 것이다.

그렇다면 마냥 위험해 보이는 '실패' 소재, 어떤 경험을 찾으면 좋을지 다음의 표를 따라가보자.

DAY 10	실패 소재 완성하기

강의보러 가기 ▶

자기소개서에서 '실패'란?

✓ 주어진 목표를 향해 노력했으나, 원하는 결과를 얻지 못함

✓ 그럼에도 불구하고, 실패에서 일어나 또 다른 성과를 얻어내는 것

출제 의도

- 업무에서 항상 '성공'만 있을 순 없다. 위기와 실패에 부딪히더라도 다시 일어날 수 있는 힘이 있는 사람을 찾길 바란다!
- '실패'를 했다는 건, '도전'을 했다는 의미! 능동적으로 도전하고, 실패하는 '도전적 사람'이기를 바라며 묻는 질문
- 실패 속에서도 배우고 다시 도전하는 긍정적인 사람이기를 바라며!

기업/직무에서 '실패'는 왜 필요할까?

실패의 유형	· 매출 목표를 달성하지 못하는 실패 · 팀의 급작스러운 이슈, 목표에 대처하지 못하는 실패 · 새로운 방안을 시도하거나 새로운 도전을 했으나 결과가 아쉬웠던 실패 · 업무를 효율화하고자 노력했지만 실패했던 사례 · 새로운 전산 도입, 체계 구축을 시도했지만 실패했던 경험 · 고객 만족이나 목표액 모금, 고객 확보 등의 목표를 향해 노력했으나 실패한 경험 · 공모전 입상에 도전했으나 실패한 경험 내 직무에서 원하는 '실패' 유형은?
실패에 대처하는 방법	· 판매 전략 변경, 판매 프로모션 재집행을 통한 성과 유도 · 벤치마킹 및 자료 조사로 새로운 방안 찾기 · 매뉴얼 만들어 배부하며, 새로운 전산 혹은 체계의 안정적 도입 시도 · 전문가를 찾아가 문제점 개선 · 온-오프라인으로 홍보 방향 이원화, 고객 확보 시도 · 문제점을 발견해, 새로운 방향 시도

	내 직무에서는 어떤 대처 방식을 원하는가? ✎
	실패의 유형은?
미처 챙기지 못한 부분, 판단의 실수	• 신입, 막내로서 업무에 임하면서, 지식 부족으로 미처 챙기지 못해 실수를 한 경우 • 업무 노하우 부족으로 판단을 제대로 하지 못했고, 이로 인해 업무 실패 위기에 처함 • 새로운 업무를 하거나, 새로 TF에 들어가 체계가 없는 상황에서, 업무를 잘못 처리하며 문제 발생, 실패하게 됨
	'실수로 인한 실패'의 예시는? • 아르바이트나 인턴 근무 과정에서, 신입으로 일하며 업무를 배우지 못해 실수했고, 이러한 실수가 실패로 이어진 경험 • 고객 만족도 달성 등 '주관적, 정성적' 목표를 향해가는 과정에서, 업무를 제대로 인지하지 못해 고객 불만을 제기하고, 목표 달성에 실패함 • '실수로 인한 실패'는 리스크가 크니, 웬만하면 실수가 작은 소재로 찾아 작성할 것
성공했지만, 적응 시간이 필요해!	• 조직에 새로운 체계, 전산 등을 도입했으나 동료들이 적응을 어려워하며 도입 실패 • 새로운 자원 관리 제도를 도입했으나, 업무에 변화가 생겼기에 팀원들의 불만 제기, 실패 • 고객 편의를 위해 새로운 제도를 이행했으나, 고객들이 변화를 불편해하며 실패
	'적응 시간 부족'의 예시는? • 동아리, 학생회 등에서 예산 관리나 운영 과정에서 '투명함 OR 편의'를 추구하기 위해 새로운 제도를 시도, 하지만 팀원들이 불편을 표하며 실패 • 아르바이트에서 효율적 재고 관리나 매출 관리, 고객 대기 시간 축소, 고객 만족을 위해 새로운 제도를 시행했으나, 고객 OR 팀원들의 반발로 도입 실패 • 아르바이트, 인턴에서 새로운 절차, 새로운 제도 등을 도입했으나 팀원들의 신뢰가 낮거나 불편으로 인해 도입 실패 • 실습실, 공정 현장에서 안전을 위해 새로운 절차를 도입했으나, 근로자의 반발로 도입 실패

성공했지만, 현실적인 문제	• 새로운 도전을 했지만, 예산이나 자원 부족의 현실적 문제에 부딪힌 경우 • 새로운 아이템 개발했지만, 현실화되기에 장벽이 많아 실패한 경우 • 예산이나 자원이 충분하다는 걸 확인하고 시도했으나, 급작스러운 이슈로 인해 불가해진 경우
	'현실적 문제'의 예시는? • 공모전, 캡스톤 프로젝트 등에서 아이템을 발굴했으나, 예산의 벽에 부딪혀 완성하지 못한 경우 • 동아리, 학생회에서 새로운 방안을 기획했으나, 예산이나 자원이 충분하지 않은 경우 • 아르바이트 등에서 매출을 높이기 위해 새로운 프로모션을 기획했으나, 자원이 충분하지 못했던 경우 • 인턴에서 동료들끼리 조직 성장을 위한 아이디어를 냈으나, 회사 현실과 맞지 않아 실패한 경우

내가 찾아야 하는 '실패' 경험은?	
직무 채용 이유	✎ _____ _____
	채용 이유 예시 • 고객 만족, 실적 증대, 상품 개발, 안전한 작업 환경 마련, 업무 효율 등
실패의 유형은?	☐ 실수로 인한 실패 ☐ 적응 시간 부족 ☐ 현실적 문제
실패 경험은?	☐ 인턴 ☐ 아르바이트 ☐ 대외활동 ☐ 학생회/동아리 ☐ 기타( )
위 조건에 맞는 실패 경험 나열해보기	✎ _____ _____ _____ _____ _____

자기소개서 작성 전 정리하기(작성해야 하는 필수 요소 정리!)	
당시 우리의 목표	✎ ＿＿＿＿＿＿＿＿＿＿＿＿＿＿＿＿＿＿＿＿＿＿＿＿＿
	목표 예시 • 수치 목표 : 영업 목표 100% 달성, 개발 20% 효율 증대 등 • 일반 목표 : 앱 개발, 조사 프로젝트, 모금 활동, 매출 증대 등 • 전반적 목표 : 매뉴얼 만들기, 고객 혼란 최소화, 공모전 수상 등
실패의 상황	✎ ＿＿＿＿＿＿＿＿＿＿＿＿＿＿＿＿＿＿＿＿＿＿＿＿＿
	상황에 들어가야 할 요소 • 우리가 무슨 일을 해야 했는지 • 목표 달성을 위해 해야 하는 일이 무엇이었는지
도전의 이유	✎ ＿＿＿＿＿＿＿＿＿＿＿＿＿＿＿＿＿＿＿＿＿＿＿＿＿
	목표에 도전한 이유 • 우수 직원이 되고 싶어서, 높은 매출을 내고 싶어서 • 자발적으로 조직을 위해 • 직무로서 성장하고 싶어서 • 불필요한 절차나 과정을 확인했고, 개선하고 싶어서 • 조직을 위해 더 효율적인 방법을 찾아보고 싶어서 • 조직에 도움이 되는 아이디어가 생각나서 • 회사에서 굉장히 중요한 이슈라

실패의 종류 **(상황에 같이 기재)**	✎ 종류 예시 • 매출 목표 달성 실패 • 고객 만족도 달성 실패 • 아쉽게 2등…. - 목표했던 등수보다 부족함 • 업무 실수로 인한 실패(조심해서 사용하기) • 팀원들의 반발, 고객들의 불만으로 제도 도입 실패 • 예산 및 자원 부족으로 인한 실패
실패 극복 방법	✎ (N단계형 작성용 : 실패 극복 과정을 단계별로 나열해보기 전략형일 경우 : 나열한 후 나만의 '실패 극복 전략' 이름 만들기) 실패 극복의 방법 • 새로운 장표를 만들어 전략 구축하기 • 매뉴얼 만들어 팀원, 고객의 적응 or 편의 돕기 • 아이디어를 제안해 다시 입상 or 1등 도전하기 • 절차를 통합하거나 축소해서, 불편 요소 제거하기 • 문제를 발견하고 대안을 도입해 실패 극복하기 • 새로운 체계에 적응할 수 있도록 새로운 제도 만들기 • 직접 적극적으로 움직여, 사람 모아오기 or 업무 100% 수행하기
실패 극복의 성과	✎ (실패 극복의 성과는 '직무 채용 이유'와 동일해야 한다)

	템플릿 살펴보기
N단계형	[소제목] (경험) 당시, (목표)에 대한 실패를 (~한 자세)로 이겨낸 경험이 있습니다. 당시 (도전 이유)로 (목표에 도전)했습니다. 이를 위해, (노력)하였으나, (실패 이유)로 인해 실패했습니다. 이를 극복하고자, 첫째, (문제 원인 파악, 피드백 듣기, 다른 사례와의 비교 등)을 통해 문제를 분석했습니다. 둘째, (의견 방안, 대안 마련, 새로운 방법 시도 등)을 진행했습니다. 셋째, (피드백 반영 후 보완, 안정적 정착, 매뉴얼 배포 등)을 한 결과, (성과)를 거둘 수 있었습니다. [이를 통해, (실패를 극복해 내는 자세에 대해 배움, 느낀 점 등)을 배울 수 있었습니다. – 글자 수에 따라 생략 가능] 입사 후에도, ~게 하겠습니다.
전략형	[소제목] (경험) 당시, (목표)에 대한 실패를 (~한 자세)로 이겨낸 경험이 있습니다. 당시 (도전 이유)로 (목표에 도전)했습니다. 이를 위해, (노력)하였으나, (실패 이유)로 인해 실패했습니다. 이를 극복하고자, (전략) 했습니다. (그 전략을 한 이유)이기 때문에, (노력)한 결과, (성과)를 거둘 수 있었습니다. [이를 통해, (실패를 극복해 내는 자세에 대해 배움, 느낀 점 등)을 배울 수 있었습니다. – 글자 수에 따라 생략 가능] 입사 후에도, ~게 하겠습니다.

예시 살펴보기 - 500자 내	
대/사기업 (영업 관련, 고객 응대 직무, 영화관 등 /N단계형)	[실패를 발판 삼아 성과를 만들다] **영화관 근무** 당시, **목표 달성에 실패**했으나 **매출 증대를 이뤄낸 경험**이 있었습니다. 당시 **소속 매장의 일원**으로서 '**분기 내 VOC 0%**'를 위해 **노력**했습니다. 이 과정에서 **어린 자녀와 미성년자 관람 불가 영화를 보시겠다는 고객**에게 **불가함을 안내**했고, 이는 VOC로 이어져 '**분기 내 VOC 0%**' 목표 달성에 실패하였습니다. 이를 극복하고자, **먼저** 어린 자녀와 해당 영화를 같이 보시려는 이유를 분석했습니다. **비용의 문제라면,** 이를 해결하기 위한 멤버십 및 제휴 카드 이벤트 등을 안내드릴 수 있도록 매뉴얼을 만들었습니다. **또한,** 가족 단위의 영화가 부족하다는 의견도 있어, 예매 데이터 분석을 통해 가족 단위가 가장 많이 예매하는 영화를 순위별로 정리해 함께 안내드리도록 한 결과, 매출 증대는 물론 '**고객 만족 지점**' 선정도 이뤄낼 수 있었습니다. **입사 후**에도, 이처럼 **실패 속 원인을 분석해, 더 나은 성과를 만드는 데 이바지**하겠습니다. [498자]

- 이와 같은 간단한 아르바이트 소재는 같은 '영화관'을 지원할 때나, '영업 관리, 영업 지원' 등 고객을 만나는 직무에 쓰는 편이 좋다.
- '목표를 달성하기 위해 한 노력'을 굳이 길게 쓸 필요 없이, 이처럼 '노력했다.' 정도로 정리해 작성해도 된다.
- 굳이 실패의 유형을 나누자면, '실수로 인한 실패'로 분류할 수 있는데, 이처럼 자기소개서에 작성할 내 실수는 크지 않아야 하고, 정말 내 실수이면 안 된다.
- 이처럼 고객 응대 아르바이트 경험을 쓸 때에는, 고객을 진상으로 만들어 실패로 연결하는 방법도 있다.

공기업 (공단/전략형 + N단계형)	**[장표 제작으로 위기를 이겨내다]** **유통 기업** 근무 당시, **'재고 순환 상황표 제작'**으로 **실패를 극복한 경험**이 있습니다. 당시, **재고 관리 담당자**로서 **'재고 순환 90% 달성'**이라는 **목표**에 도전했습니다. 하지만 **각 상권에서 서로 재고를 보유하려고 하며 순환이 되지 않아 순환율이 크게 떨어졌**습니다. 이러한 실패를 극복하고자 **'재고 순환 상황표'**를 통해 새로운 개선 체계를 확립했습니다. 매일 장표로 재고 순환의 문제를 알리면 매장들의 재고 순환을 독려할 수 있다고 판단했기 때문입니다. 이에 상권별 판매 비중이 높은 상위 판매군을 개별로 정리하였습니다. **더불어,** 판매 데이터만 추출하여 입력하면, 바로 재고 순환 상황이 출력될 수 있도록 장표를 구축했습니다. **마지막으로,** 해당 장표를 공유하고, 상권별 순환도에 따라 패널티를 부여한 결과, 다음 분기에 재고 순환 100% 달성을 이뤄낼 수 있었습니다. **입사 후, 이처럼 어떤 실패에도, 조직과 협업하며 업무 효율을 유도하겠습니다.** [499자]
	• 대기업 소재이기에 공기업과 다소 거리가 있을 수 있으나, '장표 제작, 협업'이라는 측면에서 공기업 용으로도 사용할 수 있다. • 목표를 낮출수록, 나의 노력이 커 보인다! • '이 설명도 넣어야 이해하겠지?'라는 생각을 접고, 간단하게 글자 수 안에 내용을 몰아넣자. 궁금한 건 면접 때 물어볼 것이다! • 이처럼 공기업은 '자원 관리, 새 제도 도입으로 인한 부작용'과 같은 사례를 실패 소재로 쓸 수 있다.

은 행 (은행/N단계형)	[판매량 1위의 성과를 이뤄내다] **가전 판매 실습생**으로 근무할 당시, **시즌 상품 판매 목표 달성에 실패**했으나 **이내 극복한 경험**이 있습니다. 당시 **우수 실습생**이 되고자, **상품에 대한 지식을 익혀 '에어컨 판매 1위'**에 도전하였습니다. 하지만 **실습생은 설치 기사님 확보가 어려웠기에 에어컨 판매가 어려웠던 탓에, 3위에 그치고 말았습니다.** 이러한 실패를 극복하기 위해, **'실습생 중 전체 매출 1위' 목표를 세우고 움직였습니다.** 직접 상품에 관해 공부한 것은 물론, 우수 상담사 선배를 따라다니며 어떻게 고객을 응대하시는지, 판매 노하우는 무엇인지 듣고 정리하였습니다. 또한, <u>전산을 활용해 가전제품 교체 시기가 된 고객에게 연락을 드렸고, 매장 방문을 유도</u>했습니다. **나아가,** <u>이사 고객님들께는 이사 필수 리스트를 정리해 드리며 편의를 드린</u> 결과, **전 실습생 중 가장 높은 판매액을 기록**할 수 있었습니다. 입행 후에도, **실패와 주어진 한계를 타파하며 1등 은행에 이바지**하겠습니다. [498자]
	• 여기서는 새로 목표를 세우고 움직인다. 목표 달성에 실패해도, 새로운 목표를 세우고 나아가는 적극적 모습을 보여주는 것이다. • N단계 본론에서 지원자의 주도적인 모습이 느껴진다. 이처럼 '채용 이유'를 위해 적극적으로 움직이는 모습이 필요하다! • 실패의 이유를 나에게서 찾으면 내용이 다소 어려워진다. 외부에서 문제를 찾아 '외부의 한계도 이겨내는 나!'로 내용을 만들자.

요즘은 이런 질문도 있다! 같이 써보기	
실패의 원인은 무엇이고 어떻게 극복했는지?	
POINT	· 요즘은 복합형 질문이 자주 나온다. 이처럼 '원인과 극복 과정'을 동시에 묻는 질문이 출제된다. · 대부분 복합형 질문이 나오면 당황하기 마련인데, 당황할 필요 없다. 어차피 우리가 자기소개서에 미리 다 정리해 둔 내용이다. · 자기소개서 안에 실패 원인을 작성해 두었으면, 굳이 따로 템플릿을 바꿀 필요는 없다!
템플릿 (N단계형)	[소제목] (경험) 당시, (목표)에 대한 실패를 (~한 자세)로 이겨낸 경험이 있습니다. 당시 (도전 이유)로 (목표에 도전)했습니다. 이를 위해, (노력)하였으나, (실패 이유)로 인해 실패했습니다. 이를 극복하고자, 첫째, (문제 원인 파악, 피드백 듣기, 다른 사례와의 비교 등)을 통해 문제를 분석했습니다. 둘째, (의견 방안, 대안 마련, 새로운 방법 시도 등)을 진행했습니다. 셋째, (피드백 반영 후 보완, 안정적 정착, 매뉴얼 배포 등)을 한 결과, (성과)를 거둘 수 있었습니다. [이를 통해, (실패를 극복해 내는 자세에 대해 배움, 느낀 점 등)을 배울 수 있었습니다. - 글자 수에 따라 생략 가능] 입사 후에도, ~게 하겠습니다.
예 시 (은행 예시 응용)	[판매량 1위의 성과를 이뤄내다] 가전 판매 실습생으로 근무할 당시, 시즌 상품 판매 목표 달성에 실패했으나 이내 극복한 경험이 있습니다. 당시 우수 실습생이 되고자, 상품에 대한 지식을 익혀 '에어컨 판매 1위'에 도전하였습니다. 하지만 실습생은 설치 기사님 확보가 어려웠기에 에어컨 판매가 어려웠던 탓에, 3위에 그치고 말았습니다.

	이러한 실패를 극복하기 위해, '실습생 중 전체 매출 1위' 목표를 세우고 움직였습니다. 직접 상품에 관해 공부한 것은 물론, 우수 상담사 선배를 따라다니며 어떻게 고객을 응대하시는지, 판매 노하우는 무엇인지 듣고 정리하였습니다. 또한 전산을 활용해 가전제품 교체 시기가 된 고객에게 연락을 드렸고, 매장 방문을 유도했습니다. 나아가, 이사 고객님들께는 이사 필수 리스트를 정리해 드리며 편의를 드린 결과, 전 실습생 중 가장 높은 판매액을 기록할 수 있었습니다. 입행 후에도, 실패와 주어진 한계를 타파하며 1등 은행에 이바지하겠습니다. [498자]

면접 질문에 활용하기

Q1. 살면서 가장 기억에 남는 실패 경험은?

템플릿	네, 저는 (경험) 당시, ~한 (목표 달성)에 실패한 경험이 있습니다. 당시 (목표)를 향해 노력했으나, (이유)로 인해 실패했습니다. 이를 극복하고자 (노력)한 결과 (성과)를 거둘 수 있었습니다.
예시(대기업)	네, 저는 영화관 근무 당시, 목표 달성에 실패했으나 매출을 높인 경험이 있습니다. 당시 분기 내 VOC 제로를 위해 도전했으나, 어린 자녀와 함께 미성년자 관람 불가 영화를 보겠다는 고객을 만류하다 VOC가 발생했습니다. 이를 극복하고자, 이와 같은 고객이 방문했을 시, 제안할 수 있는 영화와 카드 혜택을 정리해 공유한 결과, 가족 단위 고객이 늘어 매출 증대를 이뤄낼 수 있었습니다.
	• 'VOC 0건에 실패했다'라는 건 너무 위험도가 큰 소재이기 때문에, 두괄식에는 실패 내용을 빼고 성과만 넣는 편이 낫다. • 영업 관련 직무라면, 중요한 건 '매출'이기 때문에, 매출에 대한 부분을 강조해주자.

조 직		소 재
학 교 (팀플)	은 행	✓ **영업 관련 팀프로젝트 소재** 　- 고객 대상 인터뷰 활동(소상공인, 스타트업 조사 등)에서 목표 인원을 채우지 못해서 다시 도전한 경험 　- 설득 활동(설치 요청, 모금 활동 등)에서 목표치를 채우지 못해 다시 했던 경험 　- 팀 활동 제휴 및 가입 권유를 했으나, 상황이 쉽지 않았고, 다시 도전한 경험 ✓ **금융 관련 팀프로젝트 소재** 　- 투자, 기업 분석 등의 활동에서 목표 자산을 달성하지 못해, 다시 도전했던 경험 ✓ **디지털 관련 팀프로젝트 소재** 　- 금융 관련 앱을 개발하려 했으나, 실패했던 경험 ☑ **TIP** 만약 지원자가 공대 출신이고 '기술 금융' 쪽을 희망한다면, 캡스톤 프로젝트 경험을 작성해도 좋다. 그 외 지원자라면, 영업 관련 팀플을 작성해서, '다시 도전하는 열정'을 보여주자.
	공기업	✓ **'직무/산업'과 관련된 팀프로젝트 or 공모전** 　- 지역, 국가 산업 발전을 위해 아이디어를 냈으나, 현실과 달라 실패했던 경험 　- 직무/산업과 관련된 과목의 팀프로젝트를 열정을 발휘했으나, 자원/현실의 문제로 실패했던 경험 ☑ **TIP** 팀프로젝트에서 실패하는 이유는 대부분 '자원, 현실과 다름' 정도이다. 물론 '인력 부족' 역시 실패 원인 중 하나가 될 수 있으나, '팀원과의 갈등'은 실패 원인으로 쓰지 않는 편이 낫다. 자칫 갈등 관리 부족으로 보일 수 있기 때문이다.
	대기업	✓ **직무(전공) 관련 팀프로젝트 or 공모전** 　- 캡스톤 프로젝트 　- 전공 관련 프로젝트

소재 골라 쓰기

학생회		☑ **TIP** 계속해서 언급하지만, 대기업은 키워드를 통해 '관심'을 드러내는 것이 가장 중요하다. 그렇기에 키워드만 부합한다면 어떤 소재, 어떤 실패를 써도 상관없으나, 웬만하면 '외부 환경'으로 실패 원인을 돌려보자.
	은 행	✓ **축제 - 물건 판매 및 기부 활동** - 영업 실적 및 기부금 목표 달성 실패했으나 재도전 - 제휴 업체 섭외 실패했으나 재도전 ☑ **TIP** 총무로서 일하며, 돈 관리나 예산 관리를 실패했다고 적는다면, 꼼꼼함과 전문성이 부족해 보인다. 웬만하면 영업, 기부 등의 활동에서 실패 소재를 찾는 편이 낫다.
	공기업	✓ **축제 - 기획활동** - 지역 축제 : 목표 인원 달성 실패했으나 재도전 - 유관 기관 및 주변 업체 섭외하려 했으나 실패, 재도전 ✓ **인터넷 플랫폼 구축 or 자발적 노력했으나 실패** - 인터넷 플랫폼, 데이터 분석 등 디지털 관련하여 도전했으나 실패 - 자발적으로 큰 일에 시도했으나 실패, 재도전 ☑ **TIP** 공기업은 주어진 체계에서 업무를 꼼꼼히 하는 게 중요하기 때문에, 꼼꼼함에 관한 실패 사례는 적절치 않다. 오히려 큰 목표를 세우고 노력했다가 실패했다는 소재를 적으면, 지원자의 주도성이라도 드러낼 수 있기에 적합하다.
	대기업	✓ **영업/영업 관리 - 은행과 비슷하게 '영업'에 초점 맞추기 or 리더십 발휘 경험** ✓ **그 외 - 직무와 관련된 활동** - 학생회 활동 홍보를 위해 오프라인 홍보를 기획했으나, 외부 제재로 인해 목표를 달성하지 못한 경험(홍보, 마케팅) - 학생회 예산을 끌어오기 위해 노력했으나, 실패해서 다른 방법으로 예산을 확보한 경험 ✓ **현장 직무(전기, 건축 등) - 다른 소재 고려** ☑ **TIP** 만약 직무를 고려하지 않고 작성한다면, '학생회/축제 예산 끌어오기' 정도를 사용할 수 있을 것이다. 하지만 (특히 전기, 건축 등 현장 직무에서는 더더욱) 소재가 크게 매력이 없으니, 웬만하면 직무 역량을 발휘한 소재를 찾아주는 것이 좋다.

대외활동 /동아리	은 행	✓ **은행 관련 동아리/대외활동 모두 가능!** - 카드 판매, 앱 권유 활동 등을 주도적으로 했으나 실패해서 재도전한 경험 - 앱 활성화를 위해 직접 설문 조사, 업체 제휴 등을 진행했으나, 실패-재도전한 경험 - 대외활동 동기끼리 함께하는 프로젝트에서 목표 달성 실패, 더욱 노력해서 다른 경연에서 우수한 성적을 거둔 경험 ✓ **일반 대외활동** - 활동비 모금 활동, 사람 모으기 활동에 실패했으나 재도전해서 성공한 경험 - 홍보 활동 목표에 도전했으나 실패, 재도전한 경험 - 인터뷰 목표 인원 모집 실패 후 재도전한 경험 ☑ **TIP** 사람, 돈과 관계된 활동에서 실패했으나 재도전한 경험이라면 뭐든 작성할 수 있다. 여기에서 중요한 건 '재도전' 했다는 점이기 때문에, 어떻게든 도전해서 성과를 낸 경험이라면 뭐든 쓸 수 있다.
	공기업	✓ **업무/직무/산업과 관련된 대외활동 + 그 외 동아리** - 대외활동, 동아리 등에서 목표가 생겼고, 그 목표를 위해 노력했으나 실패-재도전한 경험 - 지속적으로 발생한 문제를 개선하려 했으나 실패, 재도전한 경험 - 관련 앱을 제작/개선하려 했지만 실패-재도전한 경험 ☑ **TIP** 무엇이든 '도전'하려 했던 경험이라면 '실패' 소재로 다 사용할 수 있다. 중요한 건, 실패의 원인을 분석해서 재도전한 것이기 때문에, 실패 분석 - 재도전의 과정만 체계적으로 작성해 주면 된다.
	대기업	✓ **'직무/산업' 관련한 동아리/대외활동 우선으로!** - 패션, 건축, 마케팅 등 산업/직무 우선! - 만약 직무/산업 관련 동아리/대외활동이 없다면, 그 외 대외활동/동아리에서 내 직무 역량을 발휘해 목표를 두고 노력했으나 실패했던 경험 - 앱 만들기 프로젝트, 대외활동 팀 1등 목표 달성, 새로운 아이템 발굴 ☑ **TIP** 무언가 도전하려고 했다는 그 자체가 고평가되기 때문에, 직무/산업 분야에서 '높은 수준'에 도전했던 경험을 찾아 작성하자.

		✓ **고객 응대 관련 아르바이트**
	은 행	- 카페, H&B매장, 학원 상담, 식당 등 사람을 만나는 아르바이트에서 영업 실적을 높이려고 했으나 실패했던 경험
		- 조직의 실적 증대를 위해 자발적으로 프로모션을 기획했으나 실패-재도전했던 경험
		- 온라인/오프라인으로 영업하려고 계획을 세웠으나 실패-재도전했던 경험
		☑ **TIP**
		사무보조 아르바이트 실패 경험은 '꼼꼼함이 부족하다.'와 직결되고, '고객 만족 실패' 사례는 친절의 문제와 직결되기 때문에, 웬만하면 '영업 목표'를 두고 나아갔던 경험을 쓰는 편이 좋다.
아르 바이트	**공기업**	✓ **행정 : 사무 보조 아르바이트**
		- 업무 정확도, 속도를 높이기 위해 노력했으나, 자원의 문제로 시도하지 못했던 경험 or 미처 파악하지 못했던 부분으로 인해 실패해서 재도전했던 경험
		- 아르바이트생으로서 개선을 시도하려고 했으나, 실패해서 작은 개선만 만들었던 경험
		- 아이디어를 냈으나 실패한 경험 모두
		✓ **현장 : 현장 아르바이트**
		- 내가 갖고 있는 전문 지식(전기, 건축 등)을 발휘해 다른 분야 문제까지 해결하려 했지만 실패했던 경험
		- 전혀 예상하지 못한 새로운 문제가 터져서 해결하려 했지만, 실패해서 다른 지식을 보완한 경험
		☑ **TIP**
		아르바이트는 4대 보험 등록 여부만 다를 뿐 인턴과 크게 다르지 않기 때문에, '실무 역량'을 드러내야 한다. 실무에서 지식을 적용하고, 주도적으로 움직였으나 실패했던 경험을 드러내며 '직무 적합도'를 나타내야 한다.
	대기업	✓ **영업/영업 관리 : '영업'과 관련된, 사람 만나는 아르바이트**
		- 근무하는 매장에서 실적이 자꾸만 낮아져서 or 경쟁 업체가 생겨서 or 손님을 자꾸 뺏겨서 이를 극복하려 했지만 실패-재도전했던 경험
		- 관련 프로모션, 마케팅을 기획해 시도했으나, 예측과 달라 실패했던 경험
		- 관련 예산, 재고, 자원 등을 받으려고 노력했으나 실패했던 경험

		✓ **그 외 직무 : '직무/산업'과 관련된 아르바이트** - 새로운 제도 도입을 시도했으나 실패-재도전한 경험 ☑ **TIP** 혁신을 시도했다가 실패했던 경험이면 뭐든 작성할 수 있다. 예산, 자원 등을 받으려고 시도했다가 실패했던 경험이나, 목표 달성을 위해 무언가 확보해야 했지만 실패해서 수습했던 경험도 함께 작성할 수 있다.
인턴/ 계약직 등	**은 행**	✓ **은행 인턴 경험** - 특정 앱 서비스 가입 유도를 위해 시도했으나, 다시 도전해 성공한 경험 - 팀의 카드 목표, 실적 목표 달성을 위해 객석에서 노력했으나 실패했던 경험, 대신 다른 방식으로 팀에 도움을 준 경험 - 앱 개발 및 개선 관련한 아이디어를 제안했으나, 실패했던 경험 ✓ **공기업 인턴 경험** - 앱 개선 아이디어를 제안했으나 실패했던 경험 - 공기업 안에서 영업할 요소가 있었다면, 영업을 시도했다가 실패했던 경험 ✓ **대기업 인턴 경험** - 실적 증대, 거래처 및 고객 관리를 시도했으나, 예상치 못한 요소로 인해 실패했던 경험 - 조직(영업) 목표 달성을 위해 노력했으나 실패한 경험 - 앱 개발 및 개선 아이디어를 제안했으나 실패한 경험 ☑ **TIP** 은행 실패 소재를 '사무 업무'와 엮기에는 리스크가 크다. 마찬가지로 '영업, 아이디어 제안, 디지털'과 연계해서 작성하는 편이 좋다.
	공기업	✓ **은행 인턴 경험** - 앱 개선에 대한 방향 제안했으나 실패한 경험 - 온/오프라인 홍보를 했으나 실패했던 경험 ✓ **공기업 인턴 경험** - 새로운 고객 만족 제도를 도입하려고 했다가 실패한 경험 - 인턴 동기들과 프로젝트를 준비했으나 실패했던 경험 - 현장, 공정에서 속도나 정확도까지 높이려고 새로운 분야 지식을 도입했으나, 실패했던 경험

		- 예 디지털 기술 도입하려 했으나 실패
		✓ 대기업 인턴 경험
		- 높은 목표를 두고 노력했으나 실패했던 경험
		- 인턴 동기들과 프로젝트를 진행했으나 실패했던 경험
		☑ **TIP** 앞서 언급했듯이, 공기업에서 실패, 실수는 꼼꼼함과 직결될 수 있기 때문에, 웬만하면 공기업답지 않게 능동적, 주도적으로 목표 세웠으나, 실패했던 경험을 찾는 게 좋다.
	대기업	**✓ 은행 인턴 경험** - 영업 목표를 달성하려고 노력했으나 실패했던 경험 **✓ 공기업 인턴 경험** - 디지털 관련(앱 제작 등)을 위해 열정 발휘했으나 실패했던 경험 - 업무 신속도, 정확도 높이기 위한 프로그램 제작, 온라인 플랫폼 구축 등을 시도했다가 실패한 경험 - 현장, 공정에서 업무 처리 방법에 대한 방안을 제안했으나, 현실과 맞지 않는 부분이 있어 실패했던 경험 **✓ 대기업 인턴 경험** - 실무와 관련된 모든 업무 경험 가능 ☑ **TIP** 다시 말하지만 대기업은 이익 창출이 중요하다. 이익을 창출하기 위해 주어진 범위를 넘어 노력했으나 실패했던 경험이라면 뭐든 사용할 수 있다. 다만, 이 경험이 직무 역량 or 산업과 연계되면 좋다.

DAY 11

'직업윤리' 소재 완성하기
(공기업 전용)

사기업과 다르게 나라의 일을 하는 공기업에서는 '윤리, 원칙'이 굉장히 중요하다. 면접 질문만 봐도 항상 '윤리' 질문이 있듯이, 자기소개서에서도 '윤리'에 관한 온갖 질문이 존재한다. 살면서 항상 원칙과 규정을 지켜온 우리이기에 이 소재를 쉽다고 여길 수 있지만, 막상 업무와 관련된 소재 안에서 원칙을 지켰다고 자랑까지 할 만한 내용은 많지 않다.

공기업 윤리 문항에서 포인트는 '나는 지켰고, 남도 지키게 했다'이다. 남들은 모두 원칙을 멀리할 때, 나는 꿋꿋이 원칙을 지켜내고, 그로 모자라 조직 동료들까지 원칙을 지키게 독려했다는 이야기가 필요한 것이다.

나를 '적극적인 윤리가'로 만들어야 하는 윤리 소재, 다음의 표에 따라 만들어 보자.

DAY 11	직업윤리 소재 완성하기	

강의보러 가기 ▶

자기소개서에서 '직업윤리'란?
✓ 조직에 주어진 규정, 원칙을 어떠한 상황에서도 지켜내는 것
✓ 원칙에서 벗어난 관습이 아닌 공기업인으로서 직업윤리를 지켜내는 것
✓ 공기업인이라는 사명감을 갖고, 윤리 의식을 지키는 것

출제 의도
• 최근 직업윤리를 위반하는 사례가 빈번하게 발생. 윤리의 중요성을 인지하고 있는지 확인하고자
• 어떠한 위기와 어려움에도 '공기업인, 국민을 위해 일한다는 사명감'을 잊지 않고 원칙을 지켜내는 사람을 찾고자
• 다들 원칙을 지킨다고는 하지만, 정말 잘못된 조직 내 악습과 업무 효율을 앞두고도 원칙을 지킬 수 있는 사람인지 사례를 확인하기 위해

기업/직무에서 '직업윤리'는 왜 필요할까?	
직업윤리를 어기게 될 상황	• 판매 실적을 위해 임의로 판매 원칙을 어기는 경우 • 판매 실적을 위해 임의로 고객 정보를 도용하는 경우 • 고객의 편의를 위해 원칙을 어기고, 원칙 위반 사례를 남기는 경우 • 서류 처리 등의 업무 과정에서, 효율을 위해 원칙을 어기는 경우 • 무언가 꼼꼼하게 점검해야 하지만, 편의를 위해 원칙을 어기는 경우 • 선배 및 상사의 권유와 압박으로 인해 원칙을 어겨야 하는 경우 • 조직 내 악습이 강하게 자리 잡아, 원칙을 어겨야 하는 경우 • 루틴한 업무의 중요성을 잊고, 원칙을 위반하는 경우 • 정보보안의 중요성을 잊고, 정보보안 윤리를 따르지 않는 경우
	내 직무에서 발생할 수 있는 '윤리 위반' 유형은? ✎ _____
직업윤리를 위해 할 수 있는 노력	• 원칙과 효율을 모두 지킬 수 있는 대안 마련 • 편의 대신 원칙을 지키도록, 궂은일을 도맡아 처리 • 악습의 원인을 분석해, 이를 고칠 수 있는 방안 마련 • 조직을 위해 한 번 더 움직이며, 편의 대신 원칙 선택

	• 고객의 불만을 이해해 대안을 제시하며, 원칙을 권하는 노력
	• 다른 동료들도 원칙을 지킬 수 있도록 매뉴얼 마련 및 독려
	내 직무에서는 어떤 노력을 할 수 있는가?
직업윤리 준수의 유형은?	
	• 다들 편의 때문에 암묵적으로 원칙을 어기고 있는 경우 → 원칙과 편의를 동시에 도모할 수 있는 새로운 체계 확립 • 원칙의 중요성을 인지하고 있으나, 원칙을 지킬 경우 효율이 떨어지는 경우 → 첫 번째 상황과 비슷. 효율도 같이 끌어낼 수 있도록 원칙 변경 • 원칙이 오래되어, 현재 업무 상황에 맞지 않는 경우 → 업무 현황에 맞춰서 원칙 개선
새 체계 확립	'새 체계 확립'의 예시는? • 학생회, 동아리 등에서 투명성을 위해 원칙을 세웠으나, 업무가 많아지고 팀원들의 불만이 생겨 수정하는 경우 • 아르바이트에서 발주, 재고 관리, 매출 관리 등을 하며, 기존의 방식에 불편함이 생겨 원칙 체계를 새로 확립한 경우
	• 인턴으로 근무하며, 고객 대기 체계, 업무 처리 체계 등의 불만이 이어져, 새로운 체계를 만든 경우 • 서류 업무를 처리하는 과정에서, 서류 발급에 불편함이 생겼고, 규정 내에서 대체할 수 있는 방법을 찾아 체계를 새로 만든 경우 • 정보보안 업무를 할 때, 다들 정보의 중요성을 인지하지 못해 원칙을 따르지 않고, 따를 수 있는 새로운 체계를 만든 경우
이상의 성과 달성	• 불편하더라도 원칙을 지켜서 조직의 성과를 달성한 경우 • 고객의 불만에도 원칙을 지켜, 장기적 관점에서 리스크를 예방한 경우 • 다들 원칙을 어길 때, 나(혹은 소속 팀)만 원칙을 지켜서 우수한 성과를 거둔 경우 • 업무 과정에서 원칙을 지켰더니, 오히려 성과가 난 경우(원칙의 중요성 체감 사례)

	'이상의 성과 달성'의 예시는? • 실습, 공모전 등에서 불편해도 원칙대로 과정에 임한 결과, 원칙을 어긴 다른 팀에 대비해 기대 이상의 성과를 거둔 경우 • 고객 응대, 서류 접수 업무를 하는 과정에서, 고객이 불편하더라도 원칙을 지킨 결과, 서류 누락이나 불완전 접수 건수를 줄일 수 있었던 사례 • 인턴으로 근무하며, 원칙상 번거롭게 해야 할 일이 많았고, 다들 하지 말라고 했지만 조직을 위해 했더니 우수한 성과를 거둔 경우
조직과의 돈독함	• 원칙과 효율 사이의 갈등이 발생했고, 나의 헌신으로 이 갈등을 줄인 경험 • 모두가 원칙을 지키기 어려워할 때, 매뉴얼을 만들거나 편한 방법을 만들어 조직에 공유한 경우 • 원칙으로 인해 다들 불편을 느낄 때, 나의 시간과 노력으로 불편을 줄인 경험 **'조직과의 돈독함'의 예시는?** • 공모전, 캡스톤, 실험실 등에서 모두가 번거로워하는 원칙을 도맡아 처리하며 편의를 가져다준 경험 • 아르바이트에서 다들 귀찮아하는 업무 절차를 내가 대신하거나 지킬 수 있도록 매뉴얼을 만들어준 경험 • 인턴으로 근무하며, 원칙적으로 해야 하는 일이 있으나, 모두들 귀찮아했고, 내가 대신 헌신해서 원칙과 조직의 편의를 동시에 지킨 경험 • 동아리, 학생회 등에서 돈/예산으로 인해 문제가 생겼고, 원칙 준수 과정을 정리해 팀 내 공유하며 조직의 돈독함을 만들어 낸 경험

내가 찾아야 하는 '직업윤리' 경험은?	
직무 채용 이유	✎ _____ 채용 이유 예시 • 고객 대기 시간 축소, 정보 보안 지키기, 비용 감축, 서류 원칙 준수 등
윤리의 유형은?	☐ 새 체계 확립 ☐ 이상의 성과 달성 ☐ 조직과의 돈독함
윤리 준수 경험은?	☐ 인턴 ☐ 아르바이트 ☐ 대외활동 ☐ 학생회/동아리 ☐ 기타( )

위 조건에 맞는 윤리 준수 경험 나열해보기	✎

중요하다고 생각하는 직업윤리 + 이유	✎
	윤리와 이유 예시 • 책임감, 사명감 - 자리에 대한 책임감, 국민을 위한 일 • 공정성 - 모든 국민에게 공정한 서비스를 제공해야 하기 때문에 • 중심을 지키는 자세 - 어떤 상황, 유혹에도 흔들리지 않고 원칙을 지켜야 하기 때문에 • 정도를 지키는 자세 - 항상 바른길을 가야 한다는 사명감 • 투명성, 주인의식 등
당시 우리의 목표	✎
	목표 예시 • 수치 목표 : 불완전 판매율 0% 달성, 고객 불만 0건 달성 등 • 일반 목표 : 고객 정보 보안 준수, 공모전 수상 등
윤리 준수의 상황	✎
	상황에 들어가야 할 요소 • 우리가 무슨 일을 해야 했는지 • 우리가 지켜야 하는 윤리는 무엇이었는지

원칙을 지키기 어려웠던 상황	✏️ _____ _____ 원칙을 지키기 어려웠던 상황 • 이미 원칙을 어기는 관습이 자리 잡고 있어서 • 선배들의 강요와 압박 • 고객들의 불만 제기, 고객들의 불편으로 인해 • 원칙을 지킬 경우 업무가 복잡해져서 • 다른 부서, 다른 팀도 다 원칙을 어기기 때문에 • 원칙대로 하면 팀에 중요한 목표를 달성하지 못하기 때문에
원칙 준수 방법	✏️ _____ _____ (N단계형 작성용 : 원칙 준수하기 위한 노력 과정을 단계별로 나열해보기 전략형일 경우 : 나열한 후 나만의 '원칙 준수 전략' 이름 만들기) 원칙 준수의 방법 • 원인 파악 후 대안 마련 • '당번제, 멘토링제' 등을 통해 원칙 준수의 부담 줄이기 • 대체할 수 있는 서류, 서류 발급 방법을 찾아 안내 • 온라인으로 대체 진행 • 자원 파악하여 대체할 수 있는 방법 마련 • 내가 대신 업무하며, 불편함 줄이기
원칙 준수의 성과	✏️ _____ _____ (원칙 준수의 성과는 '직무 채용 이유'와 동일하면서도, 원칙을 어길 때 보다 더 큰 성과가 있어야 한다)

템플릿 살펴보기	
N단계형	[소제목] ~한 OO인에게 가장 중요한 직업윤리는 (윤리)라고 생각합니다. (이유)이기 때문입니다. 실제 (경험) 당시, (목표, 업무)를 해야 했습니다. 하지만 (원칙을 어길 수밖에 없었던 상황)이었습니다. 이는 (원칙을 어기면 안 되는 이유)이기 때문에, 세 단계로 대처했습니다. 첫째, (문제 상황, 원인, 자원 파악 등)을 하였습니다. 둘째, (대안 마련, 자원 활용, 내가 움직이기, 헌신)을 하였습니다. 셋째, (방안 시행, 피드백, 매뉴얼 마련 등)한 결과, (성과)뿐만 아니라 (원칙을 지킴으로써 얻을 수 있던 성과)를 거둘 수 있었습니다. [이를 통해, (원칙의 중요성, 원칙 준수 자세에 대해 배움, 느낀 점 등)을 배울 수 있었습니다. - 글자 수에 따라 생략 가능] 입사 후에도, ~게 하겠습니다.
전략형	[소제목] ~한 OO인에게 가장 중요한 직업윤리는(윤리)라고 생각합니다. (이유)이기 때문입니다. 실제 (경험) 당시, (목표, 업무)를 해야 했습니다. 하지만 (원칙을 어길 수밖에 없었던 상황)이었습니다. 이는 (원칙을 어기면 안 되는 이유)이기 때문에, (전략명) 했습니다. (그 전략을 택한 이유)이기 때문에, (방법)한 결과, (성과)뿐만 아니라 (원칙을 지킴으로써 얻을 수 있던 성과)를 거둘 수 있었습니다. [이를 통해, (원칙의 중요성, 원칙 준수 자세에 대해 배움, 느낀 점 등)을 배울 수 있었습니다. - 글자 수에 따라 생략 가능] 입사 후에도, ~게 하겠습니다.

	예시 살펴보기 - 500자 내
윤리의 정의 + 사례 예시	**[제도의 길을 마련해 보안을 지키다]** **국민의 건강을 책임지는 공단인**에게, **'불편함 속에서도 원칙을 지키는 자세'**가 가장 중요하다고 생각합니다. 아무리 불편한 원칙이어도, **장기적으로는 국민의 신뢰를 얻을 수 있기 때문**입니다. 실제 복지기관 근무 당시, **보안 원칙을 준수한 경험**이 있습니다. 당시 **전 직원은 매일 당번이 되어 상담 서류 보안을 확인**해야 했으나, 당번 직원의 경우 **업무가 빨리 끝났어도 퇴근을 못 하게 되자 이를 게을리**했습니다. 하지만 **잠시의 방심이 개인 정보 유출과 기관의 신뢰 하락**까지 불러올 수 있다고 판단해, **'사진 점검'** 제도를 제안하였습니다. **전직원은 퇴근 시 깨끗하게 정리한 책상 사진을 공동 플랫폼에 올린 후 퇴근할 수 있도록 하고, 사진을 올리지 않은 직원을 그 주 당번으로 선정하여 강제성을 부여**한 결과, **직원의 불편함은 줄고 보안에 대한 의식은 향상**되었습니다. 공단인이 되어서도, 이처럼 **제도의 불편함 속에서 효율을 찾아 원칙을 지켜가겠습니다.** [499자]
	• 500자 안에 직업윤리의 정의까지 내려야 해서, 본론이 짧아질 수밖에 없다. 짧은 본론 안에 나의 노력을 요약해 넣어야 한다. • 공기업을 포함한 다양한 기업에서 '정보 보안'을 중요시 여기지만, 실제로는 보안 원칙을 잘 지키지 않는 경우가 많다. 보안 사례 하나 만들어 두면 유용하게 사용할 수 있다. • 단순히 보안을 지킨 것뿐만 아니라, 직원의 불편을 줄였다는 이야기를 포함시켜, 원칙 준수의 중요성을 강조했다. 이처럼 원칙 준수가 피곤한 게 아니라, 모두를 위해 좋은 일임을 전반적으로 드러내야 한다.

원칙 준수 사례만 묻는 질문 예시	[제도의 길을 마련해 보안을 지키다] **복지기관** 근무 당시, **불편한 원칙의 대안을 마련해 사내 정보 보안**을 지킨 경험이 있습니다. 당시 사내에는 대상자 상담 기록 및 민감한 개인 정보 서류가 많았습니다. 이에 전 직원은 **매일 당번이 되어 상담 서류 보안을 확인**해야 했으나, 당번 직원의 경우 업무가 빨리 끝났어도 퇴근을 못 하게 되자 이를 게을리했습니다. 하지만 잠시의 방심이 개인 정보 유출과 기관의 신뢰 하락까지 불러올 수 있다고 판단해, '사진 점검' 제도를 제안하였습니다. 전 직원은 **퇴근 시 깨끗하게 정리한 책상 사진을 공동 온라인 플랫폼에 올린 후 퇴근할 수 있도록** 하였습니다. 혹시 **사진을 올리지 않거나 서류를 임의로 치우고 촬영한 직원의 경우, 그 주 오프라인 감시 당번으로 선정하여 강제성을 부여**한 결과, 직원의 불편은 줄고 참여는 늘어, 보안 수준을 높일 수 있었습니다. 공단인이 되어서도, 이처럼 제도의 불편함 속에서 효율을 찾아 원칙을 지켜가겠습니다. [496자]
	• 사례만 500자를 작성할 경우에는, 본론도 늘리고, 원칙이 중요한 이유도 기재해 줘야 한다(사내에는 대상자 상담 기록 및 민감 개인 정보가 많았다). • 위의 문장을 추가하고 나면, 본론에 크게 내용을 추가할 게 없다.

요즘은 이런 질문도 있다! 같이 써보기	
원칙을 지키려고 했지만 실패했던 경험은?	
POINT	• 다양한 부정형 질문 중 가장 어려운 질문이다. 주변의 참여를 끌어내지 못해 실패했다는 이야기로 풀어주면 된다. • '원칙을 어긴 경험은?'은 자기소개서 질문보다는 면접 질문으로 많이 나온다. • 하지만 만약 '원칙을 어긴 경험은?'이 자기소개서에 나온다면, 이 답변을 그대로 갖다 사용할 수 있다. • 대부분 이와 같은 질문은, '원칙보다 중요한 게' 있었어야 한다! 고객의 안전, 건강 등 원칙보다 중요한 부분이 있었고, 원칙을 지키려고 노력했으나 실패해서, 다른 방식으로(간접적으로) 원칙을 지킨 경험을 찾아야 한다.
템플릿 (전략형)	[소제목] (경험) 당시, ~한 (방식)으로 원칙을 지키려고 했으나 실패한 경험이 있습니다. 당시 (~한 원칙이 중요한, 지켜야 하는) 상황이었습니다. 이에 (노력) 했으나, (실패한 이유)로 인해 실패했습니다. 하지만 (원칙을 어기면 안 되는 이유)이기 때문에, (전략명) 했습니다. (그 전략을 택한 이유) 이기 때문에, (방법)한 결과, (성과)뿐만 아니라 (원칙을 지킴으로써 얻을 수 있던 성과)를 거둘 수 있었습니다. [이를 통해, (원칙의 중요성, 원칙 준수 자세에 대해 배움, 느낀 점 등)을 배울 수 있었습니다. - 글자 수에 따라 생략 가능] 입사 후에도, ~게 하겠습니다.
예시 (은행 예시 응용)	[제도의 길을 마련해 보안을 지키다] 복지기관 근무 당시, 불편한 원칙의 대안을 마련해 사내 정보 보안을 지킨 경험이 있습니다. 당시 전 직원은 당번이 되어 상담 서류 보안을 확인해야 했습니다. 하지만 이 경우 업무가 빨리 끝나도 퇴근이 늦어지자 불만이 제기되었고, 서류를 확인하지 않고 임의로 퇴근하는 사례가 발생하며 원칙이 물거품이 되었습니다. 하지만 잠시의 방심이 개인 정보 유출과 기관의 신뢰 하락까지 불러올 수 있다고 판단해, '사진 점검' 제도를 제안하였습니다. 전 직원은 퇴근 시 깨끗하게 정리한 책상 사진을 공동 온라인 플랫폼에 올린 후 퇴근할 수 있도록 하였습니다.

혹시 사진을 올리지 않거나 서류를 임의로 치우고 촬영한 직원의 경우, 그 주 오프라인 감시 당번으로 선정하여 강제성을 부여한 결과, 직원의 불편은 줄고 참여는 늘어, 보안 수준을 높일 수 있었습니다.

공단인이 되어서도, 이처럼 제도의 불편함 속에서 효율을 찾아 원칙을 지켜가 겠습니다. [493자]

면접 질문에 활용하기

Q1. 원칙을 지킨 경험은?

템플릿	네, 저는 (경험) 당시, ~한 (원칙)을 지킨 경험이 있습니다. 당시 (원칙을 지켜야 하는 이유, 상황)이었으나, (나를 제외한 모두가 원칙을 어긴 이유) 했습니다. 하지만 (원칙이 중요하다고 생각한 이유)하여 (노력 방법)한 결과, (성과들)을 거둘 수 있었습니다.
예시(공기업)	네, 저는 복지기관 근무 당시, 정보 보안 원칙을 지킨 경험이 있습니다. 당시 대상자 정보가 담긴 서류가 정보 보안이 중요했으나, 모두가 귀찮다는 이유로 이를 책상에 올려 두고 퇴근했습니다. 하지만 개인 정보는 복지관 신뢰와도 연결되어 있다고 생각해, 깨끗이 치운 책상을 온라인 플랫폼에 올리도록 만든 결과, 보안 수준도 높이고 직원 편의도 도모할 수 있었습니다.
	• 우리는 항상 원칙을 지켜왔기에, 답변 소재를 찾기가 쉽지 않다. • 이 질문의 포인트는 하나다. '남들은 지키지 않았지만 나만 지킨 사례'이기 때문에, 내가 조직을 위해 노력했던 사례를 말하면 된다.

Q2. 원칙을 어긴 경험은?

템플릿	네, 저는 (경험) 당시, (원칙)을 어긴 경험이 있습니다. 당시 (존재했던 원칙, 원칙이 존재했던 이유) 했습니다. 이에 (원칙을 준수)했으나 (원칙보다 중요한 것)이 있었기에 (간접적으로 원칙을 지킨 방법) 했습니다.
예시(공기업)	네, 저는 OO동아리 활동 당시 원칙을 어긴 경험이 있습니다. 당시 원칙상 예산 내역을 전 동아리원에게 세세하게 공개해야 했습니다. 하지만 예산 사용 내역에 동아리원 후원 내역이 적혀 있었고, 공개할 시 동아리원이 난감해질 수 있어 이름을 가명으로 기재해 공개하였습니다.
	• 이 질문에 너무 바로 답하면, 원칙을 어긴 사례가 많은 것처럼 보인다. 잠시 고민하는 척을 해준다. • 정말 원칙을 어긴 경험보다는, 간접적으로라도 원칙을 지켰던 경험이 필요하다.

DAY 11

'고객' 소재 완성하기
(은행 전용)

물론 대기업의 일부 직무, 일부 공기업 역시 고객을 응대하지만, 은행에서는 '고객'이 곧 일상이다. 매일 같이 고객을 만나고, 영업을 해야 하기에, 대부분 은행 자기소개서에서는 '고객'이나 '영업'에 대해 묻는다.

우리는 항상 말한다. '소통을 잘하고, 공감도 잘 하며, 경청도 잘 한다'라고. 하지만 지금 저 문장을 읽는 여러분도 느끼듯이, '소통, 공감, 경청, 배려, 존중, 먼저 다가간다.'와 같은 표현은 진부하게 느껴진다. 자기소개서를 읽는 기업 담당자 역시 큰 매력을 느끼지 못한다.

이제 다음의 표를 따라, 은행에서 매력적으로 느낄 만한 고객 소재를 찾아보자.

자기소개서에서 '고객'이란?
✓ 친절하게 응대해 만족도를 높여야 하는 대상
✓ 친절한 서비스와 따뜻하면서도 전문적인 설명으로 영업을 해야 하는 대상

출제 의도
· '어차피 다 잘한다.'라고 하기 때문에, 정말 고객 응대를 잘 하는지, 어떻게 잘하는지 보기 위해
· 고객 응대를 할 만한 성향인지 간접적으로 확인하기 위해
· 고객에게 친절하게 응대해 영업까지 할 수 있는 사람인지 보기 위해

기업/직무에서 '고객 응대'는 왜 필요할까?	
은행이 원하는 행원의 모습	· 어르신 고객이 많은 은행, 포스트잇이나 메모장, 핸드폰에 하나하나 적어드리며 친절히 안내하는 행원
	· 고객이 뭘 원하는지, 어떤 상황인지 바로 파악하고, 다른 상품과 엮어서 같이 판매하는 행원
	· 미리 상품에 대해 꼼꼼히 준비하고 공부해 두어, 나만의 세일즈북을 만들어 가는 행원
	· 고객이 요청한 바를 당장 해결하진 못했어도, 다른 부서, 기관까지 연락해 방법을 찾아 주는 행원
	· 꼼꼼하게 확인해서 불완전 판매를 방지하고, 고객이 다시 방문하는 불편함을 최소화하는 행원
	내가 지원하고 싶은 은행의 특징과 그 은행에서 바라는 행원의 모습은? ✎
내가 갖춰야 하는 응대의 모습은?	· 앱 가입 및 영업을 위해 가이드, 안내판, 매뉴얼 만드는 자세
	· 부가 상품을 같이 판매해 추가 실적을 내는 자세
	· 불완전 판매 줄이기 위해 체크리스트를 만드는 자세
	· 어르신 고객을 위해 영상, 메모 등 꼼꼼하게 챙겨드리는 자세
	고객을 위해 최선을 다했던 '나의' 경험은? ✎

고객 응대를 통해 얻을 수 있는 성과는?	
목표 달성, 실적 달성	• 조직이나 개인에게 주어진 목표 달성
	• 목표 금액, 목표 판매 건수, 목표 실적 달성
	• 정해진 목표 외에도 부가적인 성과 달성
	'목표 달성, 실적 달성'의 예시는?
	• 아르바이트 당시, 소속 매장의 상권 실적 달성/폐점 위기 예방 등을 위해 최선을 다한 경험
	• 판매 아르바이트에서 개인의 목표가 주어졌고, 그 목표 달성을 위해 노력한 경험
	• 동아리, 학생회, 대외활동 등에서 모금 활동을 했고, 직접 번화가에 나가고 온오프라인으로 홍보하여 모금액을 달성한 경험
	• 인턴 근무 당시, 지점에 주어진 목표 (검진 독려 목표 등)을 달성한 경험
	• 영화관, 판매 매장 등에서 멤버십 가입 증대를 이뤄낸 경험
고객 만족도 달성	• 판매 조직이 아닌 다른 곳에서 고객 만족을 달성한 경험
	• 판매 조직에서 영업 매출뿐만 아니라, 칭찬 카드 등 고객 만족까지 이뤄낸 경험
	• 공기업 인턴 등에서 고객에게 편의를 제공해 고객 만족을 실천한 경험
	'고객 만족도 달성'의 예시는?
	• 아르바이트에서 불편을 겪는 고객을 보고, 불편을 해결해 주기 위해 자발적으로 움직인 경험
	• 아르바이트, 인턴 등에서 '고객 만족도 100% 달성, 고객 불만 0건' 등의 목표를 향해 움직인 경험
	• 아르바이트, 인턴 등에서 판매도 하고 칭찬 카드도 받은 경험
	• 고객의 불만, 불편을 확인하고 고객에게 차별화된 만족 서비스를 제공한 경험
단골 고객 유치	• 고객과 신뢰 관계를 형성해 단골 고객을 확보한 경험
	• 세밀한 영업과 서비스로 나만의 단골 고객을 만든 경험
	• 활동적이고 친절한 성격으로 적과 고객 만족을 동시에 이뤄내는 경험
	• 차별화된 서비스로 '나만 찾는 고객'이 생긴 경험

	'단골 고객 유치'의 예시는?
	• 카페에서 근무하며, 어르신 혹은 외국인 등 특수 고객에게 친절한 서비스를 제공해 단골 고객을 확보한 경험
	• 그 외 판매 아르바이트에서, 고객과 고객 가족까지 관리하며 단골 고객을 확보한 경험
	• 인턴 근무 당시, 친절한 서비스로 나만 찾는 고객이 생긴 경험

내가 찾아야 하는 '고객 응대' 경험은?	

직무 채용 이유	✎ _____ _____
	채용 이유 예시
	• 매출 증대, 실적 증대, 고객 만족도 확보 등
고객 응대의 유형은?	☐ 목표/실적 달성　☐ 고객 만족도 달성　☐ 단골 고객 유치
고객 응대 경험은?	☐ 인턴　☐ 아르바이트　☐ 대외활동　☐ 학생회/동아리 ☐ 기타(　　　　　)
위 조건에 맞는 고객 응대 경험 나열해보기	✎ _____ _____ _____ _____ _____

자기소개서 작성 전 정리하기(작성해야 하는 필수 요소 정리!)	
고객 응대 중요 역량과 그 이유	✎ _____ 고객 응대에서 중요한 역량과 그 이유 • 통찰력 → 고객의 불편과 불만을 관찰해 대처해야 하기 때문 • 지속적 관심 → 고객의 삶을 이해해, 그에 맞는 서비스를 제공해야 하기 때문 • 멀리 보는 자세 → 경제 상황과 고객의 삶을 멀리 보고 자산을 설계해야 하기 때문 • 꼼꼼함 → 고객의 소중한 자산, 오류 없이 처리해야 해서 • 신뢰감, 관계를 이어가는 → 단골을 만들어서 유치해야 하기 때문
당시 우리의 목표	✎ _____ 목표 예시 • 수치 목표 : 영업 목표 100% 달성, 멤버십 가입 80% 증대 등 • 일반 목표 : 상권 1위, 고객 만족도 증대, 원활한 정책 접수 등
고객 응대의 상황	✎ _____ 상황에 들어가야 할 요소 • 우리가 무슨 일을 해야 했는지 • 어떤 고객들이 어떤 문제로 방문했는지
당시 발생한 문제 or 불편함	✎ _____ 발생 문제와 불편함 예시 • 고객이 디지털 이용을 어려워해서 • 주변 경쟁사가 많이 생겨, 고객 방문이 낮아지고 있는 상황 • 고객이 원하는 서비스/상품을 제공할 수 없는 상황이라 • 실적이 점점 낮아져 위기 상황이라

고객 응대 방법	 (N단계형 작성용 : 고객 만족 실천/영업을 위한 노력을 단계별로 나열해보기 전략형일 경우 : 나열한 후 나만의 '고객 응대 전략' 이름 만들기) 고객 응대 방법 · 고객 노트 제작, 고객 분류 후 맞춤 세일즈 구성 · 상품 분석해서 미래 계획 설계 · 맞춤형 상품 엮어서 추가 가입 유도 · 플랜 B, C까지 준비해서 판매 · 불완전 판매 최소화하기 위한 리스트 작성 · 미리 문제 분석, 근본적 어려움 발견하고 해소 · 고객 가족까지 도와주며, 고객 유치 · 유관 기관 및 부서에 연락해서 방법 모색, 고객 요청 해결
고객 응대의 성과	 (고객 응대의 성과는 '직무 채용 이유'와 동일해야 한다)
템플릿 살펴보기	
N단계형 **(하나 경험 소개)**	[소제목] 고객 응대에서 가장 중요한 역량은 (역량)이라고 생각합니다. (이유)이기 때문입니다. 실제 (경험) 당시, ~한 (상황)이었습니다. 이를 해결하고자, N단계로 대처하였습니다. 첫째, (공부하기, 파악하기, 직접 발로 뛰기 등) 하였습니다. 둘째, (관련 매뉴얼, 가이드 등 제작, 고객을 위한 노력) 등 하였습니다. 셋째, (직접 판매, 고객 응대 등)한 결과, (성과)를 달성할 수 있었습니다. [이를 통해, (고객 응대 자세에 대해 배움, 느낀 점 등)을 배울 수 있었습니다. - 글자 수에 따라 생략 가능] 입사 후에도, ~게 하겠습니다.

전략형 (하나 경험 & 여러 경험)	**[소제목]** 고객 응대에서 가장 중요한 역량은 (역량)이라고 생각합니다. (이유)이기 때문입니다. 실제 (경험) 당시, ~한 (상황)이었습니다. [여러 경험 소개 - 실제 N개의 판매 경험에서, 항상 ~게 응대했습니다] 이에(실제, 당시, 이를 위해) (전략)하였습니다. (전략처럼 고객을 응대한 이유)이기 때문에 (방법)한 결과 (성과)를 이뤄낼 수 있었습니다. [이를 통해, (고객 응대 자세에 대해 배움, 느낀 점 등)을 배울 수 있었습니다. - 글자 수에 따라 생략 가능] 입사 후에도, ~게 하겠습니다.

예시 살펴보기 - 500자 내

경험 하나형	**[해야 하는 일을 넘어 할 수 있는 일]** **고객을 응대하는 행원**에게 가장 중요한 역량은 **'이상을 해내는 힘'**이라고 생각합니다. 요청하시는 업무 이상의 도움을 드릴 때, 고객이 자산과 삶을 믿고 맡길 수 있다고 생각하기 때문입니다. **실제 교육 기관** 근무 당시, **'학습 컨설턴트'**로 활동하였습니다. 이때, **'해야 하는 일'**은 10분간 학생과 대화하는 일이었지만, **코치를 믿고 찾아온 학생을 위해 더 많은 책임을 실천해야** 한다고 판단했습니다. 이에 **첫째,** 코칭시간 외에도 시험기간에는 학교별로 자료를 제작해 보내주며 학생을 독려했습니다. **둘째,** 학생 공부습관의 변화, 성적 향상세, 코칭 학생 내 등수 등을 보고서로 전달해 드리며, 매달 학부모님과 소통하였습니다. **셋째,** 주변인을 섭외해 직업인터뷰를 만들어 주며, 학생들에게 부가적인 자료를 제공한 결과, **'헤드 코치'**가 될 수 있었습니다. 입행 후, 이처럼 **고객을 위한 이상을 해내며, 기대 이상의 만족과 성과**를 선사하겠습니다. [498자]
	• 만약 '고객 응대 경험'만 쓰는 질문이 나온다면, 첫 번째 문단을 제외하고, '당시 상황'과 '내가 고객 만족을 실천한 이유'의 문단을 분리해 더욱 자세히 작성하면 된다.

	• 이처럼 반드시 '영업 경험'이 아니어도 된다. 고객 응대 과정에서 만족을 주고자 최선을 다했던 경험만 풀어내도 충분하다. • 만약 행원이 되어서도 이 자세를 유지한다면, 고객을 위한 자료를 만들고 보고서를 만들 것이다. 이처럼 고객 응대 자세를 통해 '이 친구가 입행해서도 고객을 위해 저만큼 일하겠구나.'라는 이미지를 줄 수 있어야 한다.
여러 경험형	[해야 하는 일을 넘어 할 수 있는 일] **고객을 응대하는 행원**에게 가장 중요한 역량은 **'이상을 해내는 힘'**이라고 생각합니다. **요청하시는 업무 이상의 도움을 드릴 때, 고객이 자산과 삶을 믿고 맡길 수 있다고 생각하기 때문**입니다. 실제 **교육기관, 전자제품 판매업, 투자 홍보회** 등에서 목표 이상을 해내며, **'고객 만족과 성과 1위'**를 달성할 수 있었습니다. **첫째,** 교육 기관 컨설턴트 당시에는 '매달 보고서 제작, 직업 인터뷰 채널 제작' 등을 통해 여러 아이디어를 제안하였으며, 역대 최대 참여 인원을 확보할 수 있었습니다. **둘째,** 전자제품 판매 인턴 당시에는, '매일 N백만 원 이상 판매' 목표를 세워, 지점 매출 목표 달성에 기여할 수 있었습니다. **셋째,** 투자 홍보회 참여 당시, 투자 종목에 대해 데일리 리포트를 제작해 방문 고객에게 공유하며 리스크를 사전에 방지하였습니다. 입행 후, **이처럼 고객을 위한 이상을 해내며, 기대 이상의 만족과 성과**를 선사하겠습니다. [495자]
	• 보통 '고객과 관련된 인재상', '지원동기', '직무 역량' 등의 질문에 이처럼 여러 경험을 융합해 작성하게 된다. • 하나 작성해두면, 위와 같은 질문에 유용하게 활용할 수 있다. • 이렇게 자기소개서를 작성한다면 '영업적, 주도적, 도전적'인 사람의 이미지를 줄 수 있다. 이런 사람을 선호하는 은행이 있다. • 은행마다 선호하는 이미지를 찾아, 그 이미지에 맞춰 '고객 응대 모습'을 찾자 • 은행마다 선호하는 이미지는 주로 방문하는 고객의 연령대, 면접 질문 기출 등을 통해 간접적으로 파악할 수 있다.

요즘은 이런 질문도 있다! 같이 써보기
고객 만족을 실천한 경험은?

POINT	・앞서 정리한 템플릿과 예시에서 '고객 응대에서 가장 중요한 역량은~' 문단만 제외하고 경험으로 글자 수를 채우면 된다. ・내가 고객을 위해 기대 이상의 만족을 실천한 경험을 찾아 기재하면 된다. ・N단계형이 나의 노력이 더욱 상세히 드러나기 때문에, N단계형 작성을 권하고 싶다.
템플릿 (N단계형)	[소제목] (경험) 당시 ~한 (고객 만족)을 실천한 경험이 있습니다. 당시 (어떤 고객이 주로 방문했는지, 어떤 응대를 해야 했는지, 어떤 물건을 판매해야 했는지) 하는 상황이었습니다. 이에 (고객 응대를 위한 노력)을 하였으나, (추가적인 차별화된 서비스가 필요했던 이유, 내가 차별화된 서비스를 제공하고 싶었던 이유) 하였습니다. 이를 해결하고자, N 단계로 대처하였습니다. 첫째, (공부하기, 파악하기, 직접 발로 뛰기 등) 하였습니다. 둘째, (관련 매뉴얼, 가이드 등 제작, 고객을 위한 노력) 등 하였습니다. 셋째, (직접 판매, 고객 응대 등)한 결과, (성과)를 달성할 수 있었습니다. [이를 통해, (고객 응대 자세에 대해 배움, 느낀 점 등)을 배울 수 있었습니다. - 글자 수에 따라 생략 가능] 입사 후에도, ~게 하겠습니다.
예 시 (은행 예시 응용)	[해야 하는 일을 넘어 할 수 있는 일] 교육 기관 근무 당시, 기대 이상의 서비스를 제공하며 고객 만족을 실천한 경험이 있습니다. 당시 학습 컨설턴트로서 매일 10분간 학생과 학업에 대해 대화를 나눠야 했습니다. 단순히 10분의 시간만 채워도 급여를 받을 수 있었으나, 코치를 믿고 학업을 의지하는 학생을 위해 더 많은 책임을 실천해야 한다고 판단했습니다.

이에 세 단계의 노력을 시행하였습니다. 첫째, 코칭 시간 외에도 시험 기간에는 학교별로 자료를 제작해 보내주며 학생의 학업 의지를 독려했습니다. 둘째, 학생 공부 습관의 변화, 성적 향상세, 코칭 학생 내 등수 등을 보고서로 작성해 주기적으로 학부모님께 전해드리며 신뢰를 쌓을 수 있었습니다. 셋째, 주변인을 섭외해 직업 인터뷰를 만들어주며, 학생들에게 부가적인 자료를 제공한 결과, '헤드 코치'가 될 수 있었습니다.

입행 후, 이처럼 고객을 위한 이상을 해내며, 기대 이상의 만족과 성과를 선사하겠습니다. [492자]

면접 질문에 활용하기

Q1. 고객 감동을 실천한 경험은?

템플릿	네, 저는 (경험) 당시, 고객 감동을 실천한 경험이 있습니다. 당시 (고객을 위해 내가 해야 했던 일, 상황) 해야 했습니다. 하지만 (만족을 실천한 이유)이기 때문에, (고객 만족 실천)한 결과 (성과, 감동의 근거)를 거둘 수 있었습니다.
예시(은행)	네, 저는 학습 컨설턴트로 근무하며 고객 감동을 실천한 경험이 있습니다. 당시 매일 학생과 10분의 학업 상담만 하면 되었으나, 코치를 믿는 학생을 위해 더 높은 책임을 이행해야 한다고 생각했습니다. 이에 학업 보고서 및 자료 제작, 직업 인터뷰 등을 통해 학부모님과도 소통한 결과, 헤드 코치로 선정될 수 있었습니다.
	• 고객 '감동'이기 때문에, 남들은 하지 않는 나만의 차별화된 고객 응대 전략이 필요하다. • 내가 고객에 대한 책임감을 갖고 움직였던 경험을 기재하는 것이 좋다.

Q2. 고객 만족을 실천하려 했으나 실패했던 경험은?

템플릿	네, 저는 (경험) 당시, 고객 감동을 실천하려 했으나 실패한 경험이 있습니다. 당시 (고객 만족을 실천하기 위한 노력)을 하였으나, (외부적인 요인, 실패 이유)하여 (실패) 하였습니다. 이를 극복하고자 (고객 만족 실천)한 결과 (성과, 감동의 근거)를 거둘 수 있었습니다.

예시(은행)	네, 저는 학습 컨설턴트로 근무하며 고객 감동을 실천하려 했지만 실패한 경험이 있습니다. 당시 담당 학생의 성적 증진을 위해 매일 만나 학업 태도를 점검했으나, 온라인 수업으로 전환되며 소통의 한계가 생겼습니다. 이에 온라인 공부방을 오픈해 매일 학업 태도를 점검하며 학부모와 소통한 결과, 신뢰를 얻어 헤드 코치로 선정될 수 있었습니다.
	• '실패'했던 요인은 외부에서 찾아야 한다. 내가 오해를 했거나 실수를 해서 실패한 경험은 리스크가 크다. • 고객의 성향에 따라 감동을 할 수도, 하지 않을 수도 있다. 그럼에도 불구하고 노력하는 내 모습만 보인다면 답변으로 충분하다.

DAY 12 '디지털' 소재 완성하기

어느 순간부터 취업 준비생에게 '디지털'이라는 무거운 짐이 추가되었다. 관련 경험에 경력에 자격증은 물론이고 이제 디지털 역량까지 쌓아야 한다. 이젠 자기소개서에서도 이 디지털 역량을 묻는다. '4차 산업에 대비해서 무엇을 대비하고 있는지, 4차 산업 시대에 우리 기업이 나아가야 할 방향은 무엇인지.' 등을 물으며, 지원자의 디지털 역량을 확인한다.

모두가 디지털 역량이 없다고 하지만, 사실 경험을 세밀하게 살펴보면, '디지털'이란 이름으로 꺼낼 수 있는 경험이 많이 있다. 대학 다니며 들었던 수업, 팀프로젝트 등이 디지털 경험이 될 수 있고, 만약 이 경험들을 각색한다면 더욱 적합한 디지털 경험을 만들 수 있다.

디지털 경험, 어렵지 않다. 다음의 표를 따라 디지털 경험을 만들어보자.

DAY 12	디지털 소재 완성하기

강의보러 가기 ▶

자기소개서에서 '디지털' 이란?

✓ 업무를 효율적으로 할 수 있는 수단

✓ 개발 및 관련 직무 : 업무를 수행할 수 있는 역량

출제 의도

· 모든 산업에서 모든 업무가 디지털화, 비대면화되어간다. 업무의 디지털화, 비대면화 과정에 이바지할 수 있는 사람을 찾기 위해

· 모든 회사는 주도적으로 배우고 자기 계발할 사람을 찾는다. 디지털 기술을 배웠다는 건, 지속적으로 자기계발 한다는 의미이기도 해서, 이렇게 성장하는 사람을 찾기 위해

· 코딩, 개발 등 뛰어난 디지털 역량은 없어도, 업무를 효율적으로 하기 위해 엑셀이라도 사용하는 사람인지 보기 위해

· 최소한의 디지털 역량을 갖추고 있는지 파악하기 위해

기업/직무에서 '디지털'은 왜 필요할까?

디지털 역량의 유형	· 실제 코딩, 앱 개발하기 위한 디지털 역량 · 앱 기획자 역할로, 앱을 위한 아이디어, 개선안을 효과적으로 전달하기 위해 · 개발 업무, 디지털 업무 개선에 도움 주기 위해 · 데이터를 분석해, 최적의 결과를 도출하기 위해 · 업무의 효율을 높이기 위해
	내 직무에 필요한 디지털 역량 유형은?

디지털의 유형은?

업무 효율, 조직&지점 실적/ 고객 만족 증대	· 업무를 신속하고 정확하게 하기 위해, 디지털화 시도한 경험 · 조직을 위해 '키오스크, 앱 개선' 등의 디지털 기술 및 기기를 도입한 경험 · 고객 만족을 위해 디지털 기기를 도입, 활용한 경험 · 번호표, 카톡 알림 등의 제도를 자발적으로 시행한 경험 · SNS, 블로그 등으로 홍보를 진행한 경험 · 고객에게 필요한 기능을 디지털로 소화한 경험

	'실적 및 효율, 고객 만족 증대'의 예시는? • 아르바이트에서 대기 고객을 줄이기 위해 자발적으로 톡 번호표 등의 제도를 시행한 경험 • 업무를 신속하게 하기 위해, 엑셀 프로그램 등을 활용해 조직에 도움을 준 경험 • 동아리, 학생회 등에서 학생들의 편의, 업무 효율을 위해 태블릿 업무 활용 등을 제안한 경험 • 아르바이트, 동아리, 학생회 등에서 목표 달성을 위해 직접 온라인 홍보물을 제작해 온라인에 홍보한 경험 • 인턴 및 사기업 등에서, 데이터만 나오면 필요한 값을 도출하게 하는 엑셀 장표를 활용한 경험
(공기업) **업무 효율** **고착화된** **업무의 최적화**	• 매일 정해진 업무, 루틴한 업무의 시간을 줄이기 위해 디지털 역량을 발휘한 경험 • 엑셀 프로그램으로 데이터를 처리할 수 있도록 해, 업무를 신속 정확하게 한 경험 • 현장 업무에 빅데이터 등 디지털 역량을 활용해 안전, 실험 정확도 등을 높인 경험 • 조직에 어려움이 발생했고, 그 어려움을 해결하기 위해 디지털 역량을 발휘한 경험
	'업무 효율 및 최적화'의 예시는? • 동아리, 학생회 등에서 번거로운 업무가 발생했고, 엑셀로 자동 처리되게 도와준 경험 • 공기업 인턴 하며, 업무 편의를 위한 방안을 고안해 관련 부서에 아이디어를 전달한 경험 • 실험실, 현장에서 일하며, 빅데이터를 활용해 현장의 안전이나 실험의 정확도 등을 향상한 경험
(은행) **아이디어 전달, 고객** **편의 및 데이터**	• 고객의 불만과 불편을 듣고, 이를 해결하기 위한 아이디어를 본사에 전달하는 디지털 역량 • 고객에게 필요한 부분을 앱, 홈페이지 등으로 구현한 경험 • 판매 데이터를 분석해 매출을 끌어낸 경험 • 매출 향상을 위해 빅데이터를 활용한 경험 • 디지털을 고객에게 이해하기 쉽게 설명한 경험

	'아이디어 전달, 고객 편의 및 데이터'의 예시는?
	• 고객 응대 아르바이트를 하며, 고객이 불편해하는 부분을 디지털화 한 경험
	• 혹은 그러한 아이디어를 매니저 등에게 전달한 경험
	• 인턴 당시, 고객의 불만 사항을 디지털화 하고, 그 아이디어를 본사나 상사에 전달한 경험
	• 아르바이트에서 홈페이지, SNS, 블로그 개선 및 운영을 통해 매출 증대 한 경험
	• 매출을 높이기 위해 다양한 데이터를 분석해, 판매 프로모션을 집행한 경험
	• 팀프로젝트에서 '소상공인, 중소기업 등' 특정 고객을 위해 앱을 기획했던 경험(앱을 기획하지 않았어도, 앱으로 기획했다고 바꾸면 된다!)
	• 카페, 인턴 등에서 어르신 고객을 위해 앱이나 디지털을 쉽게 설명한 경험

내가 찾아야 하는 '디지털' 경험은?	
직무 채용 이유	✎ _____
	채용 이유 예시
	• 업무 효율 증대, 고객 만족 증대, 매출 증대 등
디지털의 유형은?	☐ 고객 만족 증대 ☐ 매출 증대 ☐ 업무 효율화 ☐ 온라인 홍보 ☐ 기타
디지털 경험은?	☐ 인턴 ☐ 아르바이트 ☐ 대외활동 ☐ 학생회/동아리 ☐ 기타( )
위 조건에 맞는 디지털 경험 나열해 보기	✎ _____ _____ _____ _____ _____

자기소개서 작성 전 정리하기(작성해야 하는 필수 요소 정리!)	
디지털 역량과 이유	✎ _____ _____ 디지털 역량과 이유 예시 • 역량 세 가지 → (직무)에 필요하기 때문에 • 데이터 분석 역량 → 영업 실적 증대 및 관리에 필요하기 때문에 • 코딩 역량 → 조직에 필요한 앱을 개발하기 위해 • 앱 기획 역량 → 고객의 소리를 듣고 앱을 기획해야 하기 때문 • 직무에 맞춰서 이유 만들 것
쌓아온 디지털 역량 배운 점	✎ _____ _____ (N단계형 작성용 : 쌓아온 디지털 역량을 단계별로 나열해보기 전략형일 경우 : 큰 디지털 경험 하나를 풀어서 작성할 것) 디지털 역량의 종류 • 빅데이터에 대한 이해 → 통계학 및 경영 빅데이터, 경영 통계 수업, 빅데이터 활용한 업무 경험, 아르바이트에서 빅데이터 적용한 경험 등 • 앱 및 디지털 기획 역량 → 팀프로젝트에서 앱 기획한 경험(각색 가능), 공모전 앱 기획, 캡스톤 프로젝트, 앱 개선안 유관 부서 및 상사에 전달 • 데이터 분석 및 정리 → 엑셀 장표 제작, 엑셀로 데이터 분석, 엑셀로 팀에 도움이 되는 데이터 장표 제작 • 디지털 설명 역량 → 어르신 및 고객에게 디지털을 쉽게 설명한 역량 • 실제 코딩, 통계 프로그램 활용 역량 → 프로그램명 언급, 팀 활동 및 아르바이트, 인턴에서 프로그램 활용한 경험 ✎ _____ _____

템플릿 살펴보기
N단계형	[소제목] ~한 (직무)에게 (디지털 역량 나열 or 단독으로)이 가장 중요하다고 생각합니다. (이유)이기 때문입니다. 이를 위해, 크게 N가지로 디지털 역량을 쌓아왔습니다. 첫째, (역량)입니다. (경험 나열 or 경험 사례 하나) 하였습니다. 둘째, (역량)입니다. (경험 나열 or 경험 사례 하나) 하였습니다. 셋째, (경험 나열하여)하여 (역량)을 쌓았습니다. [이를 통해, (디지털의 중요성 등)을 배울 수 있었습니다. - 글자 수에 따라 생략 가능] 입사 후에도, ~게 하겠습니다.
전략형	[소제목] ~한 (직무)에게 (디지털 역량 나열 or 단독으로)이 가장 중요하다고 생각합니다. (이유)이기 때문입니다. 이를 위해, (전략)했습니다. (나열, 내가 한 일 등)에 기반하여, ~게 (기여)하겠습니다. [이를 통해, (디지털의 중요성 등)을 배울 수 있었습니다. - 글자 수에 따라 생략 가능] 입사 후에도, ~게 하겠습니다.
예시 살펴보기 - 500자 내	
대/사기업 **(안전관리자/** **N단계형)**	[현장 관리의 디지털화] **현장의 안전을 책임지는 안전 관리자**에게는 '**안전사고를 예방**' 하는 디지털 역량이 가장 중요하다고 생각합니다. **끊임없는 데이터 추적으로 공정의 변화와 근로자의 근무 환경을 지속적으로 관찰**해야 하기 때문입니다. 이에 부합한 인재가 되고자, **첫째**, 실험실 근무 당시, 팀원들의 실수 빈도가 높은 공정과 오류를 데이터로 분석하여, 문제 상황이 발생할 시 경고 팝업을 뜨게 하며 '데이터 분석 역량' 을 쌓아왔습니다. **둘째**, 화학공장실습, 선박 수리 등에 참여하며, 모든 공정의 결과를 수치화하였습니다. 이를 전 직원이 실시간으로 확인하도록 하는 플랫폼을 구축하는 등 '데이터 실무 적용 역량' 을 강화했습니다.

	마지막으로 직접 캡스톤 프로젝트, 디지털을 활용한 공정 안전에 대한 논문 작성, 근로자 인수인계 매뉴얼화 등을 통해, 업무를 디지털화하는 '기획자' 역량도 체득했습니다.
	입사 후에도, **지속해서 디지털 역량을 쌓으며, 현장의 안전 증대에 이바지**하겠습니다. [497자]
	• 아무래도 생소한 직무이다 보니, 답변 소재가 어렵게 느껴질 수도 있다. • 이처럼 '분석 역량 → 실무 역량'의 단계로 1, 2, 3 단계를 작성할 수도 있다. • 예를 들어, 전문성(수업 이수 내용) → 분석 역량(관련 아르바이트, 실습 등에서 연습해 본 경험) → 실무 접목(실제 인턴에서 업무에 적용해 봄)의 단계면 가장 무난하게 작성할 수 있다.
공기업 **(공단/N단계형)**	[디지털화, 국민을 지켜내다] **국민의 자산 정보를 관리하는 공단인**에게 '**SNS 홍보 역량, 데이터 활용 역량, 정보 보안에 대한 이해**'가 가장 중요하다고 생각합니다. **국민의 정보를 올바르게 관리하되, 필요한 정책을 널리 알릴 수 있어야 하기 때문**입니다. 이를 위해, **가장 먼저** 'SNS 홍보 역량'을 쌓았습니다. 카페, 투자 동아리 등에서 활동하며, 카드 뉴스 제작, 블로그 관리 등을 통해 행사, 투자 종목 등을 널리 알렸었기 때문입니다. **더불어,** '데이터 활용 역량'을 습득했습니다. 통계학 및 빅데이터 관련 수업을 이수하고, 엑셀 장표를 제작하는 등의 실무를 통해 데이터를 활용 및 분석하는 시야를 확장했습니다. **나아가,** '정보보안에 대한 이해'도 체득했습니다. 인턴 근무 당시, '정보 보안 감찰제' 도입을 제안하고, 사내에서 시행한 관련 교육을 이수하며 그 중요성을 깨달았기 때문입니다. 입사 후, 이처럼 **디지털을 업무에 적용해, 국민을 우선시하는 일원**이 되겠습니다. [497자]
	• '가장 먼저, 더불어, 나아가'의 표현으로 N단계를 표현할 수 있다. • 대기업 예시와 다르게 여러 역량을 두괄식에서 미리 나열했다. 이처럼 내가 갖고 있는 역량을 두괄식에서 먼저 보여주길 권한다. • 정보보안 교육 이수, 엑셀 장표 등은 충분히 임의로 만들 수 있고, 또 큰 경험도 아니다. 이처럼 자잘하게 들었던 작은 일이라도 끌어와 디지털 경험으로 승화해 보자.

은 행 (은행/N단계형)	**[디지털로 실천한 고객 만족]** 고객 만족과 정확한 자산 설계가 필요한 행원에게 '데이터 활용 역량, 디지털 설명 역량, 앱 기획 역량'이 가장 중요하다고 생각합니다. 창구에서 고객의 불편함을 듣고, 이를 디지털로 승화해 고객 만족도와 신뢰도를 높여야 하기 때문입니다. 이를 위해, 첫째, 카페, H&B 매장 등 판매 아르바이트에서, 데이터를 분석해 판매 프로모션이나 마케팅을 기획하는 등 '데이터 활용 역량'을 통해 지점 매출을 증대했습니다. 둘째, 은행인턴, 영화관 아르바이트 당시, 객석에서 멤버십 및 앱 가입 방법을 알려드리며, 어르신들이 디지털을 쉽게 이해하고 사용할 수 있도록 돕는 '디지털 설명 역량'도 체득했습니다. 셋째, 캡스톤 프로젝트, 소상공인 결제 프로젝트 등에 참여해, 잠재적 고객이 필요로 할 기능을 IT 부서에 제안하는 등의 활동을 통해 '앱 기획 역량'도 습득했습니다. 행원이 되어서도, 고객의 소리에 귀 기울여, 디지털과 은행의 발전을 이뤄내겠습니다. [498자]
	• 은행 같은 경우에는 고객을 응대하기 때문에, '디지털 설명 역량' 역시 디지털 역량으로 사용할 수 있다. 앱이나 멤버십 등을 쉽게 설명했던 경험이 있다면, 디지털 역량으로 활용해 주자. • 팀프로젝트에서 모의 창업을 했거나, 모의 플랫폼을 기획했다면 이 역시 디지털 역량이 될 수 있다. 주저 말고 '앱 기획 프로젝트'라고 각색하여 디지털 소재를 확보하자.

	요즘은 이런 질문도 있다! 같이 써보기
	차별화되게 쌓아온 본인의 역량은?
POINT	· 디지털을 메인 질문 자체로 쓰기보다는, 질문 안에 녹이는 경우가 많아졌다. · '남들과 다르게 쌓아온 본인의 역량은?', '본인이 쌓아온 직무 역량은?' 등의 질문에 'N단계로 작성한 본문'을 유용하게 활용할 수 있다.
템플릿 (N단계형)	[소제목] ~한 (직무)에 ~한 (도움)이 되고자, (디지털 역량 하나!)을 쌓아왔습니다. (이유)이기 때문입니다. 첫째, (역량)입니다. (경험 나열 or 경험 사례 하나) 하였습니다. 둘째, (역량)입니다. (경험 나열 or 경험 사례 하나) 하였습니다. 셋째, (경험 나열하여)하여 (역량)을 쌓았습니다. 입사 후에도, ~게 하겠습니다.
예 시 (대기업 예시 응용)	[현장 관리의 디지털화] 안전 관리자로서 체계적으로 근로자와 공정의 안전을 지키기 위해 '데이터 분석 역량'을 쌓아왔습니다. 예기치 못한 상황이 빈번히 일어나는 현장에서, 사고를 미연에 예방하는 것이 가장 중요하다고 생각했기 때문입니다. 이를 위해, 첫째, 실험실 근무 당시, 팀원들의 실수 빈도가 높은 공정과 오류를 데이터로 분석하여, 문제 상황이 발생할 시 경고 팝업을 뜨게 하며 '데이터 분석 역량'을 쌓아왔습니다. 둘째, 화학 공장 실습, 선박 수리 등에 참여하며, 모든 공정의 결과를 수치화하였습니다. 이를 전 직원이 실시간으로 확인하도록 하는 플랫폼을 구축하는 등 '데이터 실무 적용 역량'을 강화했습니다. 마지막으로 직접 캡스톤 프로젝트, 디지털을 활용한 공정 안전에 대한 논문 작성, 근로자 인수인계 매뉴얼화 등을 통해, 업무를 디지털화하는 '기획자' 역량도 체득했습니다. 입사 후에도, 지속해서 디지털 역량을 쌓으며, 현장의 안전 증대에 이바지하겠습니다. [493자]

면접 질문에 활용하기	
Q1. 4차 산업 혁명에 대비해 무엇을 대비해왔는가? **= 디지털 역량을 어떻게 쌓아왔는가?**	
템플릿	네, 저는 크게 N가지로 디지털 역량을 쌓아왔습니다(대비해왔습니다). 가장 먼저, (간단히 경험 나열)하여 (역량 1)을 쌓아왔고, (경험 나열)하여 (역량 2)를 쌓아왔으며, (경험 나열)을 통해 (역량 3)도 쌓아왔습니다.
예시 (은행-응용)	네, 저는 세 가지로 대비해왔습니다. 가장 먼저, 통계학 및 빅데이터 수업을 통해 전문성을 쌓고, 아르바이트에서 판매 데이터를 분석해 프로모션을 짜며 쌓은 데이터 분석 역량과 인턴 당시 고객에게 이해하기 쉽게 앱을 설명하며 디지털 설명 역량을 쌓아왔습니다.
	• 면접 답변에서는 무조건 귀에 들어오게 짧게 정리해 주는 게 좋다. • 이 질문이 나왔을 때 '없다.'라고 답하는 지원자가 많은데, '설명 역량'이라도 넣어서 답변을 만드는 편이 좋다.

DAY 13 '직무 역량' 소재 완성하기

'직무를 위해 무엇을 준비해왔는가?'

라는 질문은 여러 자기소개서에서 어렵지 않게 볼 수 있었을 것이다. 이 질문만 단독으로 물어보기도 하고, 지원동기와 같은 문항에 엮어 물어보기도 한다.

굳이 자기소개서용이 아니더라도, 이 질문에 대한 답변은 미리 정리해두는 편이 좋다. 나에게 무슨 역량이 있는지를 파악해 둬야, 자기소개서와 면접에서도 내 장점을 알고 어필할 수 있기 때문이다.

걱정할 필요 없다. 앞서 첫 번째 파트에서 '직무에 필요한 역량'을 미리 정리했기에, 어렵지 않게 직무역량파트도 완성할 수 있다. 이제 시작해 보자.

DAY 13 — 직무 역량 소재 완성하기

강의보러 가기 ▶

자기소개서에서 '직무 역량'이란?
✓ 내가 '직무가 되기 위해' 준비해 온 노력
✓ 직무 적합도를 드러낼 수 있는 문항

출제 의도
• '직무'를 위해 얼마나 준비해왔는지 알기 위해
• 이 지원자가 '직무가 하는 일'을 이해하고 있는지 파악하기 위해
• 이력서 외에 지원자가 준비한 노력 내용을 보기 위해

'직무 역량' 정리하기	
'직무 역량' 정리하기	• 이 직무에서 하는 일은?
	✎
	• 이 일을 하는 데 필요한 역량은?
	✎
	• 역량을 세 카테고리로 나눠보기(뒤에서 예시 확인 가능)
	1.
	2.
	3.
	• 각 카테고리에 맞춰 '내가 한 일, 내 경험' 정리해보기
	1.
	2.
	3.
	직무 역량을 정리하며….
	• 뒤에 '카테고리 예시'가 나온다. 그 예시에 맞춰 다시 묶어보자.
	• 일단 '내가 한 일, 내가 가진 전문성, 내 경험'을 직무에 따라 묶어보자.

	'직무 역량' 나누는 방법은?
카테고리 종류	• **전문성, 자격증 지식**(자격증, 학교 수업 내역, 외부에서 이수한 교육, 직무 관련 동아리 및 학회 참여 내역 등) • **현장에 대한 이해, 현장 경험**(인턴, 아르바이트, 계약직, 실습 등) • **디지털, 데이터에 대한 이해, 디지털 활용 능력**(실무에서 표 제작, 데이터 분석, 통계 수업, 데이터 수업 및 교육 등) • **영업 역량, 고객에 대한 이해, 영업력**(영업 경험, 모금 활동, 아르바이트, 고객 응대 경험 등) • **창의성, 문제 개선 역량, 창의적 아이디어**(공모전, 캡스톤 프로젝트, 아이디어 관련 동아리, 관련 인턴, 대외활동 등) • **꼼꼼함, 업무 처리 역량, 자원 활용 능력 등**(추천하지 않음. 카테고리 구분이 어려울 때, '내가 했던 일'에 초점 맞춰 역량 추출하기)
카테고리 세 단계	[발전 방식 - 세 단계로 발전해왔어요!] • 전문성(이론 습득) → 현장 경험 → 디지털 or 영업 경험 or 직무 관련 경험 • 이론 습득(학교 수업, 교육 등) → 직무 적용(공모전, 대외활동 등) → 실무 (인턴) • 아르바이트 등 현장 경험 → 관련 지식 습득(현장 경험 후 지식이 필요하다고 판단해서 더 배움) → 산업 경험(인턴) [자세 중심 - 세 가지의 자세를 배워 왔어요!] • 고객 응대 자세, 업무 처리 자세, 디지털 이해 자세 • 창의성, 주도성, 협상 역량 • 수에 대한 이해, 꼼꼼함, 친절함 [지식 중심 - 직무에 필요한 세 가지 지식을 배웠어요!] • 부동산 관련 지식, 세무 지식, 재무 관련 지식 • 산업 관련 지식, 업무 역량 지식, 디지털 지식 • A 전공 지식, B 전공 지식, C 전공 지식 [혼합형 - 지식도 배우고 경험도 쌓고!] • 지식 A, 경험 A, 경험 B(부동산 관련 지식, 세무 관련 경험, 실무 경험) • 내가 쌓아온 경험, 경력을 종합해, 세 가지로 나누는 방법!

나의 직무 역량 정리하기		
예시 카테고리 **민원 응대 능력**	카테고리 A가 필요한 이유 ▶ 고객의 민원을 정확하고 신속하게 응대해야 하기 때문에 ▶	
	카테고리 A의 근거(내 경험, 전문성, 자격 등 나열) · 3년간 카페 아르바이트, 어르신 고객 응대 많이 함 · 공단 인턴, 어르신들 면허 재발급 도와 드림 ·	
카테고리 A ✎ _____	카테고리 A가 필요한 이유 ✎ _____	
	카테고리 A의 근거(내 경험, 전문성, 자격 등 나열) ✎ _____ _____ _____	
카테고리 B ✎ _____	카테고리 B가 필요한 이유 ✎ _____	
	카테고리 B의 근거(내 경험, 전문성, 자격 등 나열) ✎ _____ _____ _____	

카테고리 C	카테고리 C가 필요한 이유
	✎
	카테고리 C의 근거(내 경험, 전문성, 자격 등 나열)
	✎

템플릿 살펴보기	
N단계형 ★추천!	[소제목] ~한 (직무)가 되고자, 크게 'A, B, C'의 세 가지 역량을 쌓아왔습니다. 첫째, ~을 (위한, 한) (역량)을 쌓았습니다. (경험 나열)하여, (배운 점)을 배울 수 있었습니다. 둘째, ~한 (역량)을 쌓았습니다. (경험)하여, (배운 점)을 배웠습니다. 셋째, ~한 (역량)을 쌓았습니다. (경험 나열)하며, ~한 점을 배울 수 있었습니다. [이를 통해, (직무, 기업과 연결하여 배운 점)을 배울 수 있었습니다. – 글자 수에 따라 생략 가능] 입사 후에도, ~게 하겠습니다.

예시 살펴보기 - 500자 내

**대/사기업
(영업 관리/
N단계형)**

[성과 중심의 영업 인재로]

고객의 효율적인 식단과 생활을 책임지는 영업관리자가 되고자, 크게 '영업 현장 경험, 영업 관리 역량, 고객 관리 역량'을 체득했습니다.

첫째, '영업 현장 경험'을 쌓았습니다. 전자제품 영업, 카페 메뉴 영업, 모금 행사 등에 참여하여, 온오프라인 홍보, 모객 활동에 적극 참여하며 '목표 이상의 매출 성과'를 창출했습니다. 둘째, '영업 관리 역량'을 익혔습니다. 유통사 인턴 당시, 정책, 예산 등을 관리하며, 프로모션 집행과 영업 데이터 활용 방법을 배울 수 있었습니다. 셋째, '고객 관리 역량'을 체득했습니다. 장기간 과외 및 학원 강사로 근무하며, 고객 노트를 제작했습니다. 이를 통해 학생의 성장 추이를 관리하고 학부모와 지속 소통하며 고객 충성도 확보 방안을 배울 수 있었습니다.

이를 통해, '성과'를 위해 나아가는 성취 지향적 자세를 습득했습니다. 입사 후에도, 00편의점의 네트워크 확장과 실적 증대를 위해 앞으로 나아가겠습니다.

[498자]

- 영업관리자에게 필요한 역량은 '성취 지향적 자세'와 영업 환경을 관리할 수 있는 역량이다.
- 그렇기 때문에, 영업 관리 지원자들은 단순히 '소통, 경청'을 역량으로 쓸 게 아니라, 그간 해온 영업 경험과 관리직이 하는 일을 연결 지어 역량을 찾아야 한다.

**공기업
(공단/N단계형)**

[국민의 노후대비 전문가로]

국민의 안정적 노후를 책임지는 00공단에서 노후준비지원 전문가로 성장하고자, '노인 복지에 대한 이해, 업무 전문성, 상담 능력'의 역량을 익혀왔습니다.

가장 먼저, 노인 복지 기관 봉사 활동 및 은퇴 교육 프로그램에 참여하여, 미래가 준비되지 않아 생애 설계가 어려운 사람들을 만나 상담을 진행한 것은 물론, 관련 도서를 읽으며 '노인 복지에 대한 이해'를 쌓아왔습니다. 더불어, 노인 관련 공단에서 근무하며 노후준비지원법에 대한 이해는 물론 국가 복지 시스템에 대한 이해 함양, 자산관리를 위한 금융 자격증을 취득하며 '업무 전문성'도 배웠습니다. 마지막으로, 약 여덟 곳의 매장에서 고객 응대 아르바이트로 근무한

| | 것은 물론, 상담 심리학 교육을 이수하며 솔직한 상담을 끌어낼 수 있는 '상담 능력'을 익혔습니다.

입사 후에도, 이처럼 **따뜻한 상담과 체계적인 상담으로, 고령화 시대에 전 국민이 안정적인 노후를 누릴 수 있도록 이바지**하겠습니다. [497자] |
| :---: | :--- |
| | • 공기업의 경우, 비단 '내 역량'만 나열하기보다는, 그 공기업의 특징을 분석해 작성하는 것도 좋다(**예** 연금 공단의 경우 '노후', 건강보험공단의 경우 '건강'을 공부했다는 내용 포함 - 로열티 드러내기).
 • 내가 배운 역량을 굳이 두괄식으로 넣지 않고, 예시처럼 뒤에 넣어도 된다! |
| 은 행
(은행/N단계형) | [기술, 금융에 다가가다]
미래 경제 잠재력을 발굴하고, 통합 금융을 실천하는 '기술 금융 전문 행원'이 되고자, 크게 **'공학 전문성, 디지털 역량, 트렌드 이해'**의 세 가지 역량을 쌓아 왔습니다.

이를 위해 **첫째, 공학 수업 이수를 통해 전문성을 길러왔습니다.** 디지털 관련 전공은 물론 환경, 기계 공학 등의 수업을 이수하며 기술에 대한 기초 전문성을 쌓아왔습니다. **둘째, 앱 기획 공모전에 참여해,** 기술을 활용하는 실전 경험을 길러왔습니다. 다른 전공의 학우들과 의견을 모으며, 기술이 시장에서 어떻게 활용될 수 있을지 이해하였습니다. **마지막으로** 관련 스터디를 구성해, 지속해서 기술 트렌드를 공유하였습니다. 잡지 및 논문을 함께 나누고, 이에 대한 **의견을 공유**하며, 발전하는 **기술의 흐름을 파악**해왔습니다.

기술 금융인은 지속적인 학습으로 미래 가능성을 발굴해야 한다고 생각합니다. 입행 후에도 **꾸준한 학습으로 기술과 금융을 연결해, 경제 성장에 이바지**하겠습니다. [491자] |
| | • 은행 같은 경우, 이처럼 '기술 금융, 소상공인을 위한 금융' 등 구체적인 전문가를 정해 역량을 정리하는 방법도 있다.
 • 두괄식, 미괄식이 아니어도 된다. 이처럼 중간에 역량을 넣는 방법도 있다. |

300자로 줄이기!	
지원동기, 입사 후 포부와 합쳐서 쓸 '300자 버전' 만들기!	
POINT	· 템플릿은 별도로 없다! 500자 버전에 정리해둔 '본론 = 두 번째 문단'을 300자로 정리만 하면 된다. · '글자 수 정리하기' 파트를 참고해 글자 수를 줄여보자!
예 시 (대기업 예시 응용) 500자 버전 두 번째 문단 추출	첫째, '영업 현장 경험'을 쌓았습니다. 전자제품 영업, 카페 메뉴 영업, 모금 행사 등에 참여하여, 온오프라인 홍보, 모객 활동에 적극 참여하며 '목표 이상의 매출 성과'를 창출했습니다. 둘째, '영업 관리 역량'을 익혔습니다. 유통사 인턴 당시, 정책, 예산 등을 관리하며, 프로모션 집행과 영업 데이터 활용 방법을 배울 수 있었습니다. 셋째, '고객 관리 역량'을 체득했습니다. 장기간 과외 및 학원 강사로 근무하며, 고객 노트를 제작했습니다. 이를 통해 학생의 성장 추이를 관리하고 학부모와 지속 소통하며 고객 충성도 확보 방안을 배울 수 있었습니다. [314자]
300자로 줄인 버전	첫째, 전자제품 영업, 카페 메뉴 영업, 모금 행사 등에 참여하여, 온오프라인 홍보, 모객 활동에 적극 참여하여 '목표 이상의 매출 성과'를 창출하며, '영업 현장 경험'을 쌓았습니다. 둘째, 유통사 인턴 당시, 정책, 예산 등을 관리하며, 프로모션 집행 방법 등의 '영업 관리 역량'을 익힐 수 있었습니다. 셋째, 장기간 과외 및 학원 강사로 근무하며, 고객 노트를 제작했습니다. 이를 통해 학생의 성장 추이를 관리하고 학부모와 지속 소통하며 고객 충성도 확보 방안을 배우는 등 '고객 관리 역량'을 체득할 수 있었습니다. [295자] → **'두괄식을 미괄식으로 바꾸면 글자 수가 줄어든다!'**

	면접 질문에 활용하기
	Q1. 직무를 위해 무엇을 준비해왔는가?
템플릿	네, 저는 크게 N가지로 준비해왔습니다. (경험 나열 등)을 통해 (카테고리 A)를 쌓았고, (경험 나열 등)을 통해 (카테고리 B)를 쌓았으며, (경험 나열 등)을 통해 (카테고리 C)를 배울 수 있었습니다.
예 시 **(은행-응용)**	네, 저는 크게 세 가지로 준비했습니다. 공학 수업을 두루 이수하며 전문성을 쌓았고, 앱 기획 공모전에 참여하여 디지털 역량을 익혔으며, 기술 스터디를 통해 트렌드를 보는 시야를 넓혀왔습니다.
	• 첫째, 둘째, 셋째로 깔끔하게 말해도 좋다. • 걱정할 것 없다! 짧게만 말해주면 된다.

DAY 14

'지원동기' 소재 완성하기

다행히도 지원동기를 묻지 않는 기업이 늘어나고 있지만, 그럼에도 여전히 지원동기를 묻는 기업이 대다수다. 돈 벌려고 지원하는 판에 특별한 지원동기까지 만들어야 하니, 참 쉽지 않다.

그래서 그런지 대부분의 지원동기에 '동기'가 없다. 지원동기란 '내가 지원한 이유'를 묻는 건데, 다들 '회사가 대단해, 회사가 좋아.'만 쓰고 있는 것이다.

지원동기에서 가장 중요한 건, 내 경험과 회사를 결합시키는 것이다. '나에게 이러한 경험이 있는데, 이 경험을 통해 A한 특징을 가진 기업을 가고 싶었어. 근데 너희가 그 A를 갖고 있다며? 그래서 지원했어.'라는 흐름으로 지원동기가 작성되어야 하는 것이다.

다음의 표에 따라 만능 지원동기를 완성해보자.

DAY 14	지원동기 완성하기

강의보러 가기 ▶

지원동기 작성 전 정리하기	
목표	직무로서 목표 ✎ 직무로서 목표는? · 대기업 : 직무로서 이루고 싶은 목표/특정 분야, 상권, 목표치(예 00공정 전문가, 부동산 분야 전문가 등) · 공기업 : 직무기술서 참고, 하는 일 분야의 전문가 or 업무 분야의 전문가(예 건강 관리 계획 전문가, 사업 운영 전문가) · 은행 : 특정 고객 대상 or 금융 분야 전문가(예 소상공인 전문 WM, 기술 금융 전문가 등)
동기가 되는 경험	동기가 되는 경험 ✎ 동기가 되는 경험은? · '목표'가 되고 싶다고 느꼈던 경험 · 대부분 '경험'을 정하고, 그 안에서 '목표'를 정하는 편 · 경험명만 기재할 것 직무가 중요하다고 느꼈던 이유 ✎
중요성	중요하다고 느낀 이유는? · 경험을 통해 '내 목표, 직무'가 중요하다고 느낀 이유 · 예 대외활동을 통해 소상공인이 금융적 어려움을 겪고 있음을 알게 되어, '소상공인 전문 자산 관리가'를 꿈꾸게 되었음

기업 설명	내가 이 기업을 택하게 된 이유 기업을 택하게 된 이유는? • 이에 기업을 찾던 중, (지원) 기업은~ (강점이 있다!) • '어떤 강점이 있는지'만 기업마다 바꿔서 채워 넣기 • 기업 강점 앞까지는 미리 작성해두고, 이 부분만 바꿔 끼우기! • 기업 강점 찾는 법 : 기업명 + 키워드 + 최초/1위 – 포털 사이트 검색!
템플릿 살펴보기(300자 ver)	
지원동기만 500자 작성할 때, '기업 설명' 부분만 제외한 만능 템플릿	
(기업 설명은 기업마다 다르게)	
N단계형	[소제목] ~한 (직무)가 되고자, (기업)에 지원하게 되었습니다. ~한 (경험)을 통해, ~한 일을 하며, (느낀 점) 하였습니다. 이를 통해 (직무의 중요성)을 체감하며, ~한 기업에서 일하기를 희망하였습니다. 이에, ~한 기업을 찾던 중
예시 살펴보기(300자 ver)	
대/사기업 공기업	[성과 중심의 영업 인재로] **고객의 효율적 식단과 생활을 책임지는 편의점 영업관리자**가 되고자 OO편의점에 지원하였습니다. **전자제품 유통업, 카페 등에서 근무**하며, **직접 프로모션을 집행**하였습니다. 이 과정에서 **업무의 노력이 성과로 도출되는 모습을 보며, 성취지향적인 영업 관리직에 대한 관심을 두게** 되었습니다. 특히 **편의점업의 경우, 점차 다루는 물품과 서비스가 다양해지고 있어, 영업인으로서 도전할 분야가 다양하다고 판단**하였습니다. 이에 **PB 상품을 확장하는 것은 물론, 유통업 외의 서비스를 제공하는 편의점을 찾던** 중, [296자]

	• 내 경험을 하나만 쓰지 않아도 된다. 두 세가지 이상의 경험을 통해, 직무가 적성에 맞는다는 걸 드러내도 된다. • 예시에서는 '직무를 택한 이유 → 그중 이 산업을 택한 이유'로 지원동기가 좁아지고 있다. 이처럼 내 지원동기를 좁혀가는 것도 좋은 방법이다.
공기업	[국민의 노후대비 전문가로] 국민의 안정적 노후를 책임지는 노후준비지원 전문가로 성장하고자 OO공단에 지원하게 되었습니다. 노인 복지 기관 봉사 활동 및 은퇴 교육 프로그램에 참여하며, 미래가 준비되지 않아 생애 설계가 어려운 사람들을 만나왔습니다. 이 과정에서 많은 어르신이 단순 자산 관리뿐만 아니라 건강 상태, 대인 관계, 자녀 문제 등 종합적인 부분에서 어려움을 겪고 있음을 알게 되었습니다. 특히 추후 고령화 시대에 노후 대비가 무엇보다 중요한 이슈가 될 것으로 판단해, 이를 전문적으로 대비할 수 있는 기업을 찾던 중, [300자]
	• 공기업의 경우, 예시처럼 산업과 관련된 전문가를 선정해도 되지만, '사업 기획, 사업 운영' 등 업무 분야의 전문가를 선정해도 된다. • 공기업은 비슷한 공기업이 많다. 그 비슷한 공기업 중, 이 공기업만이 갖고 있는 특장점을 찾아보자.
은 행	[사회적 가치를 위한 기업 잠재력 발굴] 정성적 평가로 기업 금융의 폭을 넓히는 OO은행에서 스타트업 기업 및 개인 자산 관리 전문가로 성장하고자 지원하게 되었습니다. 중소기업 지원 공단, 스타트업 대표 인터뷰 활동 등을 통해, 자본이나 드러난 성과가 없어 잠재력으로만 평가받아야 하는 스타트업의 어려움을 들을 수 있었습니다. 무엇보다, 신규 스타트업의 경우, 기술 유출, 인력난 등의 비재무적 어려움도 커, 스타트업을 종합 지원할 수 있는 금융 전문가로 성장하기를 희망하였습니다. 이에 스타트업에 특화된 은행을 찾던 중, [295자]
	• 'OO은행, OO기업'이라는 표현을 앞으로 빼도 괜찮다. • 여기서는 '행원'이라는 직무 적합도를 드러내기보다는, 내가 이루고 싶은 '목표'에 초점 맞춰 소재를 풀었다. '행원'처럼 직무가 뚜렷한 경우, '직무가 되고 싶은 이유'보다는 '목표'에 소재를 맞추는 편이 낫다.

200자로 줄이기!	
직무 노력, 입사 후 포부와 합쳐서 쓸 '300자 버전' 만들기! (700자 작성 = 200자 내외 지원동기 + 기업 설명 100~150자 + 300자 내외 직무 노력, 포부)	
POINT	· 템플릿은 별도로 없다! 300자 내외로 줄인 지원동기를 200자 내외로 줄이면 된다! · '글자 수 정리하기' 파트를 참고해 글자 수를 줄여보자!
예 시 (대기업)	[성과 중심의 영업 인재로] 고객의 효율적 식단과 생활을 책임지는 편의점 영업관리자가 되고자 OO편의점에 지원하였습니다. 전자제품 유통업, 카페 등에서 근무하며, 직접 프로모션을 집행하였습니다. 이 과정에서 업무의 노력이 성과로 도출되는 모습을 보며, 성취 지향적인 영업 관리직에 대한 관심을 두게 되었습니다. 특히 편의점업의 경우, 점차 다루는 물품과 서비스가 다양해지고 있어, 영업인으로서 도전할 분야가 다양하다고 판단하였습니다. 이에 PB 상품을 확장하는 것은 물론, 유통업 외의 서비스를 제공하는 편의점을 찾던 중, [314자]
200자 내외로 줄인 버전	[성과 중심의 영업 인재로] 고객의 효율적 식단과 생활을 책임지는 편의점 영업관리자가 되고자 OO편의점에 지원하였습니다. 전자제품 유통업, 카페 등에서 근무하며, 업무의 노력이 성과로 도출되는 영업관리직에 대한 관심을 두게 되었습니다. 특히 편의점업의 경우, 점차 다루는 물품과 서비스가 다양해지고 있어, 도전할 분야가 다양하다고 판단하였습니다. 이에 다양한 사업을 시도하는 편의점을 찾던 중, [226자] → **'중복되는 표현들을 줄여주자!'**

	면접 질문에 활용하기
Q1. 지원동기를 말해보세요.	
템플릿	네, 저는 (전문가가 되고자, ~한 일을 하고 싶어) 지원하게 되었습니다. (경험) 당시 (내가 한 일)하며 (중요성)을 알게 되었습니다. 이에 ~한 기업을 찾던 중, (기업 설명)하여 지원하게 되었습니다.
예 시 **(은행-응용)**	네, 저는 스타트업 종합 금융 전문가로 성장하고자 지원하게 되었습니다. 중소기업 지원 공단, 스타트업 대표 인터뷰 등을 진행하며, 스타트업이 겪고 있는 재무적, 비재무적 어려움을 알게 되었습니다. 이에, 상속, 기술 보호 등 전반적 지원을 진행하는 은행을 찾던 중, 00은행의 경우 스타트업 전문관, 법적 보호 지원 등을 하고 있어, 전문가로서 성장할 수 있다고 판단해 지원하게 되었습니다.
	• 은행에 대한 소개는 '직무 목표'에 맞춰 찾아주면 된다. • 내 경험을 최대한 간단하게 줄여 준비해 보자.

DAY 15

'입사 후 포부' 소재 완성하기

드디어 마지막 관문이다. 입사 후 내가 어떤 일을 하게 될지도 모르는데, 다짜고짜 '입사 후 포부'부터 물으니 난감할 따름이다.

기업에서도 이 부분을 알고 있다. 그럼에도 입사 후 포부를 묻는 이유는 '회사와 일에 대해 최소한의 이 해라도 갖고 있는지.'를 파악하기 위함이다. 회사에 대해 이해 없이 입사 후 포부를 쓰게 되면, 막연히 '조직에 빠르게 적응하고 업무를 해내겠다.'라고 작성하게 된다. 하지만 회사에 대해 이해하고 작성하게 되면, '어느 분야의 전문가가 될지, 어떤 일을 하고 싶은지.'가 포부에 구체적으로 드러나게 된다.

이 직무가, 이 회사가 지향하는 바가 무엇인지를 알고, 그에 맞춰 입사 후 계획, 포부를 작성해야 한다. 다음의 표를 따라 포부를 작성해 보자.

입사 후 포부 작성 전 정리하기

목표	**직무로서 목표** 🖉 **직무로서 목표는?** • 대기업 : 직무로서 이루고 싶은 목표/특정 분야, 상권, 목표치(예 OO공정 전문가, 부동산 분야 전문가 등) • 공기업 : 직무기술서 참고, 하는 일 분야의 전문가 or 업무 분야의 전문가(예 건강관리 계획 전문가, 사업 운영 전문가) • 은행 : 특정 고객 대상 or 금융 분야 전문가(예 소상공인 전문 WM, 기술 금융 전문가 등)
단기 계획	**단기 계획** 🖉 **단기 계획은?** • 자격증 취득, 조직 및 업무 적응 • 관련 정보 및 지식 습득 • 사내외 교육 이수를 통한 지식 습득
장기 계획	**장기 계획** 🖉 **장기 계획은?** • '목표'가 되기 위한 최종 노력 • 매뉴얼 제작 및 후배 교육 • 사내 특정 센터, 부서로 넘어가 전문가로 성장

템플릿 살펴보기(500자 ver)	
N단계형	**[소제목]** ~한 (기업)에 입사(입행) 후, ~한 (목표, 전문가)로 성장하겠습니다. ~한 (경험)을 통해, ~한 일을 하며, (직무 중요성)을 체감했기 때문입니다. 이를 위해, 단기적으로는 (단기 계획) 하겠습니다. (구체적인 계획)을 통해 (배울 점)을 배우겠습니다. 또한, 장기적으로는 (장기 계획)으로 (목표 달성)하겠습니다. (구체적인 계획)을 통해 (조직에 기여) 하겠습니다.

예시 살펴보기(500자 ver)	
대/사기업	**[성과 중심의 영업 인재로]** **고객의 효율적 식단과 생활을 책임지는 편의점 영업관리자**가 되고자 **OO편의점에 지원**하였습니다. **전자제품 유통업, 카페 등에서 근무하며, 업무의 노력이 성과로 도출되는 영업관리직에 대한 관심을 두게** 되었습니다. 특히 **편의점업의 경우, 점차 다루는 물품과 서비스가 다양해지고 있어, 도전할 분야가 다양하다고 판단**하였습니다. 이러한 편의점에서, **단기적으로는 '상권 1위'**를 이뤄내겠습니다. **상권 내 편의점 현황, 경쟁업체 분석, 인력 등의 문제를 분석하며 업무를 익혀가겠습니다. 나아가, 주변 대학가 등에 영업을 시도해 실적을 증대하며, 상권 1위 달성을 이뤄내겠습니다. 장기적으로는 새로운 사업을 도입해 OO편의점 성장에 이바지하**겠습니다. **현장에서 근무한 경험을 바탕으로, 택배 외에도 새로운 사업을 도입하여 편의점을 종합 생활 플랫폼으로 구축하는 데 이바지하겠습니다.** 이처럼 입사 후, 영업관리자로서 편의점의 생활망 확장에 함께하겠습니다. [494자]
	• 입사 후 포부만 500자를 작성하게 되면, 지원동기 부분이 들어갈 수밖에 없다. 예시처럼 지원동기를 요약해 작성하면 된다. • 사실 글자 수만 찬다면, '입사 후~' 이 부분을 작성할 필요는 없다. 다만, 글자 수가 부족하다면, 이처럼 '입사 후~'를 넣어서 완성해 주면 된다.

공기업	**[국민의 노후대비 전문가로]** 국민의 안정적 노후를 책임지는 노후준비지원 전문가로 성장하고자 **OO공단에 지원**하게 되었습니다. 노인 복지 기관 봉사 활동 및 은퇴 교육 프로그램에 참여하며, **미래가 준비되지 않아 생애 설계가 어려운 사람들을 만나왔습니다.** 이 과정에서, **추후 고령화 시대에 OO공단의 중요성이 더욱 커질 것으로 판단**했습니다. **이러한 공단의 일원**으로서, **입사 후 단기적**으로는 **공단의 전반적인 업무를 익히며, 조직의 체계를 이해하겠습니다. 더불어, 연금 제도에 대한 전문성을 쌓아, 창구에서 민원인의 업무를 처리하며 지역 주 고객층의 특징을 파악하겠습니다.** **장기적으로는** 업무 경험을 기반으로 노후대비 전문가로서 성장하겠습니다. SSSS, FFFF 등의 자격증을 취득하는 것은 물론, 사내 교육 이수를 통해 자산 관리 전문성을 쌓겠습니다. 나아가, 노후 대비 전용 창구에서 근무하며, 자금뿐만 아니라 전반적인 삶의 질 향상을 도울 수 있도록 전문성을 쌓아가겠습니다. [496자]
	• 자격증과 배움이 굳이 단기적으로 들어갈 필요는 없다. 하지만 예시와 달리 단기적으로 들어가는 편이 낫다. • 공기업의 경우 직무기술서를 참고하면 '직무가 하는 일'이 설명되어 있다. 그중 가장 전문성을 키우고 싶은 부분을 선정하면, 계획을 세우기가 쉬워진다.

은 행	[사회적 가치를 위한 기업 잠재력 발굴] 정성적 평가로 기업 금융의 폭을 넓히는 OO은행에서 스타트업 기업 및 개인 자산 관리 전문가로 성장하고자 지원하게 되었습니다. 중소기업 지원 공단, 스타트업 대표 인터뷰 활동 등을 통해, 자본이나 드러난 성과가 없어 잠재력으로만 평가받아야 하는 스타트업의 어려움을 들을 수 있었습니다. 이에, 스타트업의 비재무적 지원까지 할 수 있는 금융 전문가로 성장을 희망했습니다. 이에 입행 후, 먼저 개인 창구에서 근무하며 지역의 특색과 금융상품에 대한 이해를 쌓은 후, 기업 금융 업무를 통해 소상공인 및 중소기업의 상황을 이해하겠습니다. 이처럼 고객과 상품에 대한 데이터를 쌓은 후에는 '스타트업 전문관'에서 근무하며 전문가로 성장하겠습니다. 비단 금융 상품뿐만 아니라 기술 보안, 경영권 유지 등의 문제도 안내하고, 중소기업의 미래와 잠재력을 예측을 통해, 기업과 직원들의 안정적 자산 관리까지 함께 지원하는 금융인이 되겠습니다. [492자]

· 굳이 '단기적, 장기적'의 표현을 기재하지 않아도 된다.
· '스타트업 전문관' 처럼 구체적인 부서에서 일하고 싶다고 쓸 수도 있다.

	350자로 줄이기!
	직무 노력, 지원동기와 합쳐서 쓸 '350자 버전' 만들기! (700자 작성 = 직무 노력 및 지원동기 350자 + 300자 내외 입사 후 포부)
POINT	• 템플릿은 별도로 없다! 포부를 쓴 마지막 문단만 줄이면 된다! • 대부분 포부의 글자 수가 300자 내외이다. 이 경우 그냥 작성하거나 글자 수를 늘리면 된다. • '글자 수 정리하기' 파트를 참고해 글자 수를 줄여보자!
예 시 (은행 예시)	이에 입행 후, 먼저 개인 창구에서 근무하며 지역의 특색과 금융 상품에 대한 이해를 쌓은 후, 기업 금융 업무를 통해 소상공인 및 중소기업의 상황을 이해하겠습니다. 이처럼 고객과 상품에 대한 데이터를 쌓은 후에는 '스타트업 전문관'에서 근무하며 전문가로 성장하겠습니다. 비단 금융 상품뿐만 아니라 기술 보안, 경영권 유지 등의 문제도 안내하고, 중소기업의 미래와 잠재력을 예측을 통해, 기업과 직원들의 안정적 자산 관리까지 함께 지원하는 금융인이 되겠습니다.
350자 내외로 글자 수 조정한 버전	이에 입행 후, 단기적으로 '기업 금융에 대한 이해'를 쌓겠습니다. 먼저 개인 창구에서 근무하며 지역의 특색과 금융 상품에 대한 이해를 쌓은 후, 기업 금융 업무를 통해 지역 내 소상공인 및 중소기업의 상황을 이해하겠습니다. 더불어, 기업 고객과의 주기적 소통을 통해, 직원 및 기업 자산 관리, 경영 노하우 등을 익히겠습니다. 이처럼 고객과 상품에 대한 데이터를 쌓은 후에는 '스타트업 전문관'에서 근무하며 전문가로 성장하겠습니다. 비단 금융 상품뿐만 아니라 기술 보안, 경영권 유지 등의 문제도 안내하고, 스타트업의 미래와 잠재력을 예측을 통해, 기업과 직원들의 안정적 자산 관리까지 지원하는 금융인이 되겠습니다. [348자] → **'단기적 계획이 짧았다! 이 부분 늘려주자'**

| 지원동기 +
입사 후 포부
(대기업 버전 -
700자) | [성과 중심의 영업 인재로]

고객의 효율적 식단과 생활을 책임지는 편의점 영업관리자가 되고자 OO편의점에 지원하였습니다.

전자제품 유통업, 카페 등에서 근무하며, 직접 프로모션을 집행하였습니다. 이 과정에서 업무의 노력이 성과로 도출되는 모습을 보며, 성취지향적인 영업 관리직에 대한 관심을 두게 되었습니다. 특히 편의점업의 경우, 점차 다루는 물품과 서비스가 다양해지고 있어, 영업인으로서 도전할 분야가 다양하다고 판단하였습니다. 이에 PB 상품을 확장하는 것은 물론, 유통업 외의 서비스를 제공하는 편의점을 찾던 중, OO편의점은 PB 상품 1위, 최초 택배 사업 시행 등으로 편의점의 네트워크를 확장해 오고 있어 가장 적합하다고 판단했습니다.

이러한 편의점에 입사 후, 단기적으로는 '상권 매출 1위'를 이뤄내겠습니다. 상권 내 편의점 현황, 경쟁업체 분석, 인력 등의 문제를 분석하며 업무를 익혀가겠습니다. 나아가, 주변 대학가 등에 영업을 시도해 실적을 증대하며, 상권 1위의 성과를 거두겠습니다. 장기적으로는 새로운 사업을 도입해 OO편의점 성장에 이바지하겠습니다. 현장에서 근무한 경험을 바탕으로, 택배 외에도 새로운 사업을 도입하는 것은 물론, 추가 수익 모델을 발굴하여, 편의점을 종합 생활 플랫폼으로 구축하는 데 이바지하겠습니다.

이처럼 입사 후, 영업관리자로서 편의점의 생활망 확장에 함께하겠습니다.
[695자] |

면접 질문에 활용하기	
Q1. 입사 후 포부를 말해보세요.	
템플릿	네, 저는 입사 후, (전문가)로 성장하겠습니다. 단기적으로는 (계획)하고, 장기적으로는 (계획)하여 (기여)하겠습니다.
예시 (은행-응용)	네, 저는 스타트업 종합 금융 전문가로 성장하겠습니다. 단기적으로는 지역 중소기업 및 소상공인의 금융 업무를 지원하며 기업 금융에 대한 이해를 쌓고, 장기적으로는 스타트업 금융 전문가에 들어가, 기업의 경영권 지원, 기술 보안 등을 종합적으로 지원하며 OO은행의 기업 금융 발전에 이바지하겠습니다.
	• 단기적 목표는 거의 비슷하니, 짧게 말해주는 것이 좋다. • 장기적 목표에 '기업에 대한 이해, 기업에 대해 조사한 내용'만 넣어주면 된다.

좋은 책을 만드는 길, 독자님과 함께 하겠습니다.

템플릿에 넣기만 하면 완성되는 '만능 복붙 자소서'

초 판 발 행	2024년 03월 05일 (인쇄 2024년 02월 27일)
발 행 인	박영일
책 임 편 집	이해욱
저 자	서미연(면쌤)
편 집 진 행	이경민
표 지 디 자 인	김지수
편 집 디 자 인	임아람 · 남수영
발 행 처	(주)시대고시기획
출 판 등 록	제10-1521호
주 소	서울시 마포구 큰우물로 75 [도화동 538 성지 B/D] 9F
전 화	1600-3600
팩 스	02-701-8823
홈 페 이 지	www.sdedu.co.kr
I S B N	979-11-383-6794-3
정 가	18,000원